AMRA

MARCEL POLTE

GREYS

Weltweites Wirken und Entführungen in Deutschland

Mit Vorworten von Kathleen Marden und Robert Fleischer

AMRA

Besuchen Sie unseren Shop:
www.AmraVerlag.de

Ihre 80-Minuten-Gratis-CD erwartet Sie.
Unser Geschenk an Sie … einfach anfordern!

Englische Ausgabe des vorliegenden Buches:
Non-Human Contact. After the Pentagon's
UFO Disclosue. What Do We Know?

Ein Welterstdruck im AMRA Verlag
Auf der Reitbahn 8, D-63452 Hanau
Hotline: + 49 (0) 61 81 – 18 93 92
Service:Info@AmraVerlag.de

Herausgeber & Lektor	Michael Nagula
Einbandgestaltung	Guter Punkt
Covermotiv	Jason Quitt
Layout & Satz	Birgit Letsch
Druck	CPI books GmbH

ISBN 978-3-95447-259-8 (Hardcover deutsch)
ISBN 978-3-95447-584-1 (Hardcover englisch)
ISBN 978-3-95447-583-4 (Softcover englisch)
ISBN 978-3-95447-260-4 (eBook deutsch)
ISBN 978-3-95447-582-7 (eBook englisch)

Zur positiven Transformation negativer Einflüsse wurde der Einband vorne und hinten mit einem energetischen Schutzsymbol unterlegt, das zusätzlich auf einigen Innenseiten dieses Buches zu finden ist.

Für Aliena

Ich habe das Gefühl, als stünde die ganze Menschheit
im Begriff, die größte aller Reisen anzutreten.
Im Laufe der Zeit wird dies, glaube ich,
immer offensichtlicher werden.
Wir werden unsere Angst verlieren, unser Gefühl
der Getrenntheit und Individualität. Wir werden lernen,
wie man der Beschränkung unseres linearen Zeitdenkens
entkommt, und unser Potenzial als »eins« erkennen.
Die Schleier unseres Geistes werden endlich zerreißen,
und wir werden uns erinnern, was wir wirklich sind
und warum wir hier sind.

Debbie Jordan, 1994[1]

Inhalt

Vorwort von Kathleen Marden

Selten wird in einem UFO-Buch der Versuch unternommen, Bewusstsein und paranormale Phänomene wissenschaftlich zu erklären. Die meisten Mainstream-Wissenschaftler machen sich über eine solche Vorstellung lustig oder legen sie in ihrem Ordner mit der Notiz »höchst unwahrscheinlich« ab. Doch die furchtlosen Wissenschaftler der Dr. Edgar Mitchell Foundation for Research into Extraterrestrial and Extraordinary Encounters (FREE) erforschen dieses lange tabuisierte Thema. Darüber hinaus hat Dr. Marcel Polte, ein FREE-Mitglied seit 2015, unser Verständnis von nicht-menschlicher Intelligenz in seinem außergewöhnlichen Buch *Greys* erweitert.

Der Gründer des Institute of Noetic Sciences und Mitbegründer von FREE, der verstorbene Dr. Edgar Mitchell, ein ehemaliger Astronaut, hatte als sechster Mensch den Mond betreten. Er widmete sein Leben der wissenschaftlichen Erforschung des Bewusstseins und paranormaler Phänomene. Seine persönlichen Erfahrungen auf dem Rückflug zur Erde während der *Apollo-14*-Mission hatten ihn darin bestärkt, dass es telepathische Kommunikation gibt. Er informierte die Öffentlichkeit auch darüber, dass außerirdische Besuche real sind, und erklärte, dass Regierungsbehörden seit den 1940er Jahren eine massive Vertuschung der ET-Präsenz betrieben.

FREE war der Geistesblitz von Reinerio Hernandez, JD, MCP. Am Sonntag, dem 4. März 2012, wurde er plötzlich in eine die Realität erschütternde Erfahrung gestoßen. Als bekennender Materialist und Rationalist machte sich Rey über jeden lustig, der an paranormale Phänomene und die Erforschung des Bewusstseins glaubte, bis sich in seinem Haus ein Wunder ereignete. Der betagte Jack Russel Terrier der Familie litt an einer Lähmung, die möglicherweise durch einen Schlaganfall am 3. März verursacht worden war, und es wurden Vorkehrungen getroffen, ihn einzuschläfern, sobald die Tierarztpraxis am Montagmorgen öffnete. Als gläubige Katholikin hatte Reys Frau darum gebetet, dass Gott eingreifen möge. Liebevoll trug sie den gebrechlichen

Weggefährten die Treppe hinunter ins Wohnzimmer, als sie eine Erscheinung hatte: In einer Ecke schwebte eine kleine, durchsichtige Silberscheibe einen Meter über dem Boden. Überzeugt, dass ihre Gebete erhört worden waren, sank sie auf die Knie und rief nach ihrem Mann, der oben im Schlafzimmer war. Als er nicht reagierte, ging sie hinauf und drängte ihn, ihr ins Wohnzimmer zu folgen. Dort sah Rey, sehr verwirrt, wie seine Frau und sein Hund vor seinen Augen verschwanden. Für einen Moment sah er etwas, das er als »Plasma-Energiewesen« bezeichnet und ihn offenbar fünfundvierzig Minuten lang bewusstlos machte. Als er wieder zu sich kam, verkündete seine Frau, Engel hätten ihren Hund geheilt, der jetzt flink durchs Haus lief. Dies war die erste von mehreren paranormalen Erfahrungen für Rey und seine Frau. Näheres hierzu enthält das Buch *Beyond UFOs*.

Ich lernte »Rey« Hernandez im Mai 2013 kennen, als er und seine Frau eine UFO-Konferenz besuchten, auf der ich als Rednerin auftrat. Als er mir von seinen Erfahrungen erzählte, war seine Begeisterung offensichtlich. Der ehemalige Skeptiker war nun fest davon überzeugt, dass die wundersame Heilung seines Hundes mit UFOs zu tun hatte, zumal seine Frau anschließend noch weitere Begegnungen mit UFOs gehabt hatte.

Rey war auf der Suche nach Antworten, und ich informierte ihn über die Ergebnisse meiner ersten kleinen Studie mit Denise Stoner, an der fünfzig Personen teilnahmen, die Erfahrungen mit ET-Entführungen gemacht, sowie fünfundzwanzig Personen, die noch niemals ein UFO gesehen oder Kontakt mit einem gehabt hatten. Mir lagen Berichte über mehrere akademische Studien vor, die Universitäten mit Entführungsopfern durchgeführt hatten, und vorsichtig baute ich meine Fragen entsprechend auf, um die Übereinstimmung ihrer Ergebnisse mit meinen eigenen zu überprüfen. Denise Stoner, meine Koautorin bei *The Alien Abduction Files*, und ich hatten diese einjährige Studie durchgeführt, um Gemeinsamkeiten unter den Experiencern zu finden, die in der allgemeinen Bevölkerung nicht vorkommen. Wir hatten dreiundzwanzig solcher Gemeinsamkeiten entdeckt.

Später schloss sich Dr. Don C. Donderi, ein pensionierter Psychologieprofessor und Statistiker an der McGill University, unserem Team beim Mutual UFO Network an und führte eine zweiphasige Studie mit 516 Entführungsopfern durch. Sie erweiterte unsere Wissensbasis über die vielen Merkmale, die Entführungsopfer gemeinsam haben, und identifizierte diejenigen, die unter dem »UFO-Entführungssyndrom« leiden, als eine separate Gruppe.

Wir fanden heraus, dass die Entführten bestimmte Merkmale in höherem Maße aufweisen als die Gesamtgruppe der Befragten. So ist der Anteil derer, die zum Zeitpunkt der Entführung wach waren und nicht-menschliche Wesen beobachteten, in der Gruppe der Entführten höher: 60 Prozent gegenüber 36 Prozent. Nahbegegnungen mit Raumschiffen in einer Höhe von 500 Fuß (etwa 152 Meter) oder niedriger sowie familiäre Zeugen des Ereignisses treten bei den Entführten häufiger auf. Erstaunliche 45 Prozent geben sogar an, von nicht-menschlichen Wesenheiten geheilt worden zu sein, während dies nur auf 10 Prozent der Umfrageteilnehmer im Allgemeinen zutrifft. Spiritualität, mediales Wachstum und Empathie sind bei den Entführten besonders oft anzutreffen. Die Ergebnisse unserer Untersuchungen sind in meinem jüngsten Buch *Extraterrestrial Contact* enthalten.

Im Jahr 2014 traf Rey die Entscheidung, eine ehrgeizige multinationale Studie mit mehr als viertausend Experiencern durchzuführen, und lud mich ein, dem Vorstand von FREE beizutreten und als Forschungsberater für den Experiencer-Fragebogen von FREE tätig zu werden. Ich nahm seine Einladung an und arbeitete mit der FREE-Gründerin Mary Rodwell, Dr. Leo Sprinkle, Barbara Lamb und anderen an der Entwicklung der Studie. Dr. Rudy Schild übernahm das Ruder als Geschäftsführer von FREE und ermöglichte es Rey, sich effizienter um das Tagesgeschäft von FREE zu kümmern. Dr. Schild ist ein emeritierter Forschungsastronom des Harvard-Smithsonian Center for Astrophysics und ein Wissenschaftler, der sich nicht scheut, seine Meinung zu sagen. Im Jahr 2018 habe ich ein Kapitel zu dem 785-seitigen Buch *Beyond UFOs* von FREE beigetragen.

Das waren in der Tat aufregende Zeiten, um an der UFO-Kontaktforschung beteiligt zu sein. Später schlossen sich dank der unermüdlichen Bemühungen von Reinerio »Rey« Hernandez noch viele weitere akademische Wissenschaftler der Organisation FREE an.

Marcel Polte, ein Rechtsanwalt aus Deutschland mit einer Vorliebe für Astrophysik, der auch Heilpraktiker für Psychotherapie und Hypnotherapie ist, fand im Jahr 2015 zu FREE. Im folgenden Jahr begann er mit mir zu korrespondieren, um meine Forschungsergebnisse über Experiencer und das Paranormale mit seinen eigenen Forschungen zu vergleichen. Als wissenschaftlich orientierte Forscher verfolgten wir unabhängig voneinander ein gemeinsames Ziel: über die materielle Wissenschaft hinauszugehen, um Daten und Wissen über Kontaktphänomene zu gewinnen.

Dabei stieß ich auf einen Artikel auf der Titelseite der *New York Times* vom 16. Dezember 2017. Unter dem Titel »Glowing Auras and ›Black Money‹: The Pentagon's Mysterious UFO Program« schrieben die angesehenen Journalisten Helene Cooper, Ralph Blumenthal und Leslie Kean über ein geheimes Programm des Pentagon, das von der Defense Intelligence Agency (DIA) finanziert wurde, um die Radaraufnahmen der U.S. Navy von mysteriösen Flugobjekten zu untersuchen, die sich ohne sichtbare Anzeichen für einen Antrieb mit enorm hoher Geschwindigkeit bewegten und scheinbar ohne Auftriebsmittel an Ort und Stelle schweben konnten. Später erfuhren wir, dass diese Objekte, die als Unidentified Aerial Phenomena (UAPs) bezeichnet wurden, nahezu unmögliche Kurven flogen, innerhalb eines Augenblicks senkrecht auf- und abstiegen, stundenlang lautlos in der Schwebe blieben, sich in Geschwadern fortbewegten und in den Ozean abtauchten und aus ihm herausflogen. Die Wissenschaftler meinten, man sollte nicht davon ausgehen, dass die Phänomene einen außerirdischen Ursprung hätten. Sie müssten sorgfältig untersucht werden.

Nachdem ich in den Archiven der US-Regierung zu diesem Thema recherchiert hatte, wurde mir klar, dass wir wieder ganz am Anfang standen. Mitte bis Ende der 1940er und Anfang der 1950er Jahre hatte die US-Regierung mehrere Studien über fliegende Scheiben durchgeführt. Bis 1952 hatte das Air Force Technical Intelligence Center (ATIC) insgesamt 4.400 Berichte über fliegende Scheiben dokumentiert und 1593 davon überprüft. Sie ordnete sie verschiedenen Kategorien zu: »Ballons«, »Flugzeuge«, »astronomische Körper«, »anderes«, »Scherze«, »unzureichende Daten« und »unbekannt«. Am Ende der Studie wurden 26,94 Prozent in die Kategorie »unbekannt« eingestuft, was bedeutet, dass sie nicht den Merkmalen identifizierter Phänomene entsprachen und nicht von der Erde stammten.

Der *Project Blue Book Special Report #14* war die größte wissenschaftliche Studie über Unidentified Aerial Objects (UAOs), die jemals von der U.S. Air Force durchgeführt wurde. Die Arbeit des Battelle Memorial Institute begann im März 1952, und der Bericht wurde im Mai 1955 abgeschlossen. Es wurden 3.201 UFO-Fälle untersucht und mehr als zweihundert Diagramme, Schaubilder, Tabellen und Karten erstellt. Alle Berichte wurden als »Flugzeug«, »Ballon«, »astronomischer Körper«, »psychologischer Effekt«, »unzureichende Daten« oder »unbekannt« eingestuft. Eine Sichtung konnte nur dann als »unbekannt« eingestuft werden, wenn alle vier wissenschaftlichen Analysten der Meinung waren, dass es sich auch wirklich um etwas Unbekanntes handelte. Am Ende der wissenschaftlichen Studie wurden 21,5 Prozent der 3.201 Fälle als »unbekannt« eingestuft. Die Wahrscheinlichkeit, dass es sich dabei um etwas übersehenes Bekanntes handelte, betrug weniger als ein Prozent. Eine Chi-Quadrat-Analyse führte dazu, dass 35,1 Prozent der Luftobjekt-Beobachtungen in der Gruppe mit ausgezeichneter Qualität (Nahbegegnungen, geschulte Beobachter, längere Beobachtungsdauer und dergleichen) als echt »unbekannt« eingestuft wurden, während nur 18,3 Prozent der Gruppe mit schlechter Qualität als »unbekannt« eingestuft wurden.

Trotz des wissenschaftlichen Wertes dieser bemerkenswerten Studie gab US-Außenminister Donald Quarles die folgende Erklärung ab: »Auf der Grundlage dieser Studie glauben wir, dass keine Objekte, wie sie im Volksmund als Fliegende Untertassen bezeichnet werden, die Vereinigten Staaten überflogen haben. Ich bin sicher, dass selbst die unbekannten drei Prozent als konventionelle Phänomene oder Illusionen hätten erklärt werden können, wenn man vollständigere Beobachtungsdaten gehabt hätte.« Seine Aussage war eine eklatante Täuschung und ein leuchtendes Beispiel für die Vertuschung, die von der US-Regierung in den letzten siebzig Jahren betrieben wurde. Heute müssen wir uns fragen: »Wird diesmal die Wahrheit gesagt werden? Oder wird man wieder versuchen, die Beweise zu verschleiern und die Menschen auf der Welt in die Irre zu führen?« (Siehe hierzu Stanton T. Friedmans und mein Buch *Fact, Fiction and Flying Saucers.*)

Meine jahrelangen Studien und Untersuchungen haben jedenfalls die folgende Hypothese erhärtet: UAOs, UAPs, paranormale Phänomene, Kontakt und Bewusstsein sind alle Teil ein und desselben Phänomens.

Stratham, September 2019

Kathleen Marden

UFO-Buchautorin und Kontaktforscherin, internationale Dozentin
Preisträgerin des International UFO Congress
Lifetime Achievement Award

Vorwort von Robert Fleischer

Das Phänomen der sogenannten »Entführungen durch Außerirdische« ist wahrlich kein einfaches. Die meisten Wissenschaftler würden dieses Thema nicht einmal mit der Kneifzange anfassen. Weder lässt es sich zuverlässig im Labor reproduzieren, noch gibt es Messmethoden, die zweifelsfrei über den Wahrheitsgehalt von Aussagen der vermeintlich Betroffenen Auskunft geben. Demzufolge gibt es auch nur relativ wenige Publikationen mit wissenschaftlichem Anspruch über das Abduktionsphänomen.

Als Journalist, der bei einem großen Medienunternehmen tätig ist, kommt man in der Regel nicht mit dem Thema in Berührung, da es in der Berichterstattung, in der Welt der Politik und Wissenschaft, so gut wie keine Rolle spielt. Sollte sich doch einmal ein entsprechender Bericht in den Newsticker verirren, ist es nur allzu leicht, diesen als einen Einzelfall abzutun, als ein tragisches Beispiel dafür, wie Wahnvorstellungen einen Menschen an den Rand seiner Existenz bringen können.

Auch ich hatte nur wenig Stichhaltiges über Abduktionen gehört, als ich im Juni 2007 die Bürgerinitiative Exopolitik Deutschland gründete, die sich unter anderem für die Verbreitung von zuverlässigen Informationen über das UFO-Phänomen und die damit verbundenen Aspekte einsetzt. Doch das sollte sich bald ändern. Im April 2009 besuchte ich gemeinsam mit meinem dänischen Exopolitik-Kollegen Frederik Uldall die *X-Conference*, eine UFO-Konferenz in Washington D.C. Bei der Abschluss-Pressekonferenz im ehrwürdigen National Press Club trat neben dem Apollo-Astronauten Edgar Mitchell und Milton Torres, einem früheren Luftwaffenpiloten mit UFO-Erfahrungen, auch ein Chirurg namens Roger Leir auf. Dieser berichtete, dass er in den Körpern mehrerer mutmaßlich Entführter fremde Objekte lokalisiert hätte.

Der Mann an der CNN-Kamera rechts neben mir und ich schauten uns verblüfft an, als Dr. Leir begann, Fotos zu präsentieren. Sie zeigten merkwürdige, nur wenige Millimeter bis einen Zentimeter große Objekte, die Dr. Leir aus den Körpern der Betroffenen herausoperiert hatte. Insgesamt sieben solcher Gegenstände hätte er bereits chirurgisch entfernt, erklärte er. Sie alle seien von einer nicht bestimmbaren biologischen Substanz umhüllt – mit dem Skalpell nur schwer zu durchtrennen.

Dann trat ein Wissenschaftler namens Dr. Alex Moser ans Mikrofon. Der Experte für Materialanalyse hatte an einem der Objekte diverse Messungen durchgeführt. Als Dr. Moser dann detailliert über seine Ergebnisse berichtete, fiel auch dem bis dahin erstaunlich gefasst wirkenden CNN-Reporter die Kinnlade herunter: Das Objekt hatte, solange es sich im Körper befand, offenbar Funksignale ausgestrahlt, und zwar auf den Frequenzen 14,749650 Megahertz und 17,68658 Gigahertz. Anschließend zeigte Dr. Moser Ergebnisse einer energiedispersiven Röntgenspektroskopie. Die Aufnahmen offenbarten seltsame kristalline Strukturen und Nanoröhren ähnliche Fäden aus Kohlenstoff, die in der Natur so nicht vorkommen. Derartige Strukturen, so Dr. Moser, müssten unter beträchtlichem Aufwand künstlich hergestellt worden sein. »Wir vermuten also, dass wir es bei diesem Objekt mit etwas Technischem zu tun haben«, lautete die vorsichtige Schlussfolgerung des Experten für Materialanalyse. Weitere Untersuchungen seien ohne Zweifel nötig, um mehr herauszufinden.

Als Dr. Moser schließlich vom Rednerpult abtrat, ließ er sämtliche im Raum versammelten Journalisten inklusive mir selbst sprachlos zurück. Durch einen Zufall fand ich mich wenige Stunden nach Abschluss der Pressekonferenz plötzlich vor dem ZDF-Auslandsstudio in Washington wieder. »Sollte die deutsche Öffentlichkeit nicht davon erfahren, dass in Amerika solche Forschungsergebnisse diskutiert werden?«, fragte ich mich. Natürlich war mir klar, dass die Chance, mein Filmmaterial über »Alien-Implantate« hier an den Mann zu bringen, quasi gen Null ging. Dennoch fasste ich spontan den Entschluss, es zu versuchen, und klingelte an der Tür. Höflich wurde mir geöffnet. Doch ich kam gar nicht erst dazu, meine Kassette einzulegen. Denn als ich erklärte, worum es ging, wurde ich mit dem Satz »Wir geben es weiter nach Mainz« ebenso höflich wieder hinauskomplimentiert. Von den Forschungsergebnissen der Doktoren Leir und Moser erfuhren in der Folge wohl nicht einmal die Mainzelmännchen.

Die Reaktion der ZDF-Kollegen hatte ich zwar erwartet. Dennoch offenbarte mir diese Episode ein Dilemma, in dem die Abduktionsforschung bereits seit ihren Anfängen steckt: Es findet so gut wie keine mediale Berichterstattung darüber statt, weil zu wenige greifbare Fakten vorhanden sind, als dass mal welche auf dem Radarschirm eines Mainstream-Kollegen auftauchen. Und wenn sie doch einmal auftauchen, dann ignoriert man sie besser. Denn sie passen eben nicht zum in Deutschland vorherrschenden gesellschaftlichen Konsens, dass es *keine* UFOs gibt, *keine* Außerirdischen und darum natürlich auch *keine* Entführungen durch Letztere. Und sollte doch mal jemand ernsthaft behaupten, entführt worden zu sein, dann hat er eben nicht alle »Untertassen im Schrank«.

Nachdenklich kehrte ich nach Deutschland zurück. Wie sollte es möglich sein, den Menschen die Angst vor dem »maximal Fremden« zu nehmen und sie auf die Möglichkeit einer Kontaktaufnahme mit Außerirdischen vorzubereiten, wenn nicht wenige Betroffene über verstörende, traumatisierende, zuweilen auch äußerst schmerzhafte Erfahrungen an Bord der Fremden berichten? Von nun an verfolgte ich die Entwicklungen im Bereich der Abduktionen mit größerer Aufmerksamkeit und arbeitete zunehmend darüber. Doch ich tat mich zunächst schwer mit einer Veröffentlichung. Erst nach dem Tod von Dr. Roger Leir im Jahr 2014 fasste ich den Entschluss, seine Präsentation aus dem National Press Club auf Deutsch zu veröffentlichen. Das gesamte, etwa halbstündige Video mit den erwähnten Forschungsergebnissen hat auf YouTube inzwischen knapp 200.000 Aufrufe.*

Von da an häuften sich die Zuschriften von mutmaßlich Betroffenen. Ich erhalte fast jeden Monat eMails von Menschen, die behaupten, derartige Erfahrungen gemacht zu haben. Es sind Leute unterschiedlichster Herkunft, Religion und unterschiedlichsten Alters, Leute mit allen möglichen Bildungsgraden und aus allen möglichen gesellschaftlichen Schichten. Das Einzige, was diese Menschen gemeinsam haben, ist ihre auffällige Zurückhaltung darüber, was sie erlebt haben. Meistens möchten sie auf keinen Fall, dass ihre Erfahrungen öffentlich werden. Allein dieser Umstand sollte Skeptikern zu denken geben, die mutmaßlich Betroffenen einer Entführung gern unterstellen, mit ihren wilden Geschichten nur Aufmerksamkeit erregen zu wollen. Fast immer deuten die Menschen, die mir schreiben, lediglich an, was ihnen widerfahren ist, ohne ins Detail zu gehen, und fragen mich, ob ich nicht jemanden vermitteln könne, der sich mit »sowas« auskennt.

---

* Sie finden es unter https://www.youtube.com/watch?v=Se5DkifWMDE.

Jahrelang wusste ich nicht so recht, wie ich mit solchen Anfragen verfahren sollte. Zwar hatte die UFO-Forschungsorganisation MUFON-CES eine Weile einen Psychologen im Team, der sich mit Betroffenen auseinandersetzte, doch diese mussten vorher einen langen Fragebogen ausfüllen – eine Hürde, die nur wenige Betroffene bereit waren zu nehmen, da sie schließlich nicht daran interessiert waren, sich zum Studienobjekt zu machen, sondern einfach nur ihre Erfahrungen verarbeiten wollten. Entsprechend froh war ich, als sich eines Tages der Hypnosetherapeut Dr. Marcel Polte bei mir meldete. Seitdem habe ich bei Anfragen mutmaßlich Betroffener einer Entführung einen festen Ansprechpartner und konnte schon mehrere Fälle an ihn weiterleiten.

Dr. Polte ist wie kaum ein anderer in Deutschland mit dem internationalen Sachstand vertraut und bestens mit Forschungsorganisationen im In- und Ausland vernetzt. Mit dem vorliegenden Buch leistet er einen wichtigen Beitrag zur wissenschaftlichen Debatte auf diesem Gebiet. Nicht nur fasst er die Schlüsselerkenntnisse aus der Fachliteratur zusammen, er ergänzt sie auch noch um aktuelle Fallbeispiele aus seiner eigenen Praxis und stellt Überlegungen an, etwa zu den möglichen Motiven der Fremden oder den damit verbundenen paranormalen Aspekten, ohne dabei dogmatisch zu sein. Man muss nicht zwangsläufig allen Gedankengängen hundertprozentig zustimmen, um sein Buch interessant zu finden. Denn wie der Autor überzeugend darstellt, sprechen gewichtige Gründe für die Realität des Abduktionsphänomens, und es ist Zeit, dies anzuerkennen und zu erforschen.

Wie kaum ein anderes Phänomen weisen Entführungserlebnisse zudem auf eine größere, uns unbekannte Realität hin, die wir gerade erst beginnen zu verstehen. Möge dieses Buch dazu beitragen, den Rätseln des Universums offener zu begegnen, unsere Urangst vor dem Fremden in Neugier zu verwandeln und uns bereit zu machen für den Moment, in dem uns allen klar wird, dass wir nicht allein im Universum sind.

Leipzig, Februar 2018

Robert Fleischer

Gründer von Exopolitik Deutschland (www.exopolitik.org)
Herausgeber von ExoMagazin.tv – dem Magazin für Freigeister

Einleitung

Liebe Leserin, lieber Leser,

es freut mich, dass Sie das vorliegende Buch in Händen halten. Dies spricht dafür, dass Sie an den darin behandelten Themen zumindest interessiert sind – wie auch immer Ihre Einstellung hierzu sein mag. Das ist gut so. Der Umgang mit diesen Themen erfordert nämlich eine gewisse Offenheit. Dabei ist es völlig egal, ob Sie eine gesunde Skepsis mitbringen oder sich mit unbefangener Neugier auf die Lektüre stürzen. In beiden Fällen ist nur eines entscheidend:

Nehmen Sie sich Zeit, um die nachfolgend präsentierten Informationen aufzunehmen und zu verarbeiten.

Ich habe versucht, die ungewöhnlichen Fakten in einer logisch nachvollziehbaren Reihenfolge zu strukturieren. Vorwissen ist dabei nicht erforderlich. Man sollte eigentlich meinen, dass jeder Leser unter diesen Prämissen zu den gleichen Schlussfolgerungen gelangen müsste – die da wären:

1. UFOs sind ein reales Phänomen.
2. Es bestehen tausendfach Kontakte zu nichtmenschlichen intelligenten Wesen.

So einfach liegen die Dinge aber leider nicht. Das Verständnis dieser Zusammenhänge ist nämlich keine Frage der Intelligenz. Das Problem liegt nicht auf einer kognitiven oder Verstandesebene. Die Ursachen dafür, dass es manchen schwerfallen wird, bestimmte Fakten und deren

Konsequenzen anzuerkennen, liegen viel tiefer. Sie beruhen auf Glaubenssätzen in unserem Unterbewusstsein, die uns seit frühester Kindheit antrainiert wurden. Die gewaltige Aufgabe jedes Einzelnen besteht somit darin, diese althergebrachten, liebgewonnenen, jedoch falschen Glaubenssätze zu überwinden. Einer dieser Glaubenssätze könnte etwa lauten: *So einen Unsinn wie UFOs gibt es nicht.* Ein anderer könnte wie folgt aussehen: *Außerirdische existieren nicht. Und wenn doch, dann gibt es sie jedenfalls nicht hier bei uns.* Diese Glaubenssätze beruhen eben nicht auf Fakten, sondern wurden uns von unserer Umwelt vermittelt – von Eltern, Lehrern, den Medien, der Wissenschaft und all den äußeren Einflüssen, durch die wir zu denen werden, die wir sind.

Das Problem, vor dem wir hier stehen, ist folglich vergleichbar mit dem Anliegen von Albert Einstein im Jahr 1905, als dieser seine spezielle Relativitätstheorie veröffentlichte. Nicht nur die Allgemeinheit, sondern auch die Wissenschaftler waren damals der festen Überzeugung, dass die Zeit an jedem Ort und für jedes Lebewesen im Universum gleich schnell vergehen würde. Es musste somit eine Art universelle Uhr geben. Etwas anderes war man aus seiner Alltagserfahrung auch nicht gewohnt: Menschen altern gleich schnell und an welchem Ort und unter welchen Bedingungen ich meine Uhr ablese, spielt ebenfalls keine Rolle.

Letztlich täuschen uns jedoch diese Alltagserfahrungen, und die zugrundeliegenden Glaubenssätze oder – wie Einstein dies nennt – »Denkgewohnheiten« sind falsch. Zeit ist NICHT absolut. Eine Uhr auf der Aussichtsplattform des Empire State Building läuft nicht genauso schnell wie eine baugleiche Uhr im Erdgeschoss des Gebäudes. Zwar ist dieser minimale Unterschied im Zeitfluss mit herkömmlichen Uhren nicht messbar. Es wurden aber erfolgreiche Versuche mit Atomuhren unternommen, die in Passagierflugzeugen mitgeführt wurden und einen entsprechenden Laufzeitunterschied der Uhren ergaben. Wichtig ist allein die grundsätzliche Erkenntnis, die sich aus bestimmten Experimenten und den physikalischen Formeln ergibt: Zeit ist RELATIV. Sie hängt ab vom Ort der Messung (genauer: von der

Stärke des dort herrschenden Gravitationsfeldes) und dem Bewegungszustand desjenigen Beobachters, der die Zeit misst. Anzuerkennen, dass zwei Zwillinge unter bestimmten (praktisch nur schwer umsetzbaren) Umständen tatsächlich unterschiedlich schnell altern, weil die Zeit für sie unterschiedlich schnell vergeht, war eine gewaltige Herausforderung. Es brauchte viele Jahre, bis nicht nur Laien, sondern auch Physikerkollegen ihre festgefahrenen Denkgewohnheiten aufgeben und die Relativität von Zeit (und Raum) in ihr neues Weltbild integrieren konnten. Heutzutage sind diese bahnbrechenden Erkenntnisse Einsteins gut belegt; allein schon die GPS-Navigation wäre ohne Berücksichtigung der Zeitrelativität untauglich.

Warum schreibe ich also gerade jetzt dieses Buch zu derart fantastisch klingenden Themen wie UFOs und Kontakten zu Außerirdischen? Weil ich die Chancen optimistisch beurteile, dass es uns gemeinsam gelingt, solche überholten Glaubenssätze hinter uns zu lassen. Was mich zu dieser Einschätzung veranlasst, ist die solide Faktenbasis, auf der die beiden genannten Schlussfolgerungen beruhen. Über die Existenz von UFOs zu diskutieren, die Zeit ist vorbei. Es bleibt kein Raum für Deutungen, wenn Tausende Zeugen, Radaraufzeichnungen, amtliche Dokumente und diverse physische Spuren bestimmte Vorgänge zweifelsfrei belegen. Es geht mir deshalb auch nicht darum, Sie zu überzeugen oder dass Sie mir gar »glauben«. Wie mein Freund und Kollege, der Journalist Robert Fleischer (www.exopolitik.org), kürzlich in einem Interview so treffend bemerkte: *UFOs sind keine Glaubenssache!* Es geht allein darum, dieses Thema zu verstehen. Das gilt nicht nur im Hinblick auf das gut belegte UFO-Phänomen, sondern betrifft konsequenterweise auch die Insassen der unbekannten Flugobjekte. Es ist die Zeit gekommen, dass endlich auch die Öffentlichkeit erfährt: Es wurden bereits Tausende Kontakterfahrungen mit diesen Wesen untersucht und daraus ergibt sich ein eindeutiges Bild.

Warum ist dies so wichtig, gerade jetzt? Die Frage ist einfach beantwortet. Dazu muss man sich nur einmal umschauen: Kriege, atomare Bedrohung, religiöse Konflikte und Terrorismus in einer bislang nie dagewesenen Form, zunehmende klimatische Veränderungen, Ungleichverteilung, Flüchtlingsströme und zu guter Letzt eine anhaltende und nachhaltige Zerstörung unserer Umwelt. Es ist zweifellos uns allen klar, dass sich gewaltig etwas ändern muss, wenn wir als menschliche Spezies in unserem Lebensraum Erde weiterhin (oder erstmals) friedlich zusammenleben möchten. Kein Präsident und kein Religionsführer wird in der Lage sein, die gesamte Menschheit zu dem hierfür erforderlichen Umdenken zu bewegen. Die notwendige Veränderung kann nur aus uns selbst heraus geschehen.

Und dies kann meines Erachtens nur durch eines bewirkt werden: *Erkenntnis*. Die Erkenntnis darüber, woher wir kommen, wohin wir gehen und wie kostbar und einzigartig unser menschliches Dasein ist. Zu einer solchen Erkenntnis können wir wiederum nur dann gelangen, wenn wir unsere überhebliche Selbstüberschätzung ablegen. Wir müssen erkennen, dass wir *nicht* die Herrscher über andere Menschen, über die Tiere und den Planeten Erde sind, der unseren zerbrechlichen Lebensraum darstellt. Was wäre wohl besser geeignet, uns diese dringend notwendige Demut nahezubringen, als die Erkenntnis, dass wir in diesem Universum nicht allein sind, sondern es mit anderen Lebensformen teilen – darunter auch Wesen, die uns technisch und intellektuell weit überlegen sind.

Wer sich bislang nicht mit diesen Themen beschäftigt hat, den wird es überraschen, dass fremdes intelligentes Leben nicht nur hypothetisch irgendwo in den unendlichen Weiten des Alls existiert. Nichtmenschliche Wesen stehen ständig in Kontakt mit uns, und das möglicherweise bereits seit dem Anbeginn der Menschheit. Dass dem tatsächlich so ist, ist inzwischen zweifelsfrei belegt, aber nur wenigen bekannt. Mir geht es daher im Folgenden darum, zunächst einmal eine Auswertung der Fakten zu präsentieren, die in rund vierzig Jahren Forschung auf dem Gebiet der Kontakte mit nichtmenschlicher Intelligenz gesammelt wurden. Darüber hinaus stelle ich in einer vergleichenden Betrachtung die Ergebnisse meiner eigenen Untersuchungen vor. Die Hauptdarsteller dieser ungewöhnlichen und bizarren Geschichte sind eine fremde

Spezies, welcher die Forscher den Namen »Greys« gaben (auch »die Grauen« genannt). Dies hat einen guten Grund. Es sind gerade diese kleinen grauen Gestalten mit ihren riesigen Köpfen und großen schwarzen schrägstehenden Augen, die in den Tausenden Entführungsberichten von Betroffenen immer wieder auftauchen. Auch meine eigenen Nachforschungen haben ihr häufiges Auftreten bestätigt.

Ich möchte an dieser Stelle all den Menschen danken, die sich in den letzten Jahren an mich gewendet haben, um mir von ihren ungewöhnlichen Erfahrungen zu berichten und mit meiner Unterstützung etwas mehr über ihre Erlebnisse herauszufinden. Ich habe dies stets als eine von gegenseitigem Vertrauen getragene Zusammenarbeit betrachtet und bin für die vielen wertvollen Erkenntnisse sehr dankbar. Diese haben meinen Weg immer wieder bestätigt und bestärkt. Ich hoffe daher, dass den Betroffenen durch die im vorliegenden Buch zusammengetragenen Informationen nun endlich das Verständnis entgegengebracht wird, das ihnen aufgrund von Vorurteilen und Ignoranz bisher versagt blieb.

Der Vollständigkeit halber möchte ich schon jetzt darauf hinweisen, dass die Greys nicht die einzigen Fremden sind, von denen Betroffene berichten. In jüngerer Zeit gab es gerade bei meinen eigenen Fällen eine außergewöhnliche Häufung von Berichten über bestimmte reptilartige Wesen. Das Ganze ging so weit, dass in meinen Sitzungen bereits mehrfach ein direkter Kontakt mit diesen Wesen zustande kam. Der Übersichtlichkeit halber habe ich mich jedoch entschlossen, das Datenmaterial zu den Reptilien zunächst zurückzuhalten. Es ist auf Datenspeichern gesichert an diversen Stellen hinterlegt, die eine Verbreitung der Informationen notfalls auch selbständig veranlassen können, und wird einer eigenen Publikation vorbehalten sein.

Das Thema der UFOs und außerirdischen Kontakte ist recht komplex. Die Beweisführung ist aufgrund der zahlreichen Fakten zwar möglich, aber recht aufwändig. Es erfordert schon ein ganzes Buch, um die grundlegenden Zusammenhänge aufzuzeigen. Das soll hier am Beispiel der Kontakterlebnisse mit Greys geschehen.

Deutlich einfacher sieht es hingegen bei anderen Phänomenen aus, die im Kontext des UFO-Phänomens immer wieder auftreten und ähnlich unglaublich klingen. Dabei geht es um paranormale Erscheinungen und Fähigkeiten, die mit unseren derzeitigen Kenntnissen von Physik und Biologie nicht zu erklären sind. Neben Telepathie und Telekinese trifft dies vor allem auf die menschliche Fähigkeit zu, auf mentalem Weg Informationen über weit entfernte Orte, Personen oder Ereignisse in Erfahrung zu bringen (Fernwahrnehmung). Die Existenz dieses Phänomens erschüttert unser wissenschaftliches Verständnis heute auf ähnliche Weise wie seinerzeit Einsteins Erkenntnis der Relativität von Zeit und Raum. Dabei sollte man sich bewusst machen, dass wir auch nach über einhundert Jahren Relativitätstheorie immer noch nicht wissen, was Zeit eigentlich ist. Ebensowenig wissen wir, welche Mechanismen der Fernwahrnehmung zugrunde liegen. Was aber viele erstaunen dürfte: Die Möglichkeit der Fernwahrnehmung ist inzwischen genauso sicher bestätigt wie Einsteins Relativitätstheorie. Das liegt vor allem daran, dass diese mediale Fähigkeit von Geheimdiensten bereits seit Jahrzehnten erforscht und angewandt wird.

Die mit dem US-Militär und der CIA zusammenarbeitenden Wissenschaftler nannten diese außergewöhnliche Wahrnehmungsfähigkeit »Remote Viewing«. All das ist – anders als die Sache mit den UFOs – recht einfach zu belegen. Es liegen nämlich nicht nur die Aussagen der ehemaligen militärischen Remote Viewer (Medien) und der beteiligten Wissenschaftler vor, es wurden auch Tausende zuvor geheime Dokumente freigegeben, die inzwischen jedem zugänglich sind. Ein Kapitel widme ich daher diesen wichtigen Erkenntnissen, die uns glasklar vor Augen führen, dass unser althergebrachtes Weltbild gewaltige Lücken aufweist. Ich hoffe, dass es Ihnen gelingen wird, durch die Lektüre dieses Buches, eigene Recherchen und viele Stunden geistiger Durchdringung zumindest einige dieser Lücken zu schließen.

Übrigens: Nachdem das Manuskript des vorliegenden Buches im Winter 2017 weitgehend fertiggestellt war, gab es eine bedeutsame und in der US-Geschichte bislang einmalige Entwicklung, die zeigt, wie schnell die Enthüllung geheimer Militärprojekte inzwischen voranschreitet. Am 16. Dezember 2017 berichteten die *New York Times*, die *Washington Post* und das *Politico Magazine* übereinstimmend über ein UFO-Forschungsprogramm des Pentagon, das in den Jahren 2007 bis 2012 mit 22 Millionen Dollar finanziert wurde. Das Programm nannte sich *The Advanced Aviation Threat Identification Program* (AATIP). Dabei wurden nicht nur Radar- und Videoaufnahmen von Begegnungen zwischen US-Militärpiloten und Flugobjekten untersucht, deren Flugverhalten den Gesetzen der Aerodynamik zu widersprechen scheint. Es wurden auch von UFOs stammende Materialien in eigens hierfür umgebauten Gebäuden gelagert und erforscht. Zu dem vom Pentagon offiziell bestätigten Programm wurden bislang zwei Videos der Bordkameras von US-Kampfjets veröffentlicht, die unbekannte Flugobjekte zeigen. Der inzwischen zurückgetretene Leiter des UFO-Forschungsprojekts, Luis Elizondo, teilte in einem Fernsehinterview mit, dass die beobachteten Flugeigenschaften der Objekte weder mit US-Militärtechnologie noch mit bekannter ausländischer Technik erklärt werden können. Nach seiner Einschätzung lassen die Untersuchungen nur einen Schluss zu: »Wir sind nicht alleine!« Ein Großteil der Gelder aus dem US-Verteidigungshaushalt floss an *Bigelow Aerospace*, ein Weltraumforschungsunternehmen des Milliardärs Robert Bigelow. In UFO-Forschungskreisen ist bekannt, dass Bigelow bereits seit Jahrzehnten die Forschungen führender UFO- und Abduktionsforscher finanziert. Bereits im Mai hatte Bigelow in einem Interview mit CBS seine Überzeugung geäußert, dass Außerirdische auf der Erde schon lange präsent seien.

Die Berichte vom 16. Dezember 2017 sind Teil einer umfassenden Offenlegungskampagne, in der der frühere Sänger der Punkband Blink-182, Tom DeLonge, gemeinsam mit hochrangigen (ehemaligen) Militär- und Geheimdienstmitarbeitern eine federführende Rolle spielt. DeLonge ist CEO eines eigens hierfür gegründeten Unternehmens mit dem Namen *To The Stars Academy of Arts and Science*, das die drei Bereiche Wissenschaft, Raumfahrt und Entertainment abdecken soll (https://dpo.tothestarsacademy.com). Dabei soll der Bereich Wissenschaft nicht nur die Erforschung von Bewusstsein, Telepathie und exotischen Technologien umfassen, sondern auch die Analyse unidentifizierter Luftraumphänomene. Dem Führungsteam des Unternehmens gehören neben Luis Elizondo und weiteren Geheimdienstexperten auch renommierte Wissenschaftler wie der Physiker Dr. Harold Puthoff an, der zusammen mit Russel Targ die CIA bei der Erforschung und Anwendung des »Remote Viewing« beraten hat, über das wir in Kapitel 4 berichten. Damit hat sich die *To The Stars Academy* genau den Themen verschrieben, die auch den Inhalt dieses Buches bilden. Es sind Themen, die nach Meinung vieler Forscher eng miteinander verbunden sind und möglicherweise durch eine einheitliche physikalische Theorie erklärt werden können, wie sie in Kapitel 5 näher erläutert wird.

Atemberaubende Enthüllungen stehen bevor!

Bad Homburg, Januar 2018

Marcel Polte

1 Das UFO-Phänomen

»Die Intelligenz bietet genügend Beweise an, dass etwas grundlegend Wichtiges im Gange ist, aber sie bietet nicht die Art von Beweis, die eine ausschließlich auf Erfahrung begründete, rationale Art des Wissens befriedigen würde. Sie überlässt es uns, die Realität des Phänomens zu erfassen, einen Schritt dorthin zu gehen und zu würdigen, dass wir in einem Universum leben, das anders als das ist, an das zu glauben man uns gelehrt hat.«[2]

Prof. John E. Mack, 1994

UFOs in den Medien

Es war einmal ein UFO. Niemand mochte es, niemand wollte es … man verspottete es, man verjagte es, man bestritt sogar seine Existenz. Doch es kam immer wieder. Da wurden die Menschen neugierig, und manche von ihnen begannen, Fragen zu stellen. Das gefiel den Königen gar nicht und sie verboten, dass über das mysteriöse UFO gesprochen wird. Mit allerlei Tricks versuchten sie, ihre Untertanen davon abzulenken. Sie erfanden neue, noch fantastischere Geschichten und warfen die schlimmsten UFO-Aufrührer in dunkle Verließe, denn etwas musste um jeden Preis verhindert werden. Nichts war wichtiger als diese eine Sache, die ihnen mehr Angst einjagte als feindliche Heere und gewaltige Unwetter, die das Land verwüsten: Es durfte niemals geschehen, dass die Menschen ihre königliche Macht in Frage stellten … weil es womöglich dort draußen etwas gab, das selbst die Könige nicht erklären konnten und ihnen überlegen war.

So oder ähnlich ließe sich mit kindlicher Sprache der Umgang der Regierungen und der Medien mit dem UFO-Phänomen während der letzten siebzig Jahre beschreiben. Wird heutzutage in den Medien von UFOs gesprochen, handelt es sich in der Regel nicht um eine ernstgemeinte Berichterstattung. Die Berichte ähneln häufig eher einer satirischen Darstellung. Der Aufbau der Nachrichtenmeldungen folgt dabei meist einem typischen Muster. Um einen gewissen Unterhaltungswert zu erzeugen, wird zunächst eine mysteriös erscheinende UFO-Sichtung beschrieben. Mit selbstzufriedener Genugtuung wird dann eine wissenschaftliche Erklärung präsentiert, die von beleuchteten Drohnen, Kometen, Leuchtmunition, Satelliten, LED-Ballons bis hin zu den Planeten Jupiter und Venus reicht. Und wenn mal keine herkömmliche Erklärung zur Verfügung steht, lässt sich notfalls das Ende der Geschichte immer noch mit einem sarkastischen Unterton offenhalten (»vielleicht waren es aber auch die berühmten kleinen grünen Männchen …«). Jedenfalls wird für den Leser oder Zuschauer kein Zweifel daran gelassen, dass jeder Gedanke an einen außerirdischen Hintergrund solcher Sichtungen absolut lächerlich und nicht akzeptabel ist. UFOs gibt es nicht. Basta. Und UFOs kann es ja auch gar nicht geben. Schließlich wurde in den Medien (fast) noch nie von einer »richtigen« UFO-Sichtung berichtet. Warum also sollte sich dies auf einmal ändern …

Es trifft tatsächlich zu, dass sich die meisten Sichtungen mysteriöser Lichter am Himmel auf einfache Weise erklären lassen. Schließlich können die menschliche Wahrnehmung und der menschliche Verstand sehr leicht getäuscht werden. So wird das flackernde Licht des Planeten Jupiter vor bewegter nächtlicher Wolkendecke schnell als ein sich scheinbar am Himmel bewegendes, stark strahlendes Objekt wahrgenommen. Derartige zweifelhafte »Sichtungen« sind es auch gar nicht wert, darüber zu berichten. Dass dies dennoch geschieht, bestärkt in der Bevölkerung die Ansicht, »echte« UFOs würden nicht existieren. Setzen wir einmal voraus, was im Weiteren noch belegt wird, dass nämlich die Realität ganz anders aussieht, so macht das eine solche Berichterstattung – vorsichtig ausgedrückt – äußerst bedenklich. Schließlich sollte die Presse ihrem Auftrag gemäß daran interessiert sein, die Öffentlichkeit mit *Fakten* zu versorgen. Dies muss erst recht gelten, wenn es sich dabei um ebenso ungewohnte wie bedeutsame Fakten handelt.

Beweise

Es bedarf nun wirklich keines investigativ-journalistischen Talents oder gar einer naturwissenschaftlichen Ausbildung, um zu erkennen, dass die Beweise dafür, dass ungewöhnliche Flugobjekte in großer Zahl unseren Himmel bevölkern, schlicht überwältigend sind. Es geht in diesem Buch auch gar nicht darum, die Realität des UFO-Phänomens nachzuweisen. Jeder kann sich selbst anhand frei zugänglicher, seriöser Quellen davon überzeugen.[3] Eine gewissenhafte Zusammenstellung wichtiger UFO-Fälle findet der Leser zum Beispiel im Internet auf den Seiten www.exopolitik.org und www.das-ufo-phaenomen.de. Zahlreiche Literaturhinweise einschließlich einer Aufstellung regierungsamtlicher Dokumente zum UFO-Thema enthält die Seite der deutschen Forschungsgruppe IGAAP (www.igaap-de.org).

Für seine eigene Recherche möchte ich dem Leser aber noch eine kleine Hilfestellung in Form der nachstehend genannten Sachverhalte geben. Sie sind alle einer näheren Betrachtung wert und sollten in unserer Bevölkerung – genauso wie andere wichtige politische oder historische Ereignisse – eigentlich schon lange zum Allgemeinwissen gehören. Aber auch den meisten Journalisten, die über das Thema schreiben, sind diese Dinge nicht bekannt. Man muss sich daher fragen, wie auf einer so mangelhaften Informationsbasis überhaupt eine sinnvolle Berichterstattung über die UFO-Thematik erfolgen kann. Machen Sie doch selbst einmal den Test, ob Ihnen die wichtigsten Fakten zum UFO-Phänomen bekannt sind:

1. *Ist Ihnen bekannt,* dass zahlreiche Länder (unter anderem Frankreich, Großbritannien und die USA) staatliche UFO-Untersuchungsbehörden unterhalten oder (offiziell) unterhielten?
2. *Ist Ihnen bekannt,* dass es etwa seit Mitte des letzten Jahrhunderts Dutzende gut belegter UFO-Fälle gibt, bei denen militärische und/oder zivile Zeugen Objekte mit äußerst ungewöhnlichen Flugeigenschaften visuell beobachteten, während diese zugleich auf (Luft- und/oder Boden-)Radar nachweisbar waren?
3. *Ist Ihnen bekannt,* dass am 13. März 1997 in der Umgebung von Phoenix, Arizona, Hunderte Zeugen ein flugzeugträgergroßes, langsam und lautlos am Himmel schwebendes Objekt sahen und der damalige Gouverneur von Arizona, Five Symington III., rund zehn Jahre später reumütig zugab, dieses Objekt aus nächster Nähe beobachtet zu haben – nachdem er das Thema damals in einer Pressekonferenz lächerlich gemacht hatte?
4. *Ist Ihnen bekannt,* dass in den Jahren 1989 bis 1992 Tausende Belgier über ihrem Land ungewöhnliche Flugobjekte beobachteten und das belgische Militär nach intensiver Untersuchung der Vorfälle einschließlich des Einsatzes von Kampfflugzeugen keine Erklärung für das Phänomen finden konnte?
5. *Ist Ihnen bekannt,* dass über atomaren Anlagen des US-Militärs mehrfach UFOs gesichtet wurden und sich in zeitlichem Zusammenhang mit diesen Sichtungen prekäre Fehlfunktionen der Raketenabschussanlagen ereigneten?
6. *Ist Ihnen bekannt,* dass hochrangige französische Militärs und Wissenschaftler im Jahr 1999 einen Untersuchungsbericht zum UFO-Phänomen (*UFOs und Verteidigung: Auf was müssen wir vorbereitet sein?*, der sogenannte *COMETA-Report*) verfassten, der zu dem Ergebnis kam, dass die sogenannte extraterrestrische Hypothese den wahrscheinlichsten Erklärungsansatz für das UFO-Phänomen darstellt?
7. *Ist Ihnen bekannt,* dass im Jahr 2001 in einer Pressekonferenz des *Disclosure Project* im National Press Club in Washington

mehr als ein Dutzend ehemaliger Angehöriger des Militärs und staatlicher Behörden sowie Piloten öffentlich über ihre UFO-Sichtungen und sonstigen Kenntnisse über dieses Phänomen ausgesagt haben?

Ich kann nur jedem raten, selbst einmal zu den vorstehend aufgelisteten Fragen, die nur einen Bruchteil des Gesamtmaterials ausmachen, zu recherchieren. Dabei sollte man natürlich gerade bei Nachforschungen im Internet immer skeptisch sein, da sich oft die Zuverlässigkeit der Quelle nur schwer oder gar nicht überprüfen lässt. Besonders hilfreich sind daher Dokumente, die direkt über offizielle staatliche Seiten abgerufen werden können, oder Aufnahmen von Pressekonferenzen und Interviews namhafter Zeugen, wie dem erwähnten Ex-Gouverneur von Arizona, Five Symington.

Der Ausgangspunkt diesbezüglicher Recherchen sind immer wieder Beobachtungen, die verstärkt seit Mitte des letzten Jahrhunderts gemacht wurden. Besonders nach Zündung der ersten Atombomben durch die Amerikaner sichtete man am Himmel sowie auf Radar häufig Objekte, deren Aussehen und Flugeigenschaften mit nichts bisher Dagewesenem vergleichbar waren, und gerade über US-Territorium wurden unzählige Sichtungen gemacht, die nicht nur die Bevölkerung, sondern – in Zeiten des Kalten Krieges – auch das US-Militär aufschreckten. So entstand das UFO-Phänomen. Es ist bekannt, dass infolgedessen die United States Air Force eine Abteilung unter dem Namen *Project Blue Book* (zuvor *Project Sign/Project Grudge*) einrichtete, um solche Sichtungen zu erfassen und zu untersuchen. Eine authentische und objektive Beschreibung dieser vor allem für das US-Militär aufregenden Zeit gibt Captain Edward Ruppelt in seinem 1956 erschienenen Buch *The Report on Unidentified Flying Objects*. Captain Ruppelt war von 1951 bis 1953 Leiter des *Project Blue Book*. Aber nicht nur die USA, auch andere Staaten – darunter Frankreich, Großbritannien, Chile und Argentinien –, richteten staatliche UFO-Untersuchungsbehörden ein. Der Grund hierfür bestand nicht zuletzt darin, dass das Phänomen zu präsent wurde und sehr häufig Fragen der militärischen und Flugsicherheit tangierte.

Neben regelrechten Sichtungswellen gibt es immer wieder Einzelsichtungen, und über beides wird gern der Mantel des Schweigens oder der Desinformation gelegt. Ein Beispiel dafür, wie deutsche Medien mit solchen Ereignissen umgehen, lieferte 2016 Harald Lesch in einer Folge von *Terra X* zum Thema *Aliens.* Dort behauptete Professor Lesch tatsächlich, die belgische Sichtungswelle sei aufgeklärt, da es sich um Hubschrauber des belgischen Militärs gehandelt habe. Was für eine dreiste Augenwischerei! Für wie dumm müsste man das belgische Militär halten, wenn es seinen eigenen Formationsflug anfangs einfach vergessen hätte. Vielmehr hatte das belgische Militär damals bei den Nato-Verbündeten und insbesondere bei den Amerikanern gezielt angefragt, ob sie geheime Testflüge über Belgien ausgeführt hätten. Am Ende hielt die Militärführung in beispielloser Offenheit sogar eine Pressekonferenz ab und gestand ein, dass es sich bei den beobachteten Objekten gerade *nicht* um ein konventionelles Phänomen handele und man absolut keine Erklärung dafür hätte. Die beobachteten Objekte wurden obendrein als lautlos beschrieben, und sie vollzogen Flugmanöver, die ein Hubschrauber nicht hätte durchführen können. So ganz nebenbei zeigt sich hier auch die unzureichende Recherche für den *Terra X*-Beitrag. Der seinerzeit befehlshabende Generalmajor des belgischen Militärs Wilfried de Brouwer, inzwischen im Ruhestand, verwirft nämlich in dem 2010 erschienenen Buch *UFOs* der Investigativjournalistin Leslie Kean – wie auch in einem Interview aus dem Jahr 2014 – ausdrücklich die von Skeptikern vorgebrachte Hubschrauber-These und bekräftigt noch einmal, dass das belgische Militär auch nach intensiver Untersuchung keine Erklärung für die Sichtungen über Belgien fand.[4]

Unterschlagen wird auch immer wieder die Authentizität der Augenzeugen. Seit der Pressekonferenz des *Disclosure Project* von 2001 ist zum Beispiel die Zahl namhafter und hochrangiger UFO-Beobachter aus Regierungs- und Militärkreisen stetig gestiegen. Hierzu gehören zum Beispiel General Parviz Jafari von der iranischen Luftwaffe, der NASA-Astronaut Gordon Cooper und John Callahan, ehemals Leiter der Abteilung für Unfallaufklärung der US-Luftaufsichtbehörde FAA, um nur einige wenige zu nennen. Wer mehr darüber erfahren möchte, kann die Aussagen zahlreicher Zeugen in dem genannten Buch *UFOs* von Leslie Kean nachlesen. Auch der im Jahr 2016 verstorbene Apollo-Astronaut und sechste Mann auf dem Mond, Dr. Edgar Mitchell, gab öffentlich bekannt, über die Existenz von UFOs informiert worden zu sein. Und es ist nicht einmal so, dass lediglich Zeugenaussagen existieren. Eine ganze Reihe von ehemals als geheim eingestuften Dokumenten, die sich mit der UFO-Angelegenheit befassen, sind inzwischen frei zugänglich. Ein bekanntes Beispiel ist das sogenannte Wilbert B. Smith-Memo vom 21. November 1950.[5] Der Radioingenieur Wilbert Smith leitete *Project Magnet*, ein UFO-Untersuchungsprogramm des Transportministeriums der kanadischen Regierung. In diesem »Top Secret«-Dokument des Department of Transport hält Smith folgende Aussagen fest:[6]

»Ich habe mich diskret beim Personal der kanadischen Botschaft in Washington erkundigt, das die folgenden Informationen für mich beschaffen konnte:

a. Die Angelegenheit ist das geheimste Thema in der US-Regierung, noch geheimer als die H-Bombe.
b. Fliegende Untertassen existieren.
c. Ihr *modus operandi* ist unbekannt, aber eine kleine Gruppe unter dem Vorsitz von Doktor Vannevar Bush bemüht sich konzentriert, mehr darüber herauszufinden.
d. Die ganze Angelegenheit wird von den US-Behörden als von ungeheurer Wichtigkeit betrachtet.

Ich wurde weiterhin informiert, dass die US-Behörden in eine Reihe von Richtungen ermitteln, die möglicherweise mit den Untertassen als geistigem Phänomen zusammenhängen könnten.«

Mir liegen Insiderinformationen vor, wonach Smith mit Admiral Herbert Knowles in Austausch stand. Dabei ging es nicht nur um das UFO-Phänomen, sondern auch um die direkte Kommunikation mit außerirdischen Wesen und den Inhalt empfangener Mitteilungen. Neben diesem Dokument existieren noch Dutzende weiterer Unterlagen, die das große Interesse vor allem des US-Militärs und der CIA an den UFO-Sichtungen belegen. Viele dieser Dokumente können inzwischen sogar direkt über die Internetseite der CIA eingesehen werden.[7] Darüber hinaus gibt es Hunderte weitere Zeugen, meist ehemalige Militärangehörige und Mitarbeiter geheimer Forschungsprojekte. Über die Internetseite des *Disclosure Project* von Dr. Steven Greer können über mehrere Stunden andauernde Zeugenaussagen abgerufen werden.[8] Im Ergebnis lässt sich somit festhalten, dass absolut kein Zweifel an der Realität des UFO-Phänomens mehr bestehen kann. Die Vielzahl der Beweise ist schlicht überwältigend. Daher wird es für uns allerhöchste Zeit, endlich die mühsame und unnötige Diskussion über die Realität von UFOs hinter uns zu lassen und von hier aus weiter zu gehen.

Was bedeutet es aber eigentlich, wenn wir die Realität von UFOs anerkennen? Zunächst einmal nur, dass sich in unserer Atmosphäre Objekte mit außergewöhnlichen Flugeigenschaften bewegen, deren Herkunft unbekannt ist. Bei der Antwort auf die Frage, um was es sich dabei in Wahrheit handeln könnte, gehen die Meinungen weit auseinander. Sogar bislang unbekannte natürliche Phänome kämen in Frage, der Fantasie sind keine Grenzen gesetzt. Ein solches Naturphänomen müsste allerdings die immer wieder beobachteten Eigenschaften von UFOs in ihrer ganzen Komplexität erklären können. So glaubte etwa der berühmte Schweizer Psychiater Carl Gustav Jung an ein psychisches Phänomen. Nach seiner Theorie erschafft das kollektive Unbewusste die UFO-Erscheinungen quasi als Projektionen der inneren Psyche in die äußere Realität. Warum und wie das hypothetische kollektive Unbewusste dies bewerkstelligt, bleibt allerdings offen.

Vielleicht müssen wir gar nicht so weit gehen, etwas Unbekanntes mit etwas anderem Unbekannten erklären zu wollen. Hinter den mysteriösen Himmelserscheinungen könnte ganz einfach eine geheime fortschrittliche Technologie irdischen Ursprungs, etwa des US-Militärs, stecken. Und schließlich wird natürlich die sogenannte extraterrestrische Hypothese vertreten, wonach UFOs Flugobjekte einer außerirdischen Zivilisation sind.

Zwar sind Beweise für eine dieser Theorien offenbar schwer greifbar oder zumindest uns nicht zugänglich, doch können wir versuchen, anhand öffentlicher Quellen genug Indizien zusammenzutragen, um einer dieser Theorien den Vorzug zu geben.

Unsere Naturwissenschaften, insbesondere Physik und Biologie, haben in den letzten einhundert Jahren eine beispiellose Entwicklung hingelegt. Wir sind in Erkenntnisbereiche vorgestoßen, die der Menschheit bislang verschlossen waren. In kilometerlangen Teilchenbeschleunigern beobachten wir das Verhalten von Elementarteilchen, während wir uns anderenorts um die Entschlüsselung unserer Genstruktur bemühen. Kann es sein, dass wir in dieser Flut neuer Daten etwas Entscheidendes übersehen haben? Gibt es möglicherweise einen Naturvorgang, der das plötzliche Erscheinen und die Flugeigenschaften von UFOs genauso erklären kann wie die weiteren oft damit verbundenen (zum Beispiel paranormalen) Effekte? Ein einfaches, den Gesetzen unserer bekannten Physik unterliegendes Naturphänomen dürfte jedenfalls ausscheiden. Die merkwürdigen Objekte zeigen nämlich häufig ein »intelligentes« Verhalten, zum Beispiel, wenn sie Flugzeuge verfolgen oder über atomaren Militäranlagen erscheinen und diese offenbar außer Funktion setzen. Es gibt wirklich nicht den geringsten Hinweis auf einen natürlichen Prozess, der ein derartiges zielgerichtetes Verhalten an den Tag legen könnte.

Wenn wir aber weiter auf einem natürlichen Phänomen beharren, *müssen* wir dann in unserer Not nicht auf vage Erklärungsmodelle wie Jungs Theorie vom kollektiven Unbewussten zurückgreifen? Ich denke, ein solcher Erklärungsansatz wäre erst dann gerechtfertigt, wenn jeder andere definitiv ausscheidet. Also schauen wir doch zunächst einmal weiter. Es bleibt ja immer noch die Möglichkeit, dass die vielen tausend Sichtungen auf eine äußerst fortschrittliche, aber dennoch *irdische* Technologie zurückzuführen sind. In dem Fall wird man jedoch differenzieren müssen. Zweifellos ist es absolut möglich, einen Teil der neueren Sichtungen mit geheimen Militärentwicklungen zu erklären, etwa neuartiger Spionage- und Tarnkappentechnologie. Problematisch bleiben dann aber die vielen frühen UFO-Sichtungen nach dem Ende des Zweiten Weltkrieges. Gerade die Flut von UFO-Sichtungen über US-Territorium durch zivile und militärische Zeugen hatte das US-Militär ja zur Einrichtung des *Project Blue Book* veranlasst. Auch ist es kaum denkbar, dass damals eine andere Nation als eine der beiden Großmächte über die notwendigen technischen Fähigkeiten verfügte. Dabei kommen weder die Sowjetunion noch die USA letztlich als Urheber in Betracht. Die Russen hätten eine derart fortschrittliche Theorie wohl kaum über amerikanischem Boden getestet. Sie hätten sonst nicht nur riskiert, dass dem Gegner die geheime Technik in die Hände fällt, sondern ganz nebenbei auch noch, dass ein Dritter Weltkrieg ausgelöst wird.

Ebenso kann ausgeschlossen werden, dass die Amerikaner geheime Testfluggeräte dazu verwendeten, die Besatzung der eigenen atomaren Abschussanlagen in Panik zu versetzen und einen atomaren Supergau zu provozieren. (Mindestens in einem UFO-Sichtungsfall wurde vorübergehend sogar eine atomare Abschusssequenz in Gang gesetzt.) Der renommierte UFO-Forscher Robert Hastings geht in seinem Buch *UFOs und Atomwaffen* detailliert auf diese Vorfälle ein, zu denen er über vierzig Jahre hinweg recherchiert und über einhundertfünfzig Zeugen befragt hat. Aber auch der UFO-Forscher und Autor Raymond Fowler berichtete bereits 1990 über das besondere Interesse der Fremden an Atomwaffen und die Besorgnis des US-Militärs über das Erscheinen unbekannter Flugobjekte über neuralgischen Anlagen wie dem *Los Alamos Atomic Energy Commission Project.*[9] Fowler zitiert aus einem ehemals als geheim eingestuften Dokument vom 2. Januar 1952, das an den Direktor des Air Force-Nachrichtendienstes General Samford gerichtet war.[10] Das Dokument behandelt die »anhaltenden Meldungen über ungewöhnliche

Flugobjekte über Teilen der USA, insbesondere der Ost- und Westküste, und in der Nähe von Atomenergieproduktions- und -testanlagen«. Im selben Jahr hielt General Samford im Pentagon eine Pressekonferenz zum Thema UFO-Sichtungen ab, die auszugsweise auf YouTube abrufbar ist.[11] Raymond Fowler berichtet zudem, wie ihn bereits in den 1960er Jahren Mitarbeiter des Minuteman-Atomraketen-Programms darüber unterrichteten, dass während der UFO-Sichtungen über den Raketenstandorten Startkontrollgeräte zerstört wurden.[12] Ähnliche Fälle schildert Robert Hastings in seinem Buch von 2008.

Die extraterrestrische Hypothese

Damit bleibt nur die sogenannte extraterrestrische Hypothese übrig, die auch von den Autoren des berühmten *COMETA-Report* aus dem Jahre 1999 bevorzugt wird. Zu den Autoren dieses Untersuchungsberichts und den darin zitierten Zeugen gehören unter anderem:

- Denis Blancher, Chefinspektor der Gendarmerie im Innenministerium
- Edmond Campagnac, ehemals Technischer Direktor der Fluggesellschaft Air France
- Joseph Domange, General der französischen Luftwaffe
- Professor André Lebeau, ehemals Leiter der staatlichen französischen Raumfahrtagentur CNES (Centre National d'Études Spatiales)
- Bruno Le Moine, Brigadegeneral a.D. der französischen Luftwaffe
- Denis Letty, Generalmajor a.D. der französischen Luftwaffe
- Christian Marchal, Chefingenieur im Corps des Mines, Forschungsdirektor am französischen nationalen Forschungsinstitut für Raumfahrt ONERA
- Bernard Norlain, Vier-Sterne-General und ehemaliger Kommandant der taktischen Luftstreitkräfte Frankreichs sowie früherer Leiter des Insitut des Hautes Etudes de Défense Nationale (IHEDN)

- Jean-Jacques Vélasco, Leiter der französischen Untersuchungsgruppe für unidentifizierte Luftraumphänomene SEPRA (jetzt GEIPAN), einem Teil der französischen Raumfahrtagentur CNES

Auch wenn es sich bei COMETA nicht um eine staatliche Forschungsgruppe handelt, muss ein Untersuchungsbericht, der unter Mitwirkung solcher Schwergewichte wie dem ehemaligen Leiter der französischen Raumfahrtagentur CNES, Professor André Lebeau, General Letty und General Norlain zustande gekommen ist, ernst genommen werden. Warum nur sehr wenige Medien darüber berichteten, bleibt ein Rätsel. Die im *COMETA-Report* angeführte extraterrestrische Hypothese besagt, dass hinter dem UFO-Phänomen eine fremde außerirdische Intelligenz steckt. Ganz konkret heißt es dort, dass es sich bei den beobachteten Objekten um Fluggeräte außerirdischer Wesen handeln müsse, wo auch immer diese herkämen.

Wenn man über die Existenz außerirdischer Wesen spricht, dann ist eine psychologische Beobachtung sehr interessant. Die meisten Menschen (einschließlich der Wissenschaftler) erheben heutzutage wohl keine Einwände mehr gegen die Vermutung, dass irgendwo dort draußen noch anderes intelligentes Leben existiert. Dafür sprechen bereits die unvorstellbaren Dimensionen unseres Universums. Unsere rund einhunderttausend Lichtjahre durchmessende Heimatgalaxis, die Milchstraße, beheimatet etwa einhundert bis dreihundert Milliarden Sterne. Bislang war man davon ausgegangen, dass unser etwa 13,8 Milliarden Jahre altes Universum wiederum rund einhundert bis zweihundert Milliarden Galaxien enthält. Neueste Untersuchungen sogenannter Deep-Field-Aufnahmen des Hubble-Weltraumteleskops sprechen dafür, dass diese Zahl deutlich nach oben korrigiert werden muss. Danach soll es mindestens zwei Billionen Galaxien geben.[13] Im großen Maßstab betrachtet, bilden diese Galaxien riesige Zusammenballungen in Form sogenannter Haufen und Superhaufen, die durch filamentartige Strukturen ein das ganze Universum durchdringendes Netz aufspannen. All diese Galaxien enthalten wiederum Hunderte Milliarden von Sternen.

Und was noch viel wichtiger ist: Fast täglich werden um diese Sterne herum neue Planeten entdeckt. Anfang 2016 lag die Zahl dieser Exoplaneten bereits bei zweitausend.[14] Im Februar 2017 wurde gemeldet, dass den vierzig Lichtjahre entfernten Stern Trappist-1 sogar gleich sieben erdähnliche Planeten umkreisen.[15] Aufgrund solcher Entdeckungen wird es für immer wahrscheinlicher gehalten, dass die unermesslichen Weiten noch mehr Leben beherbergen.

Ganz anders liegen die Dinge, wenn man eine allzu irdische Perspektive auf die Frage nach außerirdischer Intelligenz einnimmt. Zu verstörend ist offenbar der Gedanke, dass eine fremde Intelligenz unsere Erde schon besucht hat oder eine Interaktion stattfindet. Ohne den schützenden Abstand zu solchen fremdartigen, uns technisch und gegebenenfalls auch intellektuell überlegenen Lebensformen wäre unser liebgewonnener Alltag nämlich in massiver Gefahr. Diese Angst vor den weltanschaulichen, sozialen und religiösen Folgen eines direkten Kontakts lässt viele Menschen zu kindlichen Schutzmechanismen greifen. Ungeachtet aller Fakten und Beweise wird dann trotzig geleugnet, was einfach nicht sein darf.

Ein beliebter Einwand gegen die extraterrestrische Hypothese sind die riesigen Entfernungen zu anderen Sternen und die Lichtgeschwindigkeit als Geschwindigkeitsbarriere für massive Objekte. Dazu muss man wissen, dass bereits unser nächster Nachbar, der Stern Proxima Centauri, 4,24 Lichtjahre von uns entfernt ist (ein Lichtjahr entspricht rund 9,5 Billionen Kilometer; eine Lichtsekunde ist die Entfernung, die das Licht in einer Sekunde zurücklegt, also rund dreihunderttausend Kilometer). Ferner hat Albert Einstein bereits im Rahmen seiner Speziellen Relativitätstheorie von 1905 festgestellt, dass kein massives Objekt Lichtgeschwindigkeit erreichen oder sich gar schneller als Licht bewegen kann. Gerade für viele Physiker ist es daher völlig ausgeschlossen, dass uns eine fremde Zivilisation jemals besucht haben könnte oder noch besuchen könnte.

Allerdings erscheint es etwas naiv, wenn nicht sogar überheblich, aufgrund unseres heutigen physikalischen Wissens interstellare Reisen für unmöglich zu erklären. Auch wenn unsere heutige Technik für den Laien den Anschein erweckt, wir hätten in physikalischer Hinsicht schon alles verstanden, ist dem eindeutig nicht so. Wir können uns zum Beispiel immer noch nicht entscheiden, ob Gravitation nun gemäß Einsteins Allgemeiner Relativitätstheorie mit Raum-Zeit-Krümmung oder quantenmechanisch mit Hilfe hypothetischer Teilchen (Gravitonen) erklärt werden muss. Wir wissen nichts über die Beschaffenheit der dunklen Materie, aus der ein Großteil unseres Universums besteht. Genauso wenig können wir über die negative Energie sagen, die unser Weltall beschleunigt auseinandertreibt. Wir haben keine Ahnung, was eigentlich hinter der Quantenmechanik steckt, was die wahre Natur der Elementarteilchen ist, ob es zahlreicher weiterer Dimensionen bedarf – wie es die Stringtheorie verlangt – und ob vielleicht unendlich viele Paralleluniversen existieren. All das sind offene Fragen der Physik. Wie wollen wir uns also bei all diesen riesigen Wissenslücken anmaßen zu entscheiden, ob die Technik und das Wissen einer gegebenenfalls Tausende oder Millionen von Jahren älteren Zivilisation interstellare Reisen realisieren könnte oder nicht? Zumal den Wissenschaftlern völlig klar ist, dass wir entscheidende Naturgesetze noch gar nicht entdeckt haben.

Für die extraterrestrische Hypothese sprechen aus meiner Sicht vor allem zwei Punkte:

Punkt 1. Es gibt Tausende von Forschern und Therapeuten untersuchte Berichte von Menschen, die behaupten, von fremdartigen Wesen gegen ihren Willen mitgenommen und dabei bestimmten Untersuchungen ausgesetzt worden zu sein. Diese Berichte treten weltweit auf und zeigen ein unverkennbares Muster. Die Betroffenen berichten häufig, vor oder nach ihrem Erlebnis ein Flugobjekt am Himmel gesehen zu haben und sogar in das Innere eines solchen Objekts gebracht worden zu sein. Der Zusammenhang mit dem UFO-Phänomen liegt klar auf der Hand; damit befasst sich die sogenannte Abduktionsforschung, auf die ich noch im Detail eingehen werde.

Punkt 2. Das zweite Indiz für die extraterrestrische Hypothese ist ein als Ariel School Sighting bekannt gewordenes Ereignis. Dabei handelt es sich um die Sichtung eines UFOs und deren Insassen durch über sechzig Schüler der Ariel-Grundschule in Ruwa, Zimbabwe. Die Schüler berichteten übereinstimmend, dass während der Frühstückspause ein Objekt in der Nähe des Schulgeländes landete und zwei nichtmenschlich aussehende Wesen herauskamen. Unmittelbar nach diesem Vorfall am 16. September 1994 wurden die Schüler von der bekannten afrikanischen UFO-Forscherin Cynthia Hind sowie von John Mack befragt, einem Professor für Psychiatrie an der Harvard Medical School. Dabei beschrieben sie das Aussehen der Wesen und auch die mit einigen von ihnen erfolgte telepathische Kommunikation. In einer aktuellen Dokumentation bestätigen die Zeugen von damals auch heute noch nachdrücklich diese ihr ganzes Leben verändernde Erfahrung.[16]

Es gibt sogar noch weitere, physikalisch nachweisbare Indizien dafür, dass es sich bei UFOs um reale Fluggeräte handelt. So wurde an mutmaßlichen Landestellen Radioaktivität gemessen, und es wurden auffällige Veränderungen an der Vegetation festgestellt: Hierzu zählt der im *COMETA-Report* dargestellte Fall vom 1. Juli 1965 in Valensole, Frankreich. Unter der Flugbahn waren die Lavendelpflanzen plötzlich verdorrt, und der Zeuge konnte dort über Jahre hinweg keine neuen Pflanzen mehr züchten. Von einem weiteren Fall berichtet Captain Edward Ruppelt in seinem Buch über *Project Blue Book*.[17] Grasproben wurden von einer mutmaßlichen UFO-Landestelle an ein Labor geschickt. Dieses stellte verwundert fest, dass zwar nicht die Grashalme, jedoch die Wurzeln der Gräser versengt waren. Ein weiterer Fall stammt aus Großbritannien. Am Landeplatz des Flugobjekts im Rendlesham-Forest-Fall vom Dezember 1980 nahe den von der US Air Force betriebenen Militärbasen Bentwaters und Woodbridge wurden deutlich erhöhte Strahlungswerte gemessen.

Und es dürfte noch zahlreiche weniger bekannte Fälle geben. So berichtet etwa Budd Hopkinks in seinem Buch *Eindringlinge* davon, dass bei einem von ihm untersuchten Fall offenbar am 30. Juni 1983 ein UFO nahe dem Haus einer Familie landete und eine kreisrunde Stelle versengten Rasens und vier symmetrisch angeordnete Löcher zurückließ; von dem Kreis ging zudem ein etwa vierzehn Meter langer und zwei Fuß breiter schnurgerader Streifen aus totem Gras aus.[18] Nach dem Vorfall wuchs dort nichts mehr und Wildtiere mieden die Stelle.[19] Selbst Jahre später gedieh auf dem größten Teil des Kreises fast nichts, obwohl inzwischen neues Gras ausgesät worden war.[20] Auf die diversen körperlichen Folgeerscheinungen bei den Menschen, die sich an diesem Ort aufhielten, werde ich später gesondert eingehen.

Noch weiter gehen freilich die Behauptungen, es seien bereits UFOs abgestürzt und vom US-Militär geborgen worden. Dazu muss man wissen, dass es etwa in Bezug auf den berühmten angeblichen Absturz eines UFOs 1947 in Roswell, New Mexiko, USA, tatsächlich eine entsprechende Pressemeldung gab, die sich auf Angaben des Roswell Army Air Field stützte. Auch gibt es eine Reihe von Zeugenaussagen zu den Vorgängen von damals, etwa die Aussage des seinerzeit auf der Roswell Air Force Base stationierten Nachrichtenoffiziers Jesse Marcel. Auch der Bericht von Colonel Philip Corso in seinem Buch *Der Tag nach Roswell* stützt diese Behauptungen. Darüber hinaus gab der Apollo-Astronaut Dr. Edgar Mitchell öffentlich bekannt, dass er sowohl von alteingesessenen Einwohnern von Roswell als auch von hochrangigen Militärangehörigen über den Absturz bei Roswell informiert worden war.

Möglicherweise arbeitet sogar bereits seit jener Zeit das US-Militär daran, den Antriebsmechanismus der geborgenen Fluggeräte zu ergründen und nachzubauen (sogenanntes Reverse Engineering). Hieran selbst beteiligt gewesen zu sein, behauptet der umstrittene Physiker Robert Lazar. Nach eigener Aussage arbeitete Lazar auf einem geheimen Testgelände in der Nähe des Groom Lake in Nevada an außerirdischen Fluggeräten. Die Lazar-Story wurde von dem preisgekrönten Investigativjournalisten George Knapp über viele Monate hinweg recherchiert. Selbst wenn einige Punkte zu Lasten von Lazar offenblieben – wie fehlende Nachweise über die von ihm behaupteten Abschlüsse in Physik –, gab es andererseits auch eine Reihe von Indizien, die für Lazars Geschichte sprechen. So wurden weitere Augenzeugen massiv eingeschüchtert, und man verfolgte das Reporterteam bei seiner Arbeit. Diese Bereiche der UFO-Forschung möchte ich jedoch nicht weiter vertiefen. Sämtliche Spuren zu solchen scheinbar glasklaren, greifbaren Beweisen enden erfahrungsgemäß immer wieder in einem Dickicht aus gezielter Desinformation, Fantasieprodukten und vereinzelt wahren Hinweisen, das nicht zu durchdringen ist.

Damit darf ich die **Gedankenabfolge** bis hierhin noch einmal zusammenfassen:

1. UFOs sind ein reales Phänomen. Wer sich mit dieser Thematik näher befasst, kann das nicht ernsthaft bestreiten. Die Menge der Beweise ist schlicht überwältigend.
2. Die extraterrestrische Hypothese ist der wahrscheinlichste Erklärungsansatz für das UFO-Phänomen. Oder mit anderen Worten: Es gibt bislang niemanden, der eine überzeugendere stichhaltige Alternativerklärung liefern konnte.
3. Tausende untersuchter Abduktionsfälle sprechen dafür, dass hinter dem UFO-Phänomen nicht nur außerirdische Intelligenz steckt, sondern dass es auch schon zu unzähligen Kontakten zwischen diesen Wesen und uns Menschen gekommen ist und nach wie vor kommt.
4. Wenn seit mindestens sechzig Jahren – wahrscheinlich sogar noch viel länger – Kontakte zwischen Menschen und nichtmenschlichen intelligenten Wesen stattfinden, dann sollten wir natürlich wissen, wer diese Wesen sind und zu welchem Zweck die Kontakte überhaupt erfolgen.

Ich möchte allerdings bereits an dieser Stelle auf einen sehr wichtigen Punkt hinweisen. Das UFO-Phänomen einschließlich der Kontakterlebnisse ist äußerst komplex und vielgestaltig. Es steht zudem, wie wir noch sehen werden, mit paranormalen Phänomenen in Verbindung.

Daher kann man davon ausgehen, dass die extraterrestrische Hypothese allein zur Erklärung all dieser Vorgänge nicht ausreicht. Die Vorgänge am Himmel, die etwa seit Mitte des letzten Jahrhunderts vermehrt beobachtet werden, und die bizarren Erlebnisse mit fremden Wesen, die seit rund vierzig Jahren untersucht werden, lassen sich nicht einfach mit neugierigen Außerirdischen erklären, die unserer Erde einen Besuch abstatten. Es zeichnet sich immer deutlicher ab, dass eine hinreichende Erklärung tiefgreifende Veränderungen unserer Weltanschauung erfordert, sowohl in naturwissenschaftlich-physikalischer Hinsicht als auch im Hinblick auf die Vielgestaltigkeit fremden Lebens. Und dabei ist meines Erachtens nach noch völlig offen, ob der menschliche Geist überhaupt in der Lage ist, die tieferen Schichten dieser verborgenen Realität zu erfassen.

Jedenfalls sollte uns klar sein, dass die Antworten auf solche Fragen kaum absehbare gesellschaftliche, weltanschauliche, religiöse, politische, technische, wirtschaftliche und gegebenenfalls auch spirituelle Implikationen beinhalten. Diesen Punkt möchte ich nicht weiter vertiefen, da es sich letztlich um reine Spekulation handelt. In ihrem Buch *A.D. After Disclosure: When the Government Finally Reveals the Truth About Alien Contact* (»Nach der Enthüllung: Wenn die Regierung schließlich die Wahrheit über den Kontakt mit Außerirdischen offenlegt«) behandeln der Historiker und UFO-Forscher Richard Dolan und sein Co-Autor Bryce Zabel das Szenario einer öffentlichen Anerkennung des UFO-Phänomens. Man kann sich mit etwas Fantasie leicht selbst ausmalen, welche möglichen Folgen die Anerkennung einer außerirdischen Präsenz hätte. Zunächst müsste jeder für sich persönlich versuchen, die Tatsache, dass wir nicht allein sind, in sein Weltbild und seine religiösen Anschauungen zu integrieren. Die Religionsgemeinschaften wären ebenfalls gezwungen, auf diese Herausforderung zu reagieren. Vermutlich würden viele Religionen versuchen, das bisher Gepredigte weitgehend zu bewahren. So zitieren Dolan und Zabel etwa den Chefastronom des Vatikans Pater José Funes mit der folgenden authentischen Aussage:

»Die Entdeckung außerirdischen Lebens bedeutet allerdings nicht, dass es auch einen außerirdischen Jesus gibt. Die Inkarnation von Gottes Sohn ist ein einzigartiges Ereignis nicht nur in der Geschichte der Menschheit, sondern auch im Universum.«[21]

Die Vorstellung außerirdischen Lebens widerspreche im Übrigen aber nicht den Aussagen der Bibel und der christlichen Doktrin.

Dennoch steht zu erwarten – wie es sich in unserer Gesellschaft ja bereits seit einiger Zeit abzeichnet –, dass eine zunehmende Hinwendung der Menschen zu spirituellen Themen und damit zu sich selbst und dem eigenen Platz im Kosmos erfolgen wird. Genau wie unsere bisherige Gesellschaftsstruktur in Frage gestellt würde, so würden auch die alten politischen Systeme hinterfragt werden. Besonders autoritären Systemen, die einer kleinen Elite die Unterdrückung der Massen ermöglichen, würde angesichts einer überlegenen fremden Intelligenz die Grundlage entzogen. Stattdessen würde sich ein verstärktes Bedürfnis nach globalen Strukturen einstellen, allein schon um eine einheitliche Kommunikation der Menschen mit den außerirdischen Mächten zu ermöglichen. Wahrscheinlich ginge damit ein massiver Wissenstransfer einher. Unser physikalisches Verständnis würde sich in vielen Punkten grundlegend ändern und erweitern. Daraus ergäben sich zwangsläufig viele neue technische Errungenschaften, darunter die Nutzung der sogenannten Freien Energie.

In sehr vielen Kontaktberichten aus ganz unterschiedlichen Quellen geht es immer wieder um die Besorgnis der Fremden über unsere Zerstörung der Umwelt. Auch dies wäre bestimmt ein zentrales Thema. Allein aus der Zurverfügungstellung neuer, sauberer Energiequellen (möglicherweise in Form der schon lange untersuchten Vakuum- beziehungsweise Nullpunktenergie) würden drastische wirtschaftliche und damit auch geopolitische Veränderungen folgen. Erdöl als bislang wichtigste Energieressource würde binnen kürzester Zeit erheblich an Bedeutung verlieren – mit entsprechenden Konsequenzen für die damit verbundenen Machtstrukturen.

Doch all dies müssen vorerst vage Spekulationen bleiben. Wie sich die Zeit im Anschluss an einen bestätigten ET-Kontakt gestalten wird, hängt entscheidend von den Motiven der Fremden sowie von der Art und Weise ab, wie sich die außerirdischen Mächte erstmals offiziell zu erkennen geben. Auch ist es unklar, ob und in welchem Umfang (quasi-)staatliche Institutionen bereits heute in Kontakt zu einzelnen extraterrestrischen Rassen stehen oder zumindest über deren Existenz unterrichtet sind. Darauf werde ich am Ende dieses Buches noch näher eingehen.

2 Das Abduktions-Phänomen

»Das Phänomen der Entführung durch Außerirdische ist eine möglicherweise ergiebige Quelle der Information für unser Selbstverständnis und für das Verständnis des uns umgebenden Universums, an dem wir teilhaben.«[22]

Prof. John E. Mack, 1994

»Die einzige Möglichkeit, die wir haben, um das UFO-Rätsel zu lösen, besteht darin, mit den Menschen zu sprechen, die mit denen interagiert haben, die hinter den Phänomenen stehen.«[23]

Grant Cameron, 2015

Was sind Abduktionen?

Es bedeutet bereits eine gewaltige Erschütterung unseres Weltbildes, die Realität von UFOs und darüber hinaus auch – gemäß der extraterrestrischen Hypothese – die Existenz von Außerirdischen anzuerkennen. In diesem Kapitel gehen wir sogar noch einen Riesenschritt weiter. Hier soll nämlich aus dem bislang abstrakten außerirdischen Wesen eine konkrete nichtmenschliche, intelligente Gestalt werden, die mit uns in spezifischer Weise interagiert. Eine Gestalt, die mit uns kommuniziert, die uns in unserem Schlafzimmer besucht, uns verlassene Orte aufsuchen lässt, uns paralysiert, uns durch Wände und Fenster schweben lässt, uns ohne unsere (bewusste) Zustimmung in ihre Fluggeräte verfrachtet, unseren Körper untersucht und mit Implantaten versieht und auch vor unseren Kindern nicht Halt macht. Ich weiß, dass diese Dinge äußerst bizarr, unglaublich und für viele erschreckend klingen. Daher möchte ich jeden Leser ermutigen, bei der folgenden Lektüre immer wieder einmal eine Pause einzulegen und sich Zeit zu lassen, sich an den Gedanken einer außerirdischen Präsenz zu gewöhnen. Diese Vorstellung in das eigene Weltbild zu integrieren ist ein Prozess, der durchaus einige Wochen oder Monate in Anspruch nehmen kann.

Und lassen Sie mich eines gleich zu Beginn betonen: Die Abduktionsforschung bietet zahlreiche Indizien für die Realität des UFO-Phänomens und die Interaktion mit außerirdischen Wesen. Das ist der Grund, warum ich nachfolgend die Erkenntnisse aus rund vierzig Jahren Abduktionsforschung sowie aus eigenen Falluntersuchungen detailliert vorstelle. Dabei zeigt sich, dass Abduktionserfahrungen häufig beängstigend und sogar traumatisierend sind. Das weit verbreitete Phänomen der Abduktion durch Greys ist aber nur ein Teil der Kontakterfahrungen mit fremden Wesen. Abgesehen von diesen Begegnungen wird immer wieder auch über Erfahrungen mit anderen Wesen berichtet, die durchaus positive und bereichernde Aspekte enthalten. Solche Berichte sind jedoch bei Weitem nicht so gut belegt wie die klassischen Entführungsfälle. Und ich beschränke mich hier nicht zuletzt deshalb auf letztere, weil die Erfahrungen mit Greys die Möglichkeit bieten – gestützt auf Tausende von Falluntersuchungen –, den Nachweis für den Kontakt mit fremden Lebensformen zu erbringen.

Aber definieren wir doch zunächst einmal, was man unter »Abduktion« eigentlich versteht. Das Wort leitet sich von *abduction* ab, dem englischen Begriff für Entführung. Es wurde von US-amerikanischen Forschern aufgebracht, die sich in den 1980er Jahren erstmals mit diesem Phänomen beschäftigten, und hat sich dann schnell in der UFO-Forschung etabliert (wobei viele UFO-Forscher anfangs äußerst skeptisch waren, als sie von ihren Kollegen plötzlich mit diesem Phänomen konfrontiert wurden). Es geht dabei um von Menschen erlebte Entführungen durch fremde beziehungsweise nichtmenschliche intelligente Wesen. Nachfolgend werde ich diese nichtmenschlichen intelligenten Wesen mit dem Begriff Außerirdische – im Englischen *extraterrestrial*, kurz ET genannt – gleichsetzen, obwohl über die Herkunft dieser Wesen durchaus auch andere Theorien vertreten werden. So könnte es sich – zumindest teilweise oder auch zugleich – um Wesen aus einer anderen Dimension oder sogar aus unserer eigenen Zukunft handeln. Solange wir dies jedoch nicht mit Sicherheit wissen, möchte ich versuchen, die Dinge nicht unnötig kompliziert zu machen, und spreche deshalb schlicht von Außerirdischen, ETs oder einfach nur den Fremden. Wenn wir ganz allgemein von Entführungen sprechen, impliziert dieser Begriff, dass der betroffene Mensch gegen seinen Willen aus seiner normalen, bisherigen Umgebung an einen anderen Ort gebracht wurde.

Im Kontext des Abduktions-Phänomens könnte man sich die Mühe machen, das Verhalten der Außerirdischen unter die Tatbestände unseres Strafgesetzbuches zu subsumieren. Dabei würde wohl das Verhalten der Fremden gleich eine ganze Reihe von Straftatbeständen verwirklichen. Dazu zählen unter anderem Freiheitsberaubung (§ 239 StGB), Körperverletzung (§ 223 StGB), Gefährliche Körperverletzung (§ 224 StGB) – zumindest in der Variante der gemeinschaftlichen Begehung – und die Entziehung Minderjähriger (§ 235 StGB). Dabei dürfen wir getrost die Frage überspringen, inwieweit unser irdisches Strafgesetzbuch auf außerirdische Wesen überhaupt anwendbar ist. Viel wichtiger ist der Umstand, dass ein schädliches Verhalten (die Erfüllung des sogenannten objektiven Tatbestandes) nicht zwangsläufig zur Strafbarkeit des Täters führt. Nach unseren strafrechtlichen Grundsätzen muss der Täter immer auch rechtswidrig und schuldhaft handeln. So kann etwa eine Sachbeschädigung gerechtfertigt sein, weil der Täter in Notwehr oder Nothilfe handelte. Oder der Täter einer rechtswidrigen Körperverletzung wird nicht bestraft, weil er schuldlos handelte (zum Beispiel, weil er bei der Tat unter Drogen stand). Bezogen auf die Fremden würde sich somit die Frage stellen, ob die Entführungen und Untersuchungen von Menschen gegebenenfalls nicht vielleicht gerechtfertigt oder entschuldbar sind. Ich habe diese eher dogmatische Überlegung hier einmal im juristischen Kontext aufgeworfen. Sie wird nämlich später noch eine Rolle spielen: bei der Überlegung, welche Motive die Greys antreiben und ob ihre Agenda letztlich unserem Überleben oder deren eigennützigen Zielen dient.

Für die Betroffenen ist das eine durchaus wichtige Frage. Die erlittenen Prozeduren erscheinen manchen Menschen erträglicher, wenn sie für ein höheres Ziel erfolgen. Die Aufzählung der vorstehenden Straftatbestände soll zudem aufzeigen, dass es hier – wenn man einmal das bizarre Drumherum außer Acht lässt – um gesellschaftlich missbilligte Verhaltensweisen geht, die in unserem menschlichen Zusammenleben durchaus einiges an Gewicht haben. So wie wir im Kontext unseres üblichen Alltags nicht einfach über eine Freiheitsberaubung oder Gefährliche Körperverletzung hinweggehen würden, so sollten wir den Betroffenen des Abduktions-Phänomens – die all dies oft schon seit ihrer Kindheit ständig erleben – mit dem allergrößten Respekt und Verständnis begegnen. Dass möglicherweise auf einer unbewussten Ebene eine Zustimmung der Betroffenen zu den ET-Kontakterlebnissen vorliegt, macht es für die unter diesen Erfahrungen leidenden Menschen nicht einfacher.[24] Auch wenn manchen Forschern der neutrale Begriff des *experiencers* (Erfahrender) lieber ist, werde ich für die Betroffenen des Abduktions-Phänomens – in Anlehnung an die englische Terminologie (*abductee*) – die Bezeichnung »Abduzierter« verwenden.

Nach diesem kurzen Ausflug zu den Tatbeständen unseres Strafgesetzbuchs möchte ich auf den Begriff der »Abduktion« zurückkommen. Wie bereits erwähnt, geht es um Fälle, in denen der Betroffene gegen seinen Willen aus seiner normalen, bisherigen Umgebung an einen anderen Ort gebracht wird. Bei diesem anderen Ort handelt es sich typischerweise um das Innere eines Raumfahrzeugs. Regelmäßig findet dort dann eine medizinische Untersuchung und/oder ähnliche Eingriffe statt. Unter Abduktionen möchte ich zudem nur solche Vorgänge fassen, die sich – nach der Wahrnehmung des Betroffenen – tatsächlich physisch in unserem vierdimensionalen Raum-Zeit-Kontinuum abspielen. Es gibt Hinweise darauf, dass ähnliche ET-Kontakterlebnisse auch in Form von außerkörperlichen Erfahrungen auftreten.[25] Dabei bleibt der Körper des Betroffenen am selben Ort, während sein Bewusstsein (beziehungsweise seine Seele oder Geist) sich unter dem Einfluss der Fremden an einen anderen Ort begibt. Die Betroffene Polly (die nachfolgenden Namen von Betroffenen sind häufig Pseudonyme; zum Teil weise ich darauf gesondert hin) beschreibt einen solchen Vorgang wie folgt:

> »Typischerweise bin ich draußen und sehe ein UFO oder UFOs am Himmel. Sie landen, oder eines schwebt über mir. Als ich das schwindelerregende Gefühl hatte, mich in Spiralen nach oben zu bewegen [in einem Erlebnis, das sie zuvor beschrieben hatte], war es anders; denn ich wusste, dass ich in meinem Bett war und in ein UFO gewirbelt und gesaugt wurde. Ich glaube, mein Geist wurde aus meinem Körper gesaugt.«[26]

In diesen Fällen wird von den Betroffenen häufig auch berichtet, dass sie ihren Körper von oben betrachten konnten und diesen wie schlafend unter sich liegen sahen. Die Situation ähnelt somit den vielfach berichteten Nahtoderfahrungen (Englisch: *Near Death Experiences* oder NDEs), die zunehmend in den Fokus von Forschern und Wissenschaftlern rücken. Solche ET-Kontakterfahrungen außerkörperlicher Natur bleiben vorliegend ausgenommen. Es ist auch so schon schwierig genug, den Realitätsgehalt einer »normalen« Abduktion zu beurteilen.

Das breite Spektrum seltsamer Phänomene, die sich rund um das UFO- und Abduktions-Phänomen ranken, deutet darauf hin, dass unsere Vorstellung von Realität fehlerhaft oder zumindest unvollständig ist. Im Laufe dieses Buches werden wir mit einer ganzen Reihe solcher scheinbar unmöglichen Vorgänge Bekanntschaft machen. An dieser Stelle möchte ich nur zwei besonders typische Beispiele nennen: Das ist zum einen das jähe Auftauchen oder Verschwinden von UFOs. Immer wieder wird von Augenzeugen berichtet, dass eines dieser Objekte wie aus dem Nichts erschien oder innerhalb eines Wimpernschlags plötzlich verschwunden war. Zum anderen berichten Abduzierte häufig fassungslos davon, wie sie selbst durch feste Materie wie Wände,

Decken und Fenster schwebten.[27] Aber auch die Außerirdischen werden dabei beobachtet, wie sie sich scheinbar mühelos durch Wände und andere materielle Gegenstände bewegen.[28]

Solche Ereignisse lassen sich mit den uns bekannten physikalischen Gesetzen beziehungsweise unserem derzeitigen Weltbild nicht erklären. Dass unsere Vorstellung von Realität gewisser Modifikationen bedarf, ist allerdings für einen Physiker durchaus kein neuer Gedanke. So stellten bereits die berühmten Vertreter der Quantenphysik Niels Bohr und Werner Heisenberg mit ihrer Formulierung der Kopenhagener Deutung der Quantenmechanik (die unsere Welt auf kleinster Ebene beschreibt) unsere Auffassung von Realität in Frage. Aus diesem Erklärungsmodell folgte die Überlegung, ob ein Teilchen etwa erst dann existiert, wenn es beobachtet wird. Plötzlich waren somit Beobachtungsgegenstand und Beobachter auf rätselhafte Weise miteinander verbunden. Noch bizarrer mutet die Viele-Welten-Interpretation des Physikers Hugh Everett III. an. Danach sind in Bezug auf quantenmechanische Vorgänge ALLE MÖGLICHEN Vergangenheiten und Zukunftsszenarien GLEICHERMASSEN real. Und jede dieser Möglichkeiten lässt ein neues Universum entstehen! Nach diesem Modell leben wir also in einem schier unüberschaubaren Multiversum. Die Stringtheorie wiederum versucht Elementarteilchen auf schwingende Fäden zurückzuführen und benötigt dafür insgesamt elf räumliche Dimensionen. Hiernach muss es also neben den uns vertrauten drei Dimensionen des Raums (Länge, Breite, Höhe) noch acht winzig kleine, quasi aufgerollte Zusatzdimensionen geben, die wir nicht wahrnehmen und bislang auch nicht experimentell nachweisen können.

Aus Sicht der Physik wäre es folglich gar nicht so abwegig, wenn weitere, versteckte Dimensionen oder Schwingungsebenen die spukhaften Phänomene ermöglichen, von denen im Kontext des UFO- und Abduktions-Phänomens immer wieder berichtet wird. Damit könnte dann auch das immer wieder beobachtete Durchdringen fester Materie durch die Entführten oder die Außerirdischen selbst erklärbar werden. Eine solche mögliche Erklärung liefert die Betroffene Janice:

»Was dabei passiert ist, dass [der Körper] bis zu dem Punkt beschleunigt wird, an dem er eine andere Schwingungsrate als die Materie hat, durch die du gehst.«[29]

Diese Aussage stimmt in verblüffender Weise mit den Informationen überein, die Lyssa Royal im Rahmen eines Channeling angeblich von einem Grey erhielt:

»Die Berichte von Menschen, die durch Wände und geschlossene Türen gehen, entsprechen nichts anderem als einer Veränderung der menschlichen, molekularen Schwingung, die stark genug ist, um die Körperdichte herabzusetzen, so dass der Mensch solide Objekte durchdringen kann.«[30]

In der Abduktionsliteratur werden die verschiedenen Realitäten oder Dimensionen immer wieder mit unterschiedlichen Schwingungsfrequenzen in Verbindung gebracht, wobei die Erde eine sehr niedrige Schwingung beziehungsweise hohe Dichte besitzen soll. Der Vorgang des Durchdringens von Wänden, Decken und Fenstern lässt sich also möglicherweise damit erklären, dass der Betroffene vorübergehend in eine andere parallele Dimension überwechselt. Dort würde dann die in unserer Dimension oder Raumzeit existierende feste Materie kein Hindernis mehr darstellen.

Tatsächlich mehren sich die Hinweise darauf, dass in unserer Welt mehrere Realitäten beziehungsweise Realitätsebenen oder Dimensionen existieren. Ob und inwiefern wir diese verborgenen Dimensionen wahrnehmen können, scheint von unserem Bewusstseinszustand und unserer momentanen Gehirnwellenaktivität abzuhängen, die mit einem Elektroenzephalografen (EEG) gemessen werden kann. Wenn wir nicht schlafen, befinden wir uns meist im Zustand des Wachbewusstseins. Dieser entspricht einer sogenannten Beta-Gehirnwellenaktivität (Frequenzbereich zwischen 13 und 30 Hz). Nach dieser Hypothese nehmen wir dabei lediglich die uns vertraute physische

Alltagswelt wahr. Wenn wir uns hingegen in andere Bewusstseinszustände begeben, eröffnen sich uns weitere Wahrnehmungsebenen. Dies kann im Zustand leichter Trance (Alpha-Zustand, Frequenzbereich zwischen 8 und 13 Hz) und vor allem im Theta-Zustand (Frequenzbereich zwischen 4 und 8 Hz) geschehen. Den Theta-Zustand erleben wir täglich beim Übergang von der Wach- in die Schlafphase. Die Ausführungen der Betroffenen Anna scheinen dies zu bestätigen.[31] Anna beschreibt, wie sie ganz konkrete Erlebnisse in einer anderen Dimension hatte, wobei sie sich in einer Art feinstofflichem Körper befand. Zudem hatte sie den Eindruck, dass man vor allem über einen Schlaf- oder Traumzustand in diese andere Realitätsebene gelangt, in der unser Zeitbegriff keine Bedeutung besitzt.

Diese kurzen Ausführungen zu anderen Realitäts- und Wahrnehmungsebenen sollen an dieser Stelle genügen, um eines klarzumachen: Es wäre naiv, unseren alltäglichen Realitätsbegriff als Maßstab für die Beurteilung des UFO- und Abduktions-Phänomens zu verwenden. Wir haben es hier mit Erscheinungen zu tun, die weit außerhalb unserer liebgewonnenen Glaubenssätze liegen. Wenn wir nicht zu einem fundamentalen Wandel unseres Weltbildes bereit sind, werden wir die erweitere Realität, die UFOs und ET-Kontakten zugrunde liegt, weder wahrnehmen und erst recht nicht verstehen können. Ähnlich äußert sich auch Dr. Johannes Fiebag zu der Frage, was Realität eigentlich ist und wie wir sie definieren:

> »Letztlich definieren wir sie durch unsere Sinnesorgane. Sie sind die Hilfsmittel unseres Gehirns, die über die Nervenbahnen äußere Reize dessen, was außerhalb des Körpers liegt, weiterleiten. Aus ihnen formt dann das Gehirn ein Bild der Außenwelt. Dieses Bild entspricht aber in Wahrheit nur einem Modell: nämlich jenem, das mit unseren Erfahrungen von der ›Welt da draußen‹ am meisten übereinstimmt, am besten kompatibel ist. Wir dürfen uns jedoch keine Illusionen darüber machen, dass wir dieses Bild durch einen Filter wahrnehmen.«[32]

Und dieser Filter setzt sich – wie Dr. Fiebag weiter ausführt – aus vielerlei Einzelkomponenten zusammen, zu denen vor allem unsere Vorurteile, Vorlieben, Abneigungen und Glaubenssätze zählen. Im Kontext des für eine erweiterte Wahrnehmung erforderlichen Paradigmenwechsels zitiert der Psychiater Dr. Henning Alberts sehr treffend Don Juan, der erklärt:

> »Wenn der Mensch heute überleben will, davon bin ich überzeugt, wird er die soziale Grundlage seiner Wahrnehmung verändern müssen.«[33]

Auf die Frage, was diese soziale Grundlage der Wahrnehmung sei, erläutert er weiter:

> »Die physische Gewissheit, dass die Welt aus physischen Objekten besteht. Dies bezeichne ich als soziale Grundlage, weil alle in dieser Gesellschaft uns zwingen wollen, die Welt wahrzunehmen, wie wir sie eben kennen.«

Somit gelangen wir wieder zu den uns gesellschaftlich auferlegten Glaubenssätzen, die uns von der Wahrnehmung zusätzlicher Dimensionen abhalten. Und möglicherweise ist – wie Don Juan andeutet – die Fähigkeit der Wahrnehmung dieser uns verborgenen Realität für unseren evolutionären Fortgang und damit unser Schicksal als Menschheit entscheidend. Unter dieser Prämisse eines noch unvollständigen Realitätsbegriffs haben wir damit den Begriff der Abduktion definiert. Sie sehen hier noch einmal eine Aufstellung der wesentlichen Merkmale:

- Ein Mensch wird
  - – durch nichtmenschliche intelligente Wesen
  - – aus seiner normalen Umgebung
  - – gegen seinen Willen
  - – an einen anderen Ort (typischerweise das Innere eines Raumfahrzeugs) gebracht.

- In der Regel erfolgt dabei eine medizinische Untersuchung beziehungsweise ein Eingriff, der mit Fortpflanzung in Verbindung steht.
- Es handelt sich um einen physischen Vorgang innerhalb unseres vierdimensionalen Raum-Zeit-Kontinuums.

Ich hatte bereits zuvor auf etwas Wichtiges hingewiesen: Das vorstehend skizzierte Abduktionsszenario ist nur ein (wenn auch bedeutender) Teil innerhalb der gesamten Bandbreite von Kontakterlebnissen mit nichtmenschlichen Wesen. Die Untersuchungen der Abduktionsforscher zeigen ganz deutlich, dass hinter den typischen Entführungserlebnissen die Rasse der grauen Aliens steht, auf die ich noch genauer eingehen werde. In allen acht von der Abduktionsforscherin Dr. Karla Turner für ihr Buch *Eingriff* untersuchten Fälle betroffener Frauen tauchten Greys auf.[34]

Es werden aber auch andere Außerirdische beobachtet wie der blonde, menschlich aussehende Typus oder insektenartige beziehungsweise gottesanbeterähnliche Wesen, die manchmal mit den Greys gemeinsam auftreten. Demnach ist nicht ganz klar, ob die grauen Fremden möglicherweise selbst nur ausführende Organe oder vielmehr Initiatoren des Entführungsszenarios sind. Darüber hinaus beschränken sich – wie erwähnt – physische Kontakte mit fremden Wesen nicht auf die klassischen Entführungsfälle; es gibt auch sehr positive Begegnungen. Und ich stieß bei meinen Forschungen auf eine Kategorie von Erlebnissen, denen in der Abduktionsforschung bislang nur wenig Beachtung geschenkt wurde: Begegnungen mit reptilartigen Wesen. Diese Erfahrungen sind nicht nur deutlich negativer und gewaltsamer als die typischen Entführungserlebnisse mit Greys, es fehlt bei ihnen häufig auch die Mitnahme des Opfers an einen anderen Ort (wobei dies ebenfalls vorkommt) und die von den Greys durchgeführte medizinische Untersuchung. Der Grund dafür ist ganz einfach. Während die Greys – wie wir im Einzelnen noch sehen werden – vorrangig ein genetisches Zuchtprojekt durchführen, verfolgen die Reptiloiden offenbar eine ganz andere Agenda. Das zu diesem

Zeitpunkt noch eher verstörende Reptiloiden-Szenario habe ich jedoch bewusst aus diesem Buch herausgelassen.

Es gibt auch ET-Kontakterlebnisse, die sich völlig außerhalb der physischen Ebene abspielen – etwa eine telepathische Kommunikation ohne körperliche Präsenz des Gesprächspartners, die mentale Übertragung (»Download«) komplexer, meist wissenschaftlicher Informationen sowie die Informationsübermittlung durch eine als Medium fungierende Person (»Channeling«). Dabei greift der Außerirdische so auf die mentalen und körperlichen Prozesse eines Menschen zu, dass er in der Lage ist, durch diesen Menschen verbal zu kommunizieren. Nach meiner Ansicht wurde in der UFO- und Abduktionsforschung die Bedeutung des Channeling bisher unterschätzt. Aufgrund entsprechender Vorfälle im Rahmen von Hypnosesitzungen mit Betroffenen sah ich mich gezwungen, diese Form des Kontakts mit nichtmenschlichen Wesen ernst zu nehmen. Mir ist jedoch bewusst, dass gerade über Channeling erhaltene Informationen mit großer Skepsis betrachtet werden; in vielen Fällen sicher zu Recht. Daher habe ich mich dafür entschieden, auch solche Informationen – bis auf ganz wenige Ausnahmen – nicht in dieses Buch einfließen zu lassen.

Warum ist Abduktionsforschung wichtig?

Bereits die Akzeptanz des UFO-Phänomens erfordert eine gewaltige intellektuelle Kraftanstrengung. Nichts in unserer Erziehung sowie unserer schulischen oder universitären Ausbildung hat uns darauf vorbereitet. Ganz im Gegenteil. Gerade die Medien, von denen wir erwarten durften, sie würden uns über alles Wichtige in der Welt unterrichten, haben das UFO-Thema bislang stets als Tabu behandelt oder lächerlich gemacht. Bestenfalls wurde das Thema vollständig aus den Nachrichten ausgeblendet. So ließ man eine Pressekonferenz des *Disclosure Project* im National Press Club in Washington, USA, auf der ein Dutzend Ex-Militärs, Piloten und Angehörige staatlicher Behörden über ihre UFO-Sichtungen berichteten, schlicht unter den Tisch fallen. Ebensowenig erschien es berichtenswert, dass in unserem Nachbarland Frankreich eine Gruppe äußerst hochrangiger Militärs und Wissenschaftler, darunter der ehemalige Leiter der französischen Weltraumbehörde, einen Untersuchungsbericht zum UFO-Phänomen vorlegte (*COMETA-Report*). Darüber hinaus werden offenbar immer wieder gezielt Fehlinformationen gestreut (Stichwort: MJ-12-Dokumente). Angesichts all dieser Widerstände könnte man die Berichte über Entführungen durch Außerirdische ja einfach auf sich beruhen lassen. Aber das gliche dem Eingeständnis, sich – aus welchen Gründen auch immer – der Realität besser nicht zu stellen. Das Abduktions-Phänomen ist gewissermaßen die Eintrittsschwelle zu einer Realitätsebene, die wir nicht länger negieren dürfen. Würden wir vor dieser Realität – sei es aus Angst, Bequemlichkeit oder bloßem Trotz – die Augen verschließen, könnte dies ein existenzieller Fehler sein.

Wir erleben jeder einzeln und als Menschheit gerade einen schwindelerregend schnellen technischen Fortschritt, und das bei stagnierendem oder sogar rückläufigem intellektuellen und spirituellen Niveau. Die Umweltzerstörung und die Ausbeutung der Ressourcen unseres Planeten bewegen sich auf einen unumkehrbaren Höhepunkt zu. Kriegerische Konflikte und menschenverachtendes Verhalten in Form von autoritärer Unterdrückung und hinterhältigem Terrorismus legen die niederen Instinkte der menschlichen Natur gnadenlos offen. Umso erschreckender ist die Erkenntnis, dass skrupellose Machthaber heute nicht mehr nur über mannstarke Armeen verfügen, sondern durch den Einsatz von atomaren Massenvernichtungswaffen innerhalb eines Augenblicks unser aller Schicksal besiegeln können.

Doch nicht nur die geopolitische Perspektive ist bedenklich. Auch unser Alltag und damit unser menschliches Zusammenleben verändert sich rasant. Die Abwendung von der Natur und die Hinwendung zu ungebremstem Materialismus nehmen stetig zu. Übertriebene berufliche Anforderungen an Menschen, die von Stress getrieben in einem multimedialen Netz gefangen sind, sorgen – damit einhergehend – für stetig neue Höchststände bei Depressionen und Burnout-Erkrankungen. Aber in all dem Chaos werden sich auch immer mehr Menschen darüber bewusst, dass dieser Weg in eine Sackgasse führt. Dabei bleibt nicht nur die Menschlichkeit auf der Strecke, sondern der Mensch droht, sich selbst zu verlieren. Diesen kritischen Zustand, den wir Menschen infolge unseres rücksichtslosen Verhaltens nunmehr erreicht haben, beschreibt Professor John Mack sehr treffend wie folgt:

> »Wir sind eine Gattung außerhalb der Harmonie mit der Natur, die umherwütet, während sie ihren Wünschen auf Kosten anderer Lebewesen und der Erde, die uns das Leben gegeben hat, nachjagt.«[35]

Das Abduktions-Phänomen als Vorbote eines Paradigmenwechsels kommt somit – wohl nicht ohne Grund – genau zum richtigen Zeitpunkt. Hier geht es nicht darum, spannende Spukgeschichten zu erforschen. Vielmehr geht es darum, dass das Abduktions-Phänomen in aller notwendigen Härte dem Menschen einen Spiegel vorhält. Und dieser Spiegel hat bei genauer Betrachtung ganz erstaunliche Eigenschaften. Er ermöglicht es dem Menschen zu erkennen, wer er selber ist. Er zeigt ihm seine Herkunft und sein Schicksal. Nur mit Hilfe dieses Spiegels kann der Mensch seinen Platz im Kosmos erahnen, einschließlich der Verantwortung, die damit einhergeht. Letzten Endes zeigt er dem Menschen einen Ausweg aus seiner selbstverschuldeten Misere. Es liegt an uns, ob wir uns trauen, diesen Spiegel zur Hand zu nehmen und neugierig, erwartungsvoll und ohne Angst hineinzuschauen, oder ob wir ihn verschreckt fallen lassen, so dass er auf dem mit Beton überzogenen Erdreich aufschlägt und in tausend Stücke zerspringt.

Vor diesem Hintergrund lässt sich sagen, dass es für unsere menschliche Erkenntnis derzeit keine wichtigere Frage gibt als die nach der Realität des Abduktions-Phänomens. Dabei geht es nicht nur um die Frage, ob wir allein sind im Universum. Es geht – wie wir noch ganz konkret sehen werden – um die Frage nach unserer Herkunft und vor allem nach unserem Schicksal als Menschheit.

Geschichte der Abduktionsforschung

Entführungen durch Außerirdische dürften zwar den meisten Menschen unbekannt sein, aber es handelt sich durchaus nicht um ein neues Phänomen. Vielmehr werden diese Fälle bereits seit Jahrzehnten intensiv erforscht. Das Phänomen selbst besteht sogar noch viel länger, möglicherweise bereits seit Tausenden von Jahren. Allerdings ist es den Tätern über all die Zeit sehr erfolgreich gelungen, von der öffentlichen Wahrnehmung unerkannt im Hintergrund zu agieren. Dies trifft vor allem auf unsere westliche Welt zu, während in anderen Kulturen das Wissen über eine außerirdische Präsenz und entsprechende Kontakte tief verankert ist.

Ardy Sixkiller Clarke, eine ehemalige Professorin der Montana State University, hat in jahrelanger Arbeit Hunderte Berichte über UFO-Sichtungen und Kontakte mit Außerirdischen sowohl bei den Nachfahren der nordamerikanischen Ureinwohner als auch bei den in Mittelamerika lebenden Maya gesammelt. Aufgrund ihrer eigenen indianischen Wurzeln gelang es ihr, zu diesen Menschen ein Vertrauensverhältnis aufzubauen. Daher teilten ihr die Betroffenen häufig persönliche Erlebnisse mit, über die sie zuvor nur mit ihren nächsten Angehörigen gesprochen hatten. Dabei ging es Dr. Clarke nicht um eine streng wissenschaftliche Erforschung und Überprüfung dieser Berichte, sondern allein darum, außergewöhnliche Erlebnisse aus diesen Kulturen zu sammeln und damit zugleich zu bewahren. In drei Büchern gibt sie eine Auswahl der ihr anvertrauten Erzählungen wieder und beschreibt hierbei auch ihre abenteuerliche Reise durch Belize, Honduras, Guatemala und Mexiko.

Dieses auch Mesoamerika genannte Gebiet ist der Lebensraum der Jahrtausende alten Kultur der Maya, deren Urwälder auch heute noch von den Überresten mächtiger Pyramiden und Tempelanlagen durchzogen sind. Betrachtet man die Gesamtheit der indianischen Berichte, wird deutlich, dass das Wissen um die außerirdischen Besucher ein fester Bestandteil der Weltanschauung dieser Kulturen und ihrer über viele Generationen mündlich weitergegebenen Überlieferungen ist. Bei den nordamerikanischen Ureinwohnern sind die sogenannten Sky People ebenfalls ein fester Bestandteil ihres Glaubenssystems, und Berichte über Kontakte zu den »Bewohnern des Himmels« werden nicht mit der in unserer westlichen Welt so verbreiteten Skepsis oder gar Spott und Hohn bedacht. Stattdessen wissen die Indianer von einer uralten Verbindung zwischen ihnen und den Fremden. Selbst der Anblick ihrer Fluggeräte über bestimmten Gebieten der Reservate, denen schon immer eine magische oder heilige Bedeutung zugeschrieben wurde, passt sich nahtlos in dieses Weltbild ein. Interessanterweise berichten die Maya, dass über ihren uralten Pyramiden tief im Dschungel besonders häufig auffällige Lichterscheinungen zu sehen sind. Von mehreren Zeugen konnten sogar fremde Wesen in der Nähe oder innerhalb dieser Anlagen beobachtet werden, und gemäß den alten Überlieferungen verstehen sich die heutigen Maya selbst als Nachkommen einer außerirdischen Zivilisation, die vor langer Zeit unsere Erde besuchte. In Kapitel 5 werde ich auf einige besondere Aspekte dieser uralten Maya-ET-Connection näher eingehen.

Auch in der afrikanischen Kultur ist der Glaube an fremde Wesen aus dem All tief verankert. Dies bezeugt Vusamazulu Credo Mutwa, ein sogenannter Sangoma – Heiler oder Medizinmann – des südafrikanischen Volkes der Zulu. Über Jahre hinweg berichtete er dem Professor für Psychiatrie an der Harvard Medical School und Abduktionsforscher John Mack von seinen persönlichen Erfahrungen mit den Fremden und schilderte das Wissen seines Volkes über diese Wesen. Auch dem Forscher und Autor David Icke erzählte er von den alten afrikanischen Überlieferungen und seinen persönlichen Erlebnissen mit den Fremden, und damit kommen wir zu einem zweiten wichtigen Punkt, der sich aus diesen Berichten anderer Kulturen ergibt: Sowohl in den Erzählungen der afrikanischen Ureinwohner als auch denen der nord- und mittelamerikanischen Indianer finden sich auffällige Übereinstimmungen mit den Erkenntnissen der westlichen Abduktionsforschung. Dies betrifft zum einen das Aussehen der Fremden. So beschreibt etwa Credo Mutwa detailliert den Typ des Grey, der in den westlichen Erfahrungsberichten eine dominante Rolle einnimmt. Außerdem enthüllt er umfangreiches Wissen seines Volkes über eine Rasse reptilartiger Wesen, die westlichen Abduktionsforschern ebenfalls bekannt ist. Dabei stellt vor allem das offenkundige Interesse der Fremden am Thema der Fortpflanzung eine eindeutige Parallele zu westlichen Berichten dar. Selbst bizarre Begleitumstände, wie das Phänomen der Viehverstümmelung, sind dabei anzutreffen.

Wir könnten uns also fragen, warum in der westlichen Welt ein Phänomen so lange unerkannt blieb, das in anderen Kulturen seit Jahrhunderten einen festen Bestandteil bildet.

Und es stellt sich eine weitere Frage, die vielleicht noch aufschlussreicher ist: Warum drängt das Phänomen gerade jetzt auch in der westlichen Welt an die Oberfläche? Aus meiner Sicht gibt es ein Zusammenspiel von sechs Faktoren, die bei diesem »Disclosure« (Offenlegung/Enthüllung) eine Rolle spielen:

1. Innerhalb der letzten einhundert Jahre haben uns neue astronomische Erkenntnisse und technischer Fortschritt nicht nur das Wissen über Milliarden fremder Galaxien beschert, sondern auch über Planeten, die um diese weit entfernten Sonnen kreisen und theoretisch intelligentes Leben beherbergen können. Die Möglichkeit außerirdischen Lebens ist also mit unserem heutigen wissenschaftlichen Weltbild vereinbar.
2. Seit etwa siebzig Jahren werden Tausende unidentifizierte Objekte mit außergewöhnlichen Eigenschaften am Himmel beobachtet. Selbst wenn das Thema in den Medien und in unserer Gesellschaft immer noch ein Tabu ist, hat das UFO-Phänomen – zumindest auf einer unbewussten Ebene – schon lange Einzug in die öffentliche Wahrnehmung gefunden.
3. Wenn heutzutage vor dem Hintergrund von 1) und 2) jemand eine Reihe unerklärlicher Erfahrungen macht und gegebenenfalls selbst bereits ein merkwürdiges Objekt am Himmel beobachtet

geblichen Abduktionsfällen auch starke Kritik üben. Im nächsten Abschnitt werde ich deshalb auf die Vor- und Nachteile des Werkzeugs der Hypnose noch gesondert eingehen.

Trotz aller Kritik wurde Hypnose in der Folgezeit noch von vielen anderen Forschern und an den Untersuchungen beteiligten Hypnosetherapeuten angewandt. Allerdings verzichteten einzelne Forscher wegen der Kritik der Skeptiker auch bewusst auf den Einsatz von Hypnose. Schließlich konnten sich einige Betroffene sogar ohne Hypnose an eindeutige Entführungserlebnisse oder zumindest Teile davon erinnern. Dabei wurden im Anschluss an den Fall Hill Therapeuten und Forscher immer wieder mit Entführungsfällen konfrontiert, die Elemente der von den Hills berichteten Erlebnisse enthielten. Diese Forschungsarbeit fand jedoch von der Öffentlichkeit weitgehend unbemerkt statt. Ergebnisse der Untersuchungen von Abduktionsfällen wurden lediglich bisweilen in UFO-Fachjournalen veröffentlicht oder auf UFO-Konferenzen präsentiert, bei denen Forscher und interessierte Laien zusammenkamen.

Einer breiten Öffentlichkeit wurde das Abduktions-Phänomen erst durch den New Yorker Künstler Budd Hopkins bekannt. Nach der Untersuchung zahlreicher Fälle veröffentlichte Hopkins im Jahr 1981 das Buch *Fehlende Zeit*. Diese Veröffentlichung hatte zwei weitreichende Folgen: Erstens wurden auch andere Forscher auf das Abduktions-Phänomen aufmerksam und begannen sich damit zu beschäftigen. Zweitens wurden durch die Lektüre von Hopkins' Buch weltweit Hunderte Menschen an eigene beunruhigende Erfahrungen erinnert. Sie fassten infolge dessen erstmals Mut, sich nicht nur selbst mit diesen Erlebnissen auseinanderzusetzen, sondern sich an den Autor oder andere UFO-Forscher zu wenden.

So erreichten Budd Hopkins im Anschluss an die Veröffentlichung von *Fehlende Zeit* Hunderte Briefe von möglichen Betroffenen aus Ländern wie Australien, Norwegen, dem Libanon und Kanada.[41] Nachfolgende Untersuchungen veranlassten Hopkins einige Jahre später, weitere detaillierte Fallberichte vorzulegen.

hat, wird er nicht mehr – wie vielleicht noch vor zweihundert Jahren – davon ausgehen, von Kobolden, Feen oder Geistern heimgesucht zu werden. Er wird, auch wenn dies immer noch schwer zu akzeptieren ist, die Möglichkeit eines Kontakts mit außerirdischen Wesen zumindest in Betracht ziehen.

4. Die globale Vernetzung, insbesondere das Internet, aber auch der leichte Zugriff auf internationale Literatur, bietet bislang nie dagewesene Möglichkeiten für Betroffene, sich zu informieren und mit anderen Betroffenen und Forschern auszutauschen.
5. Eher zufällig fand man heraus, dass das Werkzeug der Hypnose die Möglichkeit bietet, an detaillierte Erinnerungen an solche Erlebnisse mit fremden Wesen heranzukommen, die sonst der bewussten Erinnerung nicht mehr zugänglich waren. Wie wir noch sehen werden, konnten so die Forscher in jahrelanger Arbeit ein wesentlich klareres Bild vom Abduktions-Phänomen erlangen.
6. Nicht zuletzt scheinen auch die Fremden selbst das sukzessive Durchsickern von Informationen zuzulassen. Wobei dies ein sehr schwer zu beurteilender Aspekt ist, da die Fremden nach wie vor im Geheimen agieren. Dabei versuchen sie unbemerkt zu bleiben, indem sie andere Zeugen »ruhigstellen« und den Betroffenen ihre Erinnerungen an die meist nächtlichen Entführungserlebnisse nehmen.

Im Ergebnis führte all dies dazu, dass über die Jahre hinweg Tausende Fälle gründlich untersucht wurden, Berichte in Fachjournalen und populärwissenschaftliche Bücher erschienen und sogar Hollywood das Thema für sich entdeckte. Das Ganze ging sogar so weit, dass der Typus des kleinen grauen Aliens mit dem großen Kopf und den schwarzen überdimensionalen Augen einen gewissen Kultstatus erreicht hat. Dabei ist hervorzuheben, dass sich nicht etwa die Betroffenen mit der Zeit an der aus den Medien bekannt gewordenen Figur des grauen Aliens orientiert haben (im Einzelfall ist dies natürlich nicht ausgeschlossen), es war genau anders herum: Die im Rahmen der Abduktionsforschung gewonnenen Beschreibungen haben Eingang in die Medien gefunden.

Eine wichtige Rolle spielte dabei Steven Spielbergs 1977 erschienener Science-fiction-Klassiker *Unheimliche Begegnung der dritten Art*. Interessanterweise diente dabei kein Geringerer als der US-amerikanische Astronom Dr. J. Allen Hynek, ein wissenschaftlicher Berater am *Project Blue Book*, als technischer Berater für Spielbergs Filmprojekt. Es ist daher kein Zufall, dass die in diesem Film dargestellten Außerirdischen verblüffend genau den Beschreibungen vieler hundert Abduzierter aus aller Welt (einschließlich des Sangoma Credo Mutwa) entsprechen. Dazu gehören auch zwei Zeugen, die gar nicht von Spielbergs Film beeinflusst sein konnten, da sie ihre Erfahrungen schon lange davor gemacht hatten.[36]

Betrachten wir einmal die Anfänge der Abduktionsforschung in der westlichen Welt. Es gab zwar bereits einen frühen Fall in Brasilien (Antonio Villas Boas), aber einer breiten Öffentlichkeit wurde das Thema erstmals durch den Fall von Betty und Barney Hill aus dem Jahr 1961 bekannt. Auf ihrer nächtlichen Rückfahrt von Kanada in die USA fiel dem Ehepaar ein ungewöhnliches Licht am Himmel auf, das sie zu verfolgen schien. Am Ende einer Kurve schwebte das Objekt, eine sechzig bis achtzig Fuß große Scheibe, plötzlich lautlos und still in etwa einhundert Fuß Höhe vor ihnen.[37] Barney stoppte das Auto, griff nach seinem Fernglas und näherte sich dem Objekt. Währenddessen führte die schwebende Scheibe eine Art Kippbewegung in Barneys Richtung aus. Er konnte durch das Fernglas zwei Reihen von Fenstern und dahinter mehrere Gestalten erkennen, die ihn ihrerseits beobachteten. Dabei übten die Augen eines der Crewmitglieder eine rätselhafte, fast hypnotische Wirkung auf ihn aus. Wie erstarrt, unter einem unheimlichen Zwang, blieb Barney mit dem Fernglas vor seinen Augen auf dem Feld stehen, während sich gleichzeitig eine beunruhigende Vorahnung in ihm ausbreitete. Mit aller Kraft gelang es ihm, das Fernglas herunterzureißen und schreiend zurück zum immer noch mitten auf der

Straße stehenden Auto zu rennen. Er sprang hinein, und die Hills setzten in Panik ihre Fahrt fort, wobei sie das Flugobjekt nicht mehr sehen konnten. Nach einiger Zeit vernahmen sie aus dem Kofferraum ein elektronisch klingendes Beep-Geräusch, das das gesamte Fahrzeug in Schwingung versetzte. Von da an legte sich über beide eine rätselhafte Benommenheit. Erst nach rund fünfunddreißig Meilen, das Auto mit Barney am Steuer nach wie vor in Bewegung, kehrte – erneut von dem Beep-Geräusch begleitet – bei beiden langsam die bewusste Wahrnehmung zurück. Die Hills hatten keine Erinnerung daran, was in der Zwischenzeit mit ihnen passiert war. Einen Tag später, nach ihrer Rückkehr, meldeten sie den Vorfall Major Henderson von der Pease Air Force Base in Newington, New Hampshire.[38] Major Henderson erstattete wiederum einen entsprechenden Bericht an das *Project Blue Book* auf dem Wright-Patterson-Stützpunkt in Ohio.

In der Folgezeit wurden die Hills, vor allem Barney, von diversen Beschwerden geplagt. Auch ihr Verlust jeglicher Erinnerung an etwa zwei Stunden ihrer Autofahrt machte ihnen zu schaffen. Wegen Barneys Angstzuständen und Bettys verwirrenden Albträumen begaben sie sich schließlich in die Behandlung von Dr. Benjamin Simon, einem erfahrenen Bostoner Psychiater und Neurologen. Dr. Simon hatte bei der Behandlung traumatisierter Kriegsveteranen bereits viel Erfahrung mit der Technik der Hypnoseregression gesammelt. Obwohl er dem UFO-Thema gegenüber skeptisch war, wendete er dennoch bei beiden Hills Hypnose an in der Hoffnung, an bislang nicht zugängliche Erinnerungen der Ereignisse während der »verlorenen Zeit« zu gelangen. Die Hypnose erwies sich als überaus erfolgreich. Beide Eheleute lieferten in wöchentlichen Sitzungen, die sich über einen Zeitraum von sieben Monaten erstreckten, einen weitgehend übereinstimmenden Bericht. Darin beschrieben sie, wie sie von außerirdischen Wesen an Bord eines Raumfahrzeugs gebracht und dort bestimmten Untersuchungen und Eingriffen unterzogen wurden.

Dieser Fall wurde von dem Autor und Journalisten John Fuller genau recherchiert. Hierzu wertete er unter anderem die Tonbänder der Hypnosesitzungen mit den Hills aus und verfasste daraufhin das Buch *Die unterbrochene Reise*, das zum Bestseller wurde. Weitere Insiderinformationen lieferte *Captured! The Betty and Barney Hill UFO Experience* (»Entführt! Das UFO-Erlebnis von Betty und Barney Hill«), ein Buch, das der Atomphysiker und UFO-Forscher Stanton Friedman gemeinsam mit der Nichte von Betty Hill, Kathleen Marden, verfasste. Kathleen Marden ist inzwischen selbst eine anerkannte Abduktionsforscherin mit über zwanzig Jahren Erfahrung und arbeitet mit mir zusammen in der US-amerikanischen Forschungsorganisation FREE (The Dr. Edgar Mitchell Foundation for Research into Extraterrestrial Encounters); über deren Arbeit werde ich in Kapitel 6 berichten.

Was den Entführungsfall der Hills angeht, halte ich eine erstaunliche, wenig bekannte Anekdote, die John Fuller im Nachwort einer späteren Ausgabe seines Buchs berichtet, noch für überaus wichtig.[39] Demnach traf der Autor kurz nach der Veröffentlichung der Erstausgabe seines Buchs im Jahr 1966 Dr. J. Allen Hynek, den bereits erwähnten wissenschaftlichen Berater von *Project Blue Book*. Dieses Zusammentreffen hatte einen besonderen Grund. Der damalige Generalsekretär der Vereinten Nationen U Thant hatte in einer Zeitschrift über den Hill-Fall gelesen, und ihm waren Gemeinsamkeiten aufgefallen, welche dieser Fall zu Geschichten aufwies, die aus anderen UN-Mitgliedsstaaten berichtet wurden. Um mehr darüber zu erfahren, lud er Fuller und Dr. Hynek in sein UN-Büro in New York ein. Ebenfalls wenig bekannt ist, dass Dr. Hynek und sein Mitarbeiter Jacques Vallée schließlich auf einen Air-Force-Bericht stießen, der einen Radarkontakt mit einem UFO zur Zeit und am Ort der Hills-Begegnung bestätigte.[40]

Der Fall von Betty und Barney Hill ist nicht nur deshalb von Bedeutung, weil erstmals eine breite Öffentlichkeit von einer Entführung durch Außerirdische erfuhr. Für die Forschung brachte die Erkenntnis, dass mittels Hypnose detaillierte Erinnerungen an ein dem Bewusstsein nicht mehr zugängliches Entführungserlebnis aufgedeckt werden können, einen echten Durchbruch. Dennoch darf nicht unerwähnt bleiben, dass Skeptiker am Einsatz von Hypnose bei an-

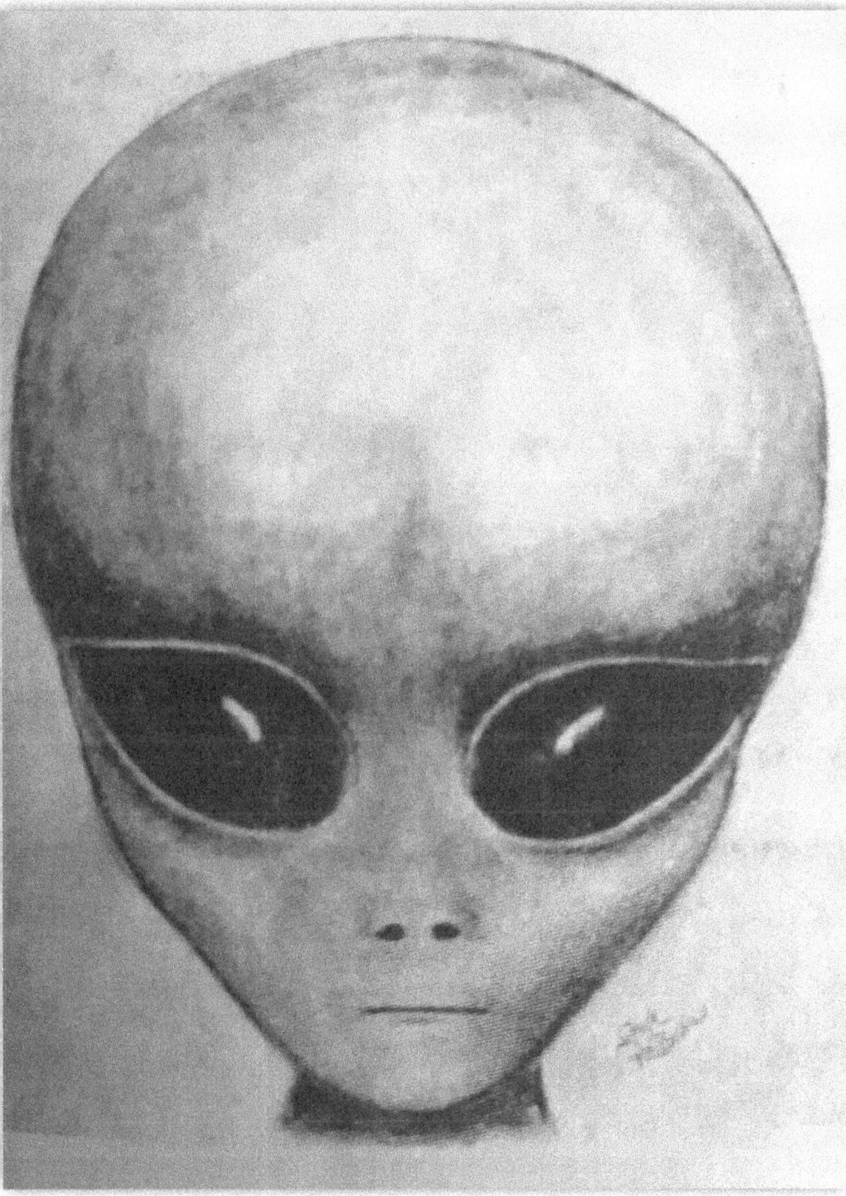

Zeichnung eines Grey in Budd Hopkins' Buch Eindringlinge
(Quelle: Gayle McBride)

Aber auch andere Forscher widmeten sich in jahrelanger Arbeit dem Abduktions-Phänomen. Dabei setzten sie sich häufig massiver Kritik und Spott von Menschen aus ihrem beruflichen und persönlichen Umfeld aus, die für diese Art von Forschung kein Verständnis aufbringen konnten. Zu wegweisenden Abduktionsforschern, die ebenfalls ihre Erkenntnisse in Buchform veröffentlichten, zählen vor allem der Professor für Psychiatrie an der Harvard Medical School John Mack, der zuletzt mit dem Buch *Alien-Hybriden* hervorgetretene Geschichtsprofessor David M. Jacobs und der UFO-Forscher Raymond Fowler. (David Jacobs hatte seine Doktorarbeit über UFOs aus der Sicht der US-amerikanischen Kultur-, Sozial- und Militärgeschichte geschrieben.)

Ein weiterer Meilenstein in der öffentlichen Wahrnehmung des Abduktions-Phänomens stellte die im Jahr 1987 erfolgte Veröffentlichung des Buches *Communion – Die Besucher* von Whitley Strieber dar. Der durch Horrorromane bekannt gewordene Autor behauptete darin, selbst von fremden Wesen entführt und medizinischen Untersuchungen ausgesetzt gewesen zu sein. Trotz oder gerade wegen dieser äußerst ungewöhnlichen autobiografischen Geschichte wurde das Buch ein Überraschungserfolg. Wochenlang hielt sich *Communion* sogar auf Platz eins der *New York Times*-Bestsellerliste. Das auf dem Cover abgedruckte Gesicht eines typischen Greys mit den großen schwarzen, mandelförmigen Augen sorgte dafür, dass der Typus des grauen Aliens endgültig bekannt wurde. Durch dieses Bild und die geschilderten persönlichen Erfahrungen des Autors bestätigt und ermutigt, nahmen nach Erscheinen des Buches Tausende Menschen mit dem Autor Kontakt auf, um von ihren eigenen Erlebnissen zu berichten. Seine mittlerweile verstorbene Frau Anne Strieber, die über viele Jahre hinweg die Berge von Korrespondenz bearbeitete, schätzte die Anzahl der ihnen zugegangenen Briefe auf über eine Viertelmillion.[42]

All diese Aktivität führte schließlich zu einer interdisziplinären Konferenz über das Entführungsphänomen. Diese Konferenz wurde 1992 am renommierten Massachusetts Institute of Technology

(MIT) abgehalten und von Professor Mack und dem Physikprofessor am MIT David Pritchard organisiert. Die Forschungsberichte dieser Konferenz wurden anschließend in gedruckter Form herausgegeben. Durch eine glückliche Fügung kam es sogar zu einer Veröffentlichung dieses Berichts in Deutschland, als einem gebundenen Werk im DIN A4-Format von über 600 Seiten mit dem Titel *Alien Discussions – von Außerirdischen entführt.*

Doch damit nicht genug. In Deutschland kam es in dieser Zeit noch zu einem weiteren bislang einmaligen Vorgang. Der Regisseur und Produzent Christian Bauer führte nicht nur Interviews mit führenden Abduktionsforschern und Betroffenen. Sein Dokumentarfilm *Begegnung der Vierten Art: Von UFOs entführt* wurde sogar 1993 im öffentlich-rechtlichen Fernsehen (ZDF) ausgestrahlt (abrufbar auf YouTube). Man kann sagen, dass gerade die 1980er und 1990er Jahre eine Zeit sehr intensiver Forschung auf diesem Gebiet waren und viele neue Erkenntnisse über Abduktionsfälle lieferten. So stellte auch der Völkerkundler Dr. Thomas Bullard einen Katalog von über 300 Fällen zusammen, aus denen sich ein klares Muster ergab. Dieses Muster betrifft vor allem den typischen Ablauf des Entführungsszenarios, bei dem es sich zudem – wie bereits erwähnt – um ein weltweites Phänomen handelt.

Der deutsche Forscher Dr. Johannes Fiebag konnte Elemente dieses Musters in den von ihm gesammelten Fallberichten aus Deutschland, Österreich und der Schweiz wiederfinden, die er in den 1990er Jahren gleich in mehreren Büchern veröffentlichte. In einem dieser Bücher (*Besucher aus dem Nichts*) lässt Dr. Fiebag neben Betroffenen auch Psychologen zu Wort kommen, die mit den Betroffenen des Entführungsphänomens arbeiten. Einer dieser Fachleute ist Dr. Hans-Martin Zöllner, damals leitender Psychologe der Psychiatrischen Universitätsklinik in Zürich. Dr. Zöllner hält die Beweislast für die Realität von Entführungen durch Außerirdische für inzwischen »so erdrückend (mit der Kongruenz vieler Detailschilderungen), dass nur Ignoranten oder Menschen, die ein anderweitiges Interesse daran haben, das nicht publik machen zu wollen, von Erfindungen reden können«.[43]

Heute muss man leider sagen, dass die Abduktionsforschung nach dieser Hochzeit in den 1990er Jahren wesentlich weniger präsent ist. Das liegt vor allem daran, dass wegweisende Forscher wie Budd Hopkins und John Mack inzwischen verstorben sind. Es gibt derzeit keinen Abduktionsforscher, der den Platz dieser anerkannten und respektierten Forscher einnehmen konnte. Dies bedeutet jedoch nicht, dass die Forschung zu Kontakterlebnissen mit außerirdischen Wesen zum Erliegen gekommen wäre. Internationale und auch deutsche UFO-Forschungsgruppen wie MUFON und die Interdisziplinäre Gesellschaft zur Analyse anomaler Phänomene e.V. (IGAAP) erhalten nach wie vor Anfragen von möglichen Betroffenen, deren Fälle sie untersuchen. Auch gibt es immer wieder neue Projekte sowie Zusammenschlüsse von Forschern, Wissenschaftlern und Betroffenen. Hierzu zählt zum Beispiel die gemeinnützige US-amerikanische Forschungsorganisation Dr. Edgar Mitchell Foundation for Research into Extraterrestrial Encounters (FREE), die unter anderem eine multinationale Studie zu ET-Kontakterlebnissen und damit zusammenhängenden paranormalen Phänomenen durchführt. Darüber hinaus gehen auch von Einzelpersonen immer wieder neue Impulse aus. Dazu zählt etwa die bereits erwähnte Forscherin Ardy Sixkiller Clarke, die in jahrelanger Arbeit Hunderte UFO- und ET-Kontaktberichte von nordamerikanischen Ureinwohnern und den Angehörigen der Maya aus Mittelamerika gesammelt hat.

Hypnose als Forschungsinstrument: Pro und Contra

Der Fall Betty und Barney Hill zeigte erstmals, dass es offenbar möglich war, mittels Hypnose an Erinnerungen in Bezug auf ET-Entführungserlebnisse heranzukommen, also an Erlebnisse, die der bewussten Erinnerung nicht mehr zugänglich waren. Solche Erinnerungslücken, die als Missing-Time-Phänomen (Fehlende Zeit) bekannt wurden, sind eines der charakteristischen Merkmale bei Abduktionsfällen. Die fehlende Zeit kann dabei etwa eine halbe Stunde über ein bis zwei Stunden bis zu (selten) mehr als einem Tag umfassen. Ob ein solcher Zeitverlust von dem Betroffenen bemerkt wird, hängt naturgemäß von den Umständen ab, unter denen sich die Abduktion ereignete.

Bei der typischen nächtlichen Entführung aus dem Schlafzimmer wird der Betroffene den erlebten Zeitverlust in der Regel gar nicht wahrnehmen. Einzig ein Gefühl der Erschöpfung am nächsten Morgen kann sich als spürbare Folge der nächtlichen Aktivitäten einstellen. Er wird einen Zeitverlust vor allem dann bemerken, wenn die Abduktion eine Tätigkeit unterbricht. So stellen Betroffene häufig verwundert fest, dass sie – wie die Hills – für das Zurücklegen einer bestimmten Fahrtstrecke wesentlich mehr Zeit benötigt haben, als dies eigentlich der Fall sein sollte. Dabei ist es wichtig, diesen zeitlichen Aspekt des Erlebnisses genau zu analysieren: Seit Albert Einstein wissen wir, dass Zeit relativ ist. Dies bedeutet, dass in unserem Kosmos nicht ein für alle Menschen gleichermaßen gültiges universelles Uhrwerk abläuft. Vielmehr ist der Zeitfluss ein sehr individueller Vorgang. Unter besonderen (eher theoretischen) Umständen können zwei Menschen (gerne nimmt man für dieses Gedankenexperiment Zwillinge) sogar unterschiedlich schnell altern. Ihre individuelle Zeit läuft also relativ zueinander verschieden schnell ab. Es ist daher durchaus mit unserem physikalischen Zeitbegriff vereinbar, dass es im Rahmen von Entführungserlebnissen immer wieder zu zeitlichen Anomalien kommt. Kurioserweise ist es da nur folgerichtig, dass vereinzelt auch von einem *Zeitgewinn* berichtet wird. Das heißt, der Betroffene kommt beispielsweise früher an seinem Zielort an, als er eigentlich sollte.

Das Missing-Time-Phänomen stellt sich bei genauer Betrachtung allerdings gar nicht als echte zeitliche Anomalie dar. In Wirklichkeit »verliert« nämlich der Betroffene keine Zeit, sondern es fehlt ihm lediglich die ERINNERUNG an einen bestimmten Zeitraum. Hierdurch entsteht dann die bloße Illusion, dieser Zeitraum sei im Leben des Betroffenen verloren gegangen. Warum es in diesen Fällen zu dem scheinbaren Zeitverlust beziehungsweise der Erinnerungslücke kommt, ist nicht völlig klar. Es könnte sich um einen Schutzmechanismus der Psyche handeln, um mit einem traumatischen Erlebnis fertig zu werden. Man spricht hier von dissoziativer Amnesie. Dies ist ein in anderem Kontext durchaus bekannter psychopathologischer Vorgang. Dazu heißt es auf der Seite des Sozial-Pädagogischen Organisations-Consulting e.V., einem gemeinnützigen Verein, der Informationsmaterial im Bereich von Traumata, Dissoziation und ritueller Gewalt bereitstellt:

> »Die dissoziative Amnesie äußert sich zumeist als eine rückblickend berichtete Lücke oder eine Anzahl von Lücken in der Erinnerung an Aspekte der persönlichen Lebensgeschichte. Diese Lücken stehen zumeist in Verbindung mit traumatischen oder extrem belastenden Ereignissen. Manche Personen können eine Amnesie für Episoden von Selbstverletzung, gewalttätigen Ausbrüchen oder für Suizidversuche entwickeln. [...] Verschiedene Formen von Gedächtnisstörungen werden bei der dissoziativen Amnesie beschrieben. Bei der Lokalisierten Amnesie kann die Person sich nicht mehr an Ereignisse während eines umschriebenen Zeitabschnittes erinnern, gewöhnlich an die ersten Stunden nach einem höchst belastenden Ereignis (zum Beispiel kann es sein, dass der unverletzt Überlebende eines Autounfalls, bei dem ein Familienmitglied getötet wurde, nicht in der Lage ist, sich an irgend etwas zu erinnern, was vom Zeitpunkt des Unfalls bis zwei Tage danach geschah).«[44]

Allerdings scheint es bei Abduktionsfällen eher so zu sein, dass es sich um eine gezielt von den Außerirdischen herbeigeführte Amnesie oder Erinnerungsblockade handelt. Es wird nämlich häufig davon berichtet, dass die Außerirdischen den Betroffenen am Ende des Entführungserlebnisses die nachdrückliche Anweisung beziehungsweise Suggestion gaben, sich nicht an das Geschehen zu erinnern.[45] Betty Luca wurde beispielsweise gesagt, dass sie sich so lange nicht an das Erlebte erinnern dürfe, bis die Fremden bestimmten, dass es enthüllt werden sollte.[46] Und Jack Weiner wurde angewiesen, dass er mit niemandem darüber sprechen dürfe und kooperieren müsse; ein anderes Mal lautete die Botschaft:

> »Du wirst niemandem davon erzählen. Die Zeit ist noch nicht reif dafür.«[47]

Eine solche Anweisung kann auch mit konkreten, drastischen Drohungen verbunden sein, welche die Greys nicht gerade als sympathisch erscheinen lassen. So wurde der kleinen Amy von einem Grey gesagt, dass ihre Katze getötet würde, wenn sie jemandem von dem außerirdischen Besuch erzählte.[48] Und bei Betty Luca schien es sogar so, als wenn sie von den Außerirdischen programmiert worden wäre, Schmerzen zu empfinden, wenn versucht wurde, mittels Hypnose an bestimmte Informationen heranzukommen.[49] Ein solcher Zusammenhang zwischen Bettys Schmerzen und ihrem Versuch, sich unter Hypnose zu erinnern, wird durch die Erfahrungen von Debbie Jordan (in dem Buch *Eindringlinge* von Budd Hopkins unter dem Pseudonym Kathie Davis) bekräftigt. Auch sie musste eine Hypnosesitzung abbrechen, weil ihr Kopf immer heftiger zu schmerzen begann. Nach der Sitzung berichtete Debbie, dass diese Reaktion die Folge entsprechender Suggestionen war, obwohl sie sich bei den vorangegangenen Sitzungen nie so gefürchtet hatte:

> »Aber jetzt hat mir eine Stimme in meinem Kopf immer wieder eingehämmert, dass ich sterben muss, wenn ich mich noch genauer erinnere. ›Spür deinen Körper. Spüre ihn. Du musst sterben, wenn du dich erinnerst. Fühl deinen Kopf. Er wird explodieren. Dein Brustkorb wird einsinken, und du musst sterben, wenn du dich erinnerst.‹«[50]

Allerdings sind solche posthypnotischen Befehle nicht das einzige Verschleierungsmittel der Fremden. Statt den bewussten Zugriff auf die ET-Kontakterlebnisse zu untersagen, werden manchmal auch andere, falsche Erinnerungen sozusagen »über« das Erlebte gelegt. Dabei pflanzen die Außerirdischen den Betroffenen bestimmte, zum

Teil unsinnige Deckerinnerungen (auf Englisch *screen memories*) in ihrem Gedächtnis ein. Ganz typisch sind dabei Erinnerungen an Tiere mit großen dunklen Augen wie Eulen, Rehe und Hirsche, die sich ungewöhnlich verhalten. Auch in den von mir untersuchten Fällen stieß ich auf solche Deckerinnerungen, worauf ich später noch näher eingehen werde.

Letzten Endes spricht viel dafür, dass die Fremden mit solchen Maßnahmen ihr Vorgehen verbergen wollen. Dies ist vor allem dann zweckmäßig, wenn der betroffene Mensch über Jahrzehnte hinweg immer wieder Untersuchungen unterzogen werden soll. Die Entführungen beginnen nämlich, wie unzählige Fälle belegen, meistens schon im Kindesalter und dauern im Erwachsenenleben weiter an. Möglicherweise dienen die Erinnerungsblockaden zugleich dem Schutz der Abduzierten, damit diese im Alltag nicht von den Erinnerungen an die Entführungserlebnisse belastet werden.[51] Professor Mack fragt sich diesbezüglich, ob die komplexe Symbolisierung in Form dieser Tiererinnerungen nicht vielleicht ein Ergebnis der unbewussten Fähigkeit der Psyche ist, bedrohliche Elemente zu verhüllen, oder sie durch die bewusstseinsverändernden Kräfte der Außerirdischen ausgelöst werden.[52] Ich werde später noch nachweisen, dass Letzteres der Fall ist. Unabhängig davon, was nun der Grund für solche Erinnerungsverluste und Deckerinnerungen ist, die Hypnose hat sich jedenfalls als wirksames Mittel bewährt, an die verborgenen Erlebnisse heranzukommen.

Dabei wurde, wie gesagt, der Einsatz von Hypnose von Skeptikern oft kritisiert. So wurde behauptet, die Forscher würden ihre Probanden durch Suggestivfragen oder auf andere Weise unterschwellig dahingehend beeinflussen, Entführungsgeschichten unter Hypnose zu erfinden. Hierzu ist zunächst anzumerken, dass keineswegs alle Entführungsberichte allein unter Hypnose zustande gekommen sind. Vielmehr ist es so, dass sich Betroffene oft auch an einzelne Fragmente oder sogar längere Sequenzen des Entführungserlebnisses ganz bewusst erinnern können.[53] In Bezug auf die Hypnose selbst ist zudem der unter Laien verbreiteten Auffassung entgegenzutreten, wonach der Proband unter

Hypnose der Macht des Hypnotiseurs ausgeliefert und quasi ausgeschaltet sei. Vielmehr ist die Bandbreite der Erscheinungsformen, die als Hypnose bezeichnet werden, recht groß. In der Regel empfindet der Proband die Hypnose lediglich als einen Zustand tiefer Entspannung und kann sich auch nach der Sitzung noch an alles erinnern. Jedenfalls ist niemals das Bewusstsein oder der rationale Verstand ausgeschaltet, sondern die tiefe Entspannung ermöglicht lediglich einen besonders guten Zugang zur unbewussten Ebene des Probanden.

Ein Mensch unter Hypnose ist also niemals ein willenloses Werkzeug, auch wenn so manche Hypnoseshow dem Zuschauer etwas anderes suggerieren will. Im Prinzip geschieht bei einer gezielt herbeigeführten Hypnose nichts anderes als das, was wir bei einem Kinobesuch ständig ganz spontan erleben. Auch hier ist unser Unterbewusstsein infolge der Entspannung während der Filmvorführung so offen für die äußeren Eindrücke – Bilder, Geräusche, Stimmen –, dass unser Körper sogar auf das Wahrgenommene reagiert. Und solche unbewussten, autonomen Körperreaktionen (wie Weinen, Gänsehaut, Muskelanspannung) finden statt, *obwohl* wir auf einer rationalen Ebene ganz genau wissen, dass es sich nur um eine Leinwand und Schauspieler handelt und im Zweifel die Geschichte noch nicht einmal wahr ist. Hypnose ist also ein ganz natürlicher Zustand, den wir im Alltag immer wieder erleben.

Dennoch sind Bedenken im Zusammenhang mit der Anwendung von Hypnose nicht völlig unberechtigt. Zwar ist im Zustand der Hypnose das Erinnerungsvermögen erweitert, man spricht von Hypermnesie. So können wir uns unter Umständen an konkrete Vorfälle aus der Kindheit erinnern, an die uns jede bewusste Erinnerung fehlt. Andererseits ist aber auch die Suggestibilität, das heißt die Beeinflussbarkeit, und vor allem die Vorstellungskraft des Probanden in Trance, stark erhöht. Es kann also durchaus zu sogenannten »Konfabulationen« kommen. Es werden dann Erinnerungslücken mit reiner Fantasie aufgefüllt. Ebenso ist eine gezielte Gedächtnisverfälschung möglich. Um dies zu erforschen, wurden bereits diverse Studien durchgeführt. Sie zeigten, dass es – auch ohne Hypnose (!) – mit bestimmten Tricks möglich ist, einem Menschen eine falsche Geschichte in seiner Erinnerung einzupflanzen.[54]

Dies alles sollte man wissen. Es bedeutet aber nicht, dass Hypnose als Erinnerungshilfe bei Abduktionsfällen untauglich wäre. Wie inzwischen nachgewiesen wurde, sind viele der unter Hypnose aufgedeckten Erinnerungen nämlich *keine* reinen Fantasieprodukte. So berichteten Personen, die nicht in Kontakt zueinander standen, unter Hypnose *übereinstimmend* über spezifische Details der Untersuchung durch fremde Wesen. Ebenso kam es vor, dass während des Entführungsszenarios andere Personen, etwa die eigenen Kinder, gesehen wurden. Bei deren Untersuchung stellte sich dann heraus, dass sie tatsächlich ebenfalls betroffen waren und – wie unter Hypnose berichtet – an dem geschilderten Geschehen teilgenommen hatten. Ein Beispiel hierfür ist der äußerst komplexe und nicht unumstrittene Fall von Linda Napolitano (Pseudonym Linda Cortile), den Budd Hopkins untersuchte. Linda und eine weitere Betroffene (Marylin) erinnerten sich an ein gemeinsames Entführungserlebnis, bei dem Marylin auch Lindas Sohn Johnny auf einem Tisch liegen sah.[55]

Letzten Endes kann man also sagen, dass selbstverständlich jede Form von Beeinflussung durch den Hypnotiseur oder Forscher vermieden werden muss. Dies gilt sowohl für im Vorfeld der Hypnosesitzung geführte Gespräche als auch für eine etwaige ungewollte, unterschwellige Einflussnahme während des Sitzungsverlaufs. Natürlich sollte auch stets versucht werden, das Berichtete möglichst zu objektivieren – unabhängig davon, ob Hypnose eingesetzt wird. Dies kann beispielsweise durch den Abgleich mit anderen Berichten von Abduzierten erfolgen. Ein solcher Abgleich ist umso wertvoller, je weniger Vorwissen zum Abduktions-Phänomen die Betroffenen mitbringen und je spezifischer die berichteten Details sind.

Andererseits kann man heutzutage der Beschreibung eines Greys an sich nahezu keinen Beweiswert mehr beimessen. Das Erscheinungsbild ist einfach zu bekannt. Deshalb ist stets eine Überprüfung erforderlich. Nur sehr selten wird es unmittelbare Zeugen der Entführung geben, deren Aussage überprüft werden kann (wie etwa in dem berühmten Fall des Waldarbeiters Travis Walton). Doch auch indirekte Zeugen können die Realität eines Entführungserlebnisses untermauern. So berichtet Budd Hopkins von Dutzenden Fällen, in denen Menschen während eines erlebten Zeitverlustes tatsächlich vermisst und gesucht worden sind.[56] Auch in einem meiner Fälle stellte ein Mädchen nachts fest, dass ihre Mutter verschwunden und nicht mehr im Haus auffindbar war. Mutter und Tochter erinnerten sich am nächsten Morgen zudem übereinstimmend an einen seltsamen Traum, demzufolge sie sich gemeinsam in einer fremden Umgebung aufhielten. Außerdem ist durchaus eine örtliche und zeitliche Überprüfung möglich, indem nach UFO-Sichtungen geforscht wird, die zur Zeit und am Ort der berichteten Entführung erfolgten. So kann es in der Nachbarschaft Zeugen geben, die unerklärliche Lichter sahen, entsprechende Zeitungsmeldungen lasen oder sogar (wie im Fall Hill) zivile oder militärische Radarberichte einsehen konnten.

Je mehr solcher Indizien zusammengetragen werden können, umso mehr spricht dies für den Realitätsgehalt des unter Hypnose berichteten Entführungsszenarios. Auf diese Weise überprüfte Fälle bestätigen, wie hilfreich der Einsatz von Hypnose bei der Erforschung des Abduktions-Phänomens ist. Auch eine meiner Einschätzung nach sehr wertvolle anonyme Informationsquelle bezeichnet Hypnose als eine wichtige Technik, um an vergangene ET-Kontakte heranzukommen.[57] Dabei werden zwei Aspekte der Hypnosearbeit angeführt. Zumn einen wäre da die regressive Hypnose. Hierbei wird der Proband im Zustand der Trance zu einem Ereignis in seiner Vergangenheit zurückgeführt und kann dabei das Erinnerte schildern. Interessanterweise wird darüber hinaus aber auch auf die in der Hypnotherapie gerne angewandte Technik der ideomotorischen Signale hingewiesen. Dazu heißt es sehr treffend:

> »Dies geht an den verbalen Fähigkeiten des Patienten vorbei und weicht so einem Großteil der Zensur durch das Wachbewusstsein aus.«[58]

Aus eigener Erfahrung kann ich die Effektivität dieser besonderen Technik der Exploration beziehungsweise Erforschung des Unterbewusstseins nur bestätigen. Der Ablauf ist vereinfacht gesagt wie folgt:

1. Es wird vereinbart, dass sich, wenn zum Beispiel eine Frage mit »Ja« zu beantworten ist, der linke Zeigefinger des Probanden anhebt.
2. Im Zustand der Trance wird eine mit »Ja« oder »Nein« zu beantwortende Frage an das Unterbewusstsein des Probanden gerichtet.
3. Wenn die Frage mit »Ja« zu beantworten ist (zum Beispiel, ob die der bewussten Erinnerung nicht zugängliche Ursache für ein bestimmtes Verhaltensproblem in der Kindheit liegt), hebt sich der linke Zeigefinger automatisch, das heißt ohne dass die Bewegung bewusst ausgeführt wird. Dabei schickt das Unterbewusstsein entsprechende Nervensignale an die Muskulatur, die dann die Fingerbewegung bewerkstelligt.

Das Faszinierende an dieser Technik ist, dass man eine Information direkt vom Unterbewusstsein erhält, ohne dass die Mitteilung der Information den Umweg über das Bewusstsein nehmen muss. So wird die Gefahr ausgeschlossen, dass das Bewusstsein oder der rationale Verstand diese Information verfälscht. In der Tat habe ich, bereits bevor ich auf die oben zitierte Quelle stieß, bei meiner Arbeit mit Abduzierten eine Kombination von Ideomotorik und Hypnoseregression eingesetzt. Bevor ich den Probanden zu dem möglichen ET-Kontakterlebnis führe, lasse ich mir jeweils die Bereitschaft des Unterbewusstseins zur Preisgabe dieser Erinnerungen (trotz eigener Schutzmechanismen und/oder entgegenstehender posthypnotischer Befehle der Fremden) durch ein ideomotorisches Signal bestätigen. Dies hat sich als sehr effektiv erwiesen.

Auf jeden Fall ist es erstaunlich, dass die Hypnose überhaupt eine Möglichkeit bietet, an Entführungserinnerungen heranzukommen. Ganz eindeutig ist die Aufdeckung dieser Informationen von den Außerirdischen nicht gewünscht. Es scheint fast so, als wenn es sich hierbei um eine Art Lücke im System der Außerirdischen handelt, das insgesamt sehr auf Geheimhaltung und ein unerkanntes Vorgehen ausgerichtet ist.

Allerdings könnte der äußere Eindruck auch täuschen. Schließlich dürften die Greys inzwischen mitbekommen haben, dass sie nicht nur typische Indizien wie blaue Flecken an den Körpern der Betroffenen hinterlassen, sondern auch die Erinnerungen an Entführungserlebnisse mit Hilfe regressiver Hypnose bereits in Hunderten Fällen zu Tage gefördert wurden. Dennoch scheinen sie hiergegen nicht gezielt vorzugehen. Wir sollten also die Möglichkeit in Betracht ziehen, dass es sich um ein geduldetes Durchsickernlassen bruchstückhafter Informationen handelt. Doch wozu das Ganze?

Wie wir gegen Ende dieses Buches sehen werden, scheint sich bereits seit einiger Zeit im Hintergrund unserer Alltagswahrnehmung ein Plan von universellem Ausmaß zu entfalten. Ein entscheidender Aspekt ist dabei unsere Weiterentwicklung als Menschheit zu einer planetarischen Spezies. Dies setzt eine Erweiterung unseres Bewusstseins voraus, die vor allem mit einer Erweiterung unserer Wahrnehmung einhergeht. Eine ganz entscheidende Hürde ist dabei, dass wir Menschen unsere selbstbezogene und selbstüberschätzende Sichtweise aufgeben und die Existenz unzähliger anderer intelligenter Wesen im Kosmos anerkennen. Dazu tragen die Greys anscheinend ihren Teil bei. Folglich wären die Jahrzehnte lang gesammelten Erkenntnisse über das Abduktions-Phänomen wesentlicher Bestandteil einer sukzessiven Konditionierung der Menschheit im Hinblick auf den offenen Kontakt mit außerirdischen Zivilisationen. Oder wie eine weise Quelle dies ausdrückt:

> »Ihr [die Menschen und die Greys] seid in einem evolutionären Tanz eng aneinander gebunden. Ihr steht beide auf der Schwelle zu größerer Erkenntnis und zum Erwachen. Sie sind dabei, für eine umfassendere Realität zu erwachen, und ihr auch.«[59]

Die ungewöhnliche Schilderung eines Abduzierten scheint diese Hypothese zu stützen. Sie scheint banal zu sein. Abduzierte stellen beim Aufwachen nicht selten fest, dass Teile ihrer Nachtbekleidung auf links gedreht oder verkehrt herum angezogen sind. Ein junger Mann beschrieb mir eine konkrete Erinnerung, bei der ihm ein kleiner Grey am Ende eines Entführungserlebnisses beim Anziehen seiner Nachtbekleidung half. Dabei zog er ihm die Shorts verkehrt herum an. Als der junge Mann protestierend darauf hinwies, korrigierte der Grey nicht etwa seinen Fehler. Vielmehr schien er sich dessen durchaus bewusst zu sein. Der Betroffene verstand die Reaktion des Außerirdischen so, dass das falsch angeordnete Kleidungsstück als späterer Hinweis auf das nächtliche Erlebnis gedacht war. Dies entspricht der Einschätzung von Saskia, die hierzu schreibt:

> »Sie sind da, und sie wollen, dass wir wissen, dass sie da sind. Ich bin sicher: Es beruht nicht auf einem ›Versehen‹, wenn wir uns an gewisse Vorkommnisse erinnern oder gelegentlich auch physikalische Hinweise in Form kleiner Narben, Wunden, Einstiche an uns entdecken. Es steckt eine Absicht dahinter.«[60]

All diese Indizien erscheinen wie kleine Risse, die den Spiegel unserer Alltagsrealität nach und nach durchlässiger machen. Bis es dem einen oder anderen gelingt, für einen kurzen Moment einen Blick hindurch zu erhaschen. Auf einen verborgenen weiteren Spiegel, der die nächste Realitätsebene repräsentiert. Möchten wir auch hinter diesen Spiegel schauen, müssen wir zunächst einmal dem ersten Spiegel so viele weitere Risse zufügen, dass er in Tausende kleiner Scherben zerspringt.

Indizien für die Realität des Abduktions-Phänomens

Nachdem wir nun über Abduktionen und die bisherige Forschung einschließlich des Einsatzes von Hypnose gesprochen haben, ist es

Zeit, den Realitätsgehalt dieses Phänomens näher zu beleuchten. Genauso wie die Realität des UFO-Phänomens außer Frage steht, wäre zu prüfen, ob Gleiches auch für die Tausenden von weltweit berichteten Abduktionsfälle gilt. Dazu sollten wir uns zunächst einmal anschauen, was die führenden Abduktionsforscher dazu bewogen hat, von der Realität des Abduktions-Phänomens auszugehen. Wenn wir in diesem Zusammenhang von Realität sprechen, dürfen wir nämlich nicht den Fehler machen, diesen Realitätsbegriff mit der uns vertrauten Alltagsrealität gleichzusetzen.

Mit der Frage, was für eine Art von Realität dem Abduktions-Phänomen eigentlich innewohnt, beschäftigt sich Professor John Mack ausführlich in seinem zweiten und letzten Buch zum Abduktionsthema *Passport to the Cosmos* (»Reisepass für den Kosmos«).

Darin führt er aus:

> »Abduktionserfahrungen können, unabhängig von ihrer Quelle, sowohl von den Abduzierten als auch von denen, die mit ihnen arbeiten, klinisch von Träumen und anderen mentalen Zuständen unterschieden werden. Sie besitzen die Eigenschaften realer Ereignisse, egal wie unmöglich solche Ereignisse von einem einvernehmlichen Realitäts- oder wissenschaftlichen Standpunkt zu sein scheinen. Die anderen Bereiche, die Abduzierte wahrnehmen, haben bestimmte Eigenschaften, die sich von denen unterscheiden, die wir im Allgemeinen mit der alltäglichen materiellen Realität verbinden. Zum Beispiel können Verzerrungen der Zeit auftreten, oder das Zeitgefühl fehlt völlig. Transportmodalitäten scheinen nicht den bekannten physikalischen Gesetzen zu folgen und Wahrnehmungen können verändert sein, sogar bis zu dem Punkt, dass Erfahrende [*experiencer*] etwas sehen oder hören, das andere nicht sehen oder hören.«[61]

Über die Gründe für eine solche unterschiedliche Wahrnehmung können wir derzeit nur spekulieren. Es könnte daran liegen, dass sich die Abduzierten während des Entführungsvorgangs in einem veränderten Zustand befinden. Auf den zeitlichen Aspekt eines derartigen Zustandes werde ich anhand konkreter Fallberichte noch näher eingehen. Ebenso könnte es allerdings sein, dass die Fremden bestimmte optische oder akustische Ereignisse gezielt vor außenstehenden Menschen verbergen, indem sie auf deren Wahrnehmung einwirken, nämlich so, wie bei sehr suggestiblen Menschen im Zustand der Hypnose eine sogenannte negative Halluzination erzeugt werden kann: Der Hypnotisierte sieht einen Gegenstand nicht, obwohl dieser da ist.

Möglicherweise verfügen manche Abduzierte aufgrund ihrer Erlebnisse auch über ein erweitertes Bewusstsein und damit verbundene zusätzliche Wahrnehmungsfähigkeiten. In ähnlicher Weise kann ein medial begabter Mensch über noch unerforschte Wahrnehmungskanäle Informationen über weit entfernte Personen, Gegenstände und Ereignisse abrufen. Auf diese erstaunliche Fähigkeit der Fernwahrnehmung (Remote Viewing), deren Existenz ohne Zweifel bewiesen ist, werde ich ebenfalls noch näher eingehen. Die äußerst schwierige Frage, auf welcher Realitätsebene sich ET-Entführungen abspielen, sollten wir aber vorerst auf sich beruhen lassen. Wenden wir uns nun besser den Indizien zu, die es auch nach unseren Alltagsmaßstäben erlauben, Abduktionen als real anzuerkennen.

Hierzu schauen wir uns zunächst einmal an, was den Pulitzer-Preisträger und Professor für Psychiatrie an der Harvard Medical School John Mack dazu bewogen hat, sich über ein Jahrzehnt mit Dutzenden von Abduktionsfällen zu beschäftigen (bis zu seinem vorzeitigen Tod durch einen tragischen Unfall). Was überzeugte Professor Mack davon, dass er gegen massive Kritik seiner Kollegen seiner Arbeit mit Abduzierten treu blieb, obwohl sogar die Verwaltung seiner eigenen Lehranstalt ein Disziplinarverfahren gegen ihn einleitete (das schließlich mangels nachweisbarer Verfehlungen eingestellt wurde)? Professor Mack war, als er mit Budd Hopkins bekannt gemacht wurde, anfangs durchaus skeptisch gegenüber der Behauptung angeblicher Kontakte mit außerirdischen Wesen. Nachdem er jedoch mit einer

Reihe von Betroffenen intensiv gearbeitet und diese zahlreichen psychologischen Tests unterzogen hatte, kam Professor Mack zu dem Schluss, dass eine psychische Störung als Ursache der Abduktionsberichte auszuschließen ist.

Zu diesem Ergebnis kommt übrigens auch der Psychologe Gerd Höchsmann, der einhundertzwanzig Betroffene mit statistischen Methoden der kritischen Psychologie untersuchte.[62] Nach Ansicht von Professor Mack gibt es im Gegenteil eine ganze Reihe von Indizien, die für die Realität der berichteten Erlebnisse sprechen.[63] Dabei sind die folgenden Komponenten der Entführungsfälle – neben dem Fehlen einer psychischen Erkrankung – nach Professor Mack von besonderer Bedeutung:[64]

- Der hohe Grad der Übereinstimmung detaillierter Berichte und die starke emotionale Betroffenheit der Menschen, die solche Erfahrungen gemacht zu haben glauben.
- Physische Veränderungen und Verletzungen an den Körpern der Betroffenen.
- Der Zusammenhang mit UFOs, die von unabhängigen Zeugen in örtlicher und zeitlicher Nähe zum Entführungserlebnis gesichtet wurden.
- Die Berichte von Kindern im Alter von zwei oder drei Jahren über Entführungserlebnisse.

  Hierbei ist anzumerken, dass diese Kinder zwar theoretisch von ihren Eltern entsprechend beeinflusst sein könnten (wozu kein Anlass bestanden hätte), eine Beeinflussung durch Medien oder Literatur, wie bei Erwachsenen oder Jugendlichen, jedoch ausscheidet. Ein Beispiel schildert der Autor und Forscher Dr. Johannes Fiebag.[65] So begann der zweieinhalbjährige Sohn der Betroffenen Maria Struwe von merkwürdigen »Monstern« zu erzählen, die ihn nachts besuchten, und er zeichnete Köpfe von Gestalten mit großen schwarzen Augen.

Ähnliche Beobachtungen machte der Psychiater Dr. Henning Alberts, der folgende Argumente für das Vorliegen realer Erlebnisse anführt:

1. Die »Entführten« verweisen auf Narben, die ihnen unerklärlich sind.
2. Sie erleben das verdrängte Geschehen zu differenziert mit sämtlichen Sinnen und oft zu übereinstimmend.
3. Es gab teilweise Familienmitglieder, die als Zeugen mitkamen und ebenfalls »Entführungserlebnisse« hatten.
4. Kinder, bevorzugt im Alter zwischen drei und fünf Jahren, waren manchmal Zeugen der Präsenz solcher Wesen und zeichneten deren Aussehen, das mit der Beschreibung der Erwachsenen verblüffend übereinstimmte.[66]

Gerade die Übereinstimmung berichteter Details ist ein äußerst bemerkenswerter Punkt, der sich jedenfalls nicht mit einer psychischen Störung, absichtlichem Betrug oder einer unterschwelligen Einflussnahme des Hypnotiseurs erklären lässt. Solche Details können etwa Beschreibungen der von den Außerirdischen verwendeten Instrumente oder spezifische Untersuchungsmaßnahmen betreffen.

Vor allem zu Beginn der Abduktionsforschung waren diese Details allenfalls wenigen Forschern bekannt. Je mehr Bücher zu dem Thema veröffentlicht wurden, desto größer wurde jedoch die Wahrscheinlichkeit, dass sich angebliche Betroffene entsprechendes Detailwissen aus der Literatur bewusst oder unbewusst angeeignet hatten. Manche Forscher, wie etwa Budd Hopkins, hielten daher absichtlich bestimmte Informationen (zum Beispiel über beobachtete Symbole und Schriftzeichen) zurück, um diese für die Überprüfung zukünftiger Fälle verwenden zu können.[67] Auch ergaben sich bei den Untersuchungen immer wieder neue, oft bizarre Details, denen die Forscher zunächst skeptisch gegenüberstanden. Sie stellten dann solche Punkte gewissermaßen zurück – wie Professor David M. Jacobs beschreibt – und warteten ab, ob diese Details bei späteren Fällen erneut auftreten würden.

Muster

Doch nicht nur die Übereinstimmung von Details spricht für den Realitätsgehalt der Entführungsberichte. Erstaunlich ist vor allem das identische Muster, das sich durch die vielen hundert untersuchten Fälle zieht. Hierzu stellt der Forscher John Carpenter fest, dass die immer wieder übereinstimmenden Beschreibungen der Abduzierten geradezu langweilig seien.[68] Anders als bei einem Traum fehle es den Bildern dieser Berichte an Kreativität und Vielfältigkeit. Würden sich die Menschen allein von spektakulären Science Fiction-Filmen aus Hollywood und ihrer Fantasie inspirieren lassen, gäbe es ein viel breiteres Spektrum an Außerirdischen und angeblichen Erlebnissen. Ganz anders stellt sich der geradezu stereotype Ablauf einer Entführung durch Greys dar. Es erwies sich nämlich, dass sich der gesamte Vorgang einer solchen Entführungserfahrung in bestimmte Akte unterteilen lässt, die immer wieder anzutreffen sind. So hat etwa der Völkerkundler Dr. Bullard acht Stufen im Entführungsmuster identifiziert:[69]

1. Gefangennahme: Der Zeuge wird physisch gegen seinen Willen an Bord eines UFOs gebracht.
2. Untersuchung durch die fremden Wesen
3. Unterredung mit den Außerirdischen (telepathisch)
4. Rundgang an Bord des Raumschiffs
5. Reise zu anderen Welten
6. Gotteserfahrung: Der Zeuge hat ein religiöses Erlebnis.
7. Rückkehr
8. Nachspiel: Der Zeuge zeigt bestimmte Nachwirkungen – Narben und andere Körpermale, posttraumatische Belastungsstörungen, Albträume, Erlebnisse mit Men in Black, neue Interessen zum Beispiel an Technik und Physik, Umweltbewusstsein, Spiritualität/Glaube.

Es müssen hiervon nicht immer alle Akte auftreten, aber vor allem die Phasen 1, 2, 7 und 8 sind regelmäßig vorhanden, während die anderen Phasen quasi optional sind und eher selten vorkommen. Die einzelnen Phasen weisen wiederum bestimmte eigene innere Muster auf. So folgt etwa die Untersuchung der entführten Menschen durch die fremden Wesen einem detaillierten Ablauf, der häufig wie folgt aussieht:[70]

1. Vorbereitung
2. Manuelle Untersuchung
3. Abtasten durch ein Gerät (Scan)
4. Untersuchung mittels Instrumenten
5. Entnahme von Proben
6. Untersuchung speziell der Fortpflanzungsorgane
7. Neurologische Untersuchungen
8. Untersuchung des Verhaltensmusters

Nachdem wir das Thema der Abduktionen bislang eher abstrakt behandelt und den groben Ablauf des Entführungsszenarios nur in Stichpunkten skizziert haben, möchte ich nun einmal ein typisches Entführungserlebnis schildern. Dabei handelt es sich nicht um einen genau in dieser Form erfolgten Einzelfall eines Betroffenen, sondern um ein hypothetisches Szenario, das auf den veröffentlichten und von mir untersuchten Fallbeschreibungen basiert. Dies hat den Vorteil, dass der Leser ein die Phasen 1 bis 8 umfassendes Gesamtszenario kennenlernt, während bei den tatsächlichen Fallbeschreibungen meist nicht alle Phasen vollständig vorhanden sind. Vor allem die Phasen 3 bis 6 werden eher selten berichtet. Dies gilt insbesondere für Reisen zu anderen Welten und religiöse Erlebnisse. Dennoch handelt es sich nachfolgend nicht um ein Fantasieszenario. Vielmehr tauchten sämtliche Bestandteile des nun geschilderten Entführungsszenarios (einschließlich der dargestellten Alternativszenarien) schon in einer Vielzahl tatsächlicher Fallberichte auf. Daher gebe ich auch zu den einzelnen Aspekten des nachfolgenden Geschehensablaufs entsprechende Fundstellen aus den Büchern anerkannter Abduktionsforscher an. Bei Interesse können hier die konkreten Einzelfälle, in denen diese Aspekte beschrieben werden, nachgelesen werden.

◆ Die Gefangennahme

Der typische Ausgangsort eines ET-Entführungserlebnisses ist das eigene Schlafzimmer. Entweder bewusst oder im Rahmen einer Hypnoseregression erinnert sich der Betroffene, wie er mitten in der Nacht in seinem Bett erwacht. Ebenfalls typisch ist, dass der Betroffene dabei voller Schrecken feststellt, sich nicht mehr bewegen oder sprechen zu können. An dieser Stelle erscheint es mir wichtig, kurz einmal auf das Phänomen der sogenannten Schlafparalyse einzugehen, einem beliebten Einwand beziehungsweise Erklärungsversuch der Skeptiker.

Die Schlafparalyse ist eine natürliche körperliche Erscheinung, die verhindert, dass im Traum erlebte Bewegungen ausgeführt werden.[71] Die von den Abduzierten beschriebene Lähmung des gesamten Körpers hat große Ähnlichkeit mit der Beschreibung einer solchen »natürlichen« Schlafparalyse. In beiden Fällen hat der Erwachende keine Kontrolle mehr über seinen Körper und kann meist nur noch seine Augen bewegen. Allerdings habe ich den starken Verdacht, dass das Phänomen der sogenannten Schlafparalyse in weiten Teilen noch nicht verstanden ist und häufig in Verbindung mit außergewöhnlichen (Bewusstseins-) Erlebnissen des Betroffenen steht. Dass nach dem plötzlichen Erwachen für einen kurzen Moment noch Trauminhalte nachwirken, erscheint mir nachvollziehbar. Warum bei einem Drittel der Betroffenen allerdings visuelle, taktile oder akustische Halluzinationen auftreten sollen, erschließt sich mir hingegen nicht so einfach.

Wenn lediglich – wie behauptet wird – die REM-Schlaf-typische Muskelatonie auf benachbarte Wachphasen ausgedehnt wird, warum kommt es dann offenbar zu einem Halluzinationen auslösenden veränderten Bewusstseinszustand?

Geradezu entlarvend scheint mir folgender nach Wikipedia zitierter Satz zu sein:

»Die Halluzinationen können auch den Charakter außerkörperlicher Erfahrungen und der Sicht auf den eigenen Körper von außen [Autoskopie] haben.«[72]

Wie bitte? Die Halluzinationen sollen zum Teil den Charakter außerkörperlicher Erfahrungen haben? Eine solche Halluzination scheint wenig Sinn zu machen, abgesehen davon, dass das Auftreten von Halluzinationen (nicht von Traumbildern) in der Aufwachphase überhaupt unerklärlich ist. Hier offenbart sich eine sehr eingeschränkte Sichtweise der Wissenschaftler, die sich mit der Schlafparalyse beschäftigen. Weil ein Betroffener berichtet, sich selbst von oben im Bett liegend gesehen zu haben, wird als Erklärung eine Halluzination herangezogen. Dabei scheint man jedoch zu übersehen, dass das Phänomen außerkörperlicher Erfahrungen (*Out-of-Body Experiences*, »OBE«), genauso wie sogenannte Nahtoderlebnisse (*Near-Death-Experiences*, »NDE«), bei denen ähnliche Elemente auftauchen, schon seit vielen Jahren ernsthaft erforscht wird.

So beschrieb Robert Monroe bereits in dem 1971 erschienenen Buch *Journeys Out of the Body* (dt. *Der Mann mit den zwei Leben*) seine eigenen außerkörperlichen Erfahrungen und entsprechende Untersuchungen hierzu. Seitdem haben sich weltweit zahlreiche Wissenschaftler der Erforschung solcher Erfahrungen gewidmet. So stellte etwa der amerikanische Psychiater Dr. Raymond Moody in seinem 1975 erschienenen Buch *Life after Life* (dt. *Leben nach dem Tod*) die Untersuchungsergebnisse von einhundertfünfzig Nahtodfällen vor, bei denen regelmäßig außerkörperliche Erfahrungen auftreten. Meist beginnt das Erlebnis mit einer ungewöhnlichen akustischen Wahrnehmung, zum Beispiel in Form eines Brummens. Zudem scheint ein Gefühl der Lähmung eine Art Vorbedingung für eine außerkörperliche Erfahrung zu sein, wie der Psychologe Dr. Thomas Deutschbein schreibt.[73]

Ich selbst kenne mehrere Personen, die entsprechende außerkörperliche Erfahrungen oder Nahtoderlebnisse hatten. Jedenfalls häufen sich die Indizien dafür, dass unabhängig von unserem physischen Körper auch nicht-materiell etwas wie Seele/Bewusstsein/Geist existiert. Daher sollte man sich fragen, ob diese Personen nicht während der Schlafphase tatsächlich eine außerkörperliche Erfahrung hatten, statt eine merkwürdige Halluzination zu postulieren.

Noch einen weiteren Punkt möchte unsere westliche rational-wissenschaftliche Weltanschauung gerne als mittelalterlichen Mythos bei Seite schieben. So heißt es zum Thema Schlafparalyse bei Wikipedia weiter:

> »Sehr verbreitet durch alle Kulturen war die Vorstellung, dass ein Dämon auf der Brust des Schlafenden sitzt und ihm so die Luft zum Atmen nimmt. In Europa gab es die Vorstellung vom Nachtalb oder Incubus, der seine Opfer im Schlaf heimsucht. In Mexiko und bei den Yoruba waren es Hexen, in Südostasien die Geister Verstorbener und in Irland und Schottland sogenannte *hags*. [...] Auch in der Kunst wird die Schlafparalyse gerne als nächtliche Heimsuchung durch einen Dämon dargestellt.«

In der Tat erscheint die Vorstellung einer nächtlichen Heimsuchung durch Dämonen geradezu lächerlich. Allerdings ist dies für diejenigen, die eine solche Heimsuchung einmal erlebt haben, alles andere als das.

Mehrere weibliche Betroffene, an deren Glaubwürdigkeit nicht der geringste Zweifel besteht, haben mir unabhängig voneinander davon berichtet, von einer Art »Wesen« in ihrem Schlafzimmer heimgesucht worden zu sein, wobei sich der Vorgang als explizite Vergewaltigung darstellte. Diese Heimsuchung erfolgte dabei zum Teil nicht etwa während des Schlafens, sondern im Wachzustand. Alle Betroffenen waren sich auch vollkommen sicher, dass es sich dabei nicht um einen intensiven Albtraum gehandelt haben kann, sondern sie den traumatischen Übergriff körperlich erlebten.

Inzwischen gibt es ausreichend viele übereinstimmende Zeugenberichte über bestimmte Wesen, denen solche nächtlichen Übergriffe zugeschrieben werden. Gerade zu dieser Spezies erhielt ich im Rahmen meiner Forschungen ungewöhnlich viele und detaillierte Informationen. Ich habe mich jedoch entschieden, diese Sachverhalte und Erkenntnisse aus Gründen der Vereinfachung für eine spätere Veröffentlichung zurückzuhalten.

Vorliegend möchte ich – wie bereits erwähnt – den Schwerpunkt auf das typische, sehr gut untersuchte Abduktions-Phänomen legen, hinter dem die Rasse der sogenannten Greys steckt. Doch solche Entführungserlebnisse mit Greys machen offenbar nur einen kleinen Ausschnitt aus dem Gesamtbild der Erfahrungen mit nichtmenschlicher Intelligenz aus. So scheint ein komplexes und vielschichtiges Parallelreich zu existieren, das zumindest unsere westliche Welt gerade erst zu entdecken beginnt.

Der Mediziner und Psychiater Dr. Rick Strassman stieß zum Beispiel im Rahmen seiner von der DEA genehmigten klinischen Forschungen mit dem Psychedelikum DMT (N,N-Dimethyltryptamin) auf dieses bizarre Parallelreich samt seiner Bewohner. Die Durchführung seiner Studie einschließlich der bürokratischen Hürden sowie die dabei gewonnenen Erkenntnisse beschreibt Dr. Strassman detailliert in seinem Buch *DMT, das Molekül des Bewusstseins*. Und auch Robert Monroe beschreibt, wie sein Erkundungsteam bei der systematischen Erforschung außerkörperlicher Zustände »mit intelligenten Wesen zusammen [traf], die mehr oder weniger bereit waren zu kommunizieren«.[74] Doch damit wollen wir uns nun wieder dem wesentlich greifbareren Abduktions-Phänomen zuwenden, das sich zumindest auch auf unserer Realitätsebene abspielt und physische Hinweise hinterlässt.

Wir hatten gesehen, dass das Entführungsszenario meist mit einem von Lähmung begleiteten nächtlichen Erwachen beginnt. Der dann folgende komplexe weitere Ablauf, den die Betroffenen berichten, spricht *gegen* die Theorie der Schlafparalyse. Während der Betroffene gelähmt in seinem Bett liegt und nur die Augen bewegen kann, nimmt er häufig wahr, dass sich fremde Gestalten in seinem Schlafzimmer befinden. Oft werden ein oder mehrere typische Greys beschrieben, die am Fuß des Bettes oder neben diesem stehen. Wenn dann – wie häufig – die körperliche Starre plötzlich endet, versucht der Betroffene in der Regel den neben ihm im Bett liegenden (Ehe-)Partner aufzuwecken. Allerdings muss er dabei verzweifelt feststellen, dass sein Partner weder auf akustische noch auf körperliche Reize reagiert. In dieser Phase scheinen alle anderen Familienmitglieder wie ausgeschaltet zu sein, so dass der Betroffene auf sich alleine gestellt bleibt.[75] So sah beispielsweise Pat, als sie von den Greys nach einer Entführung in ihr Haus zurückgebracht wurde, ihre ganze Familie wie benommen im Wohnzimmer sitzen.[76]

Nach der Ausschaltung von Zeugen gibt es zwei typische Alternativszenarien.

Szenario 1: Der Betroffene wird von einer Art Strahl erfasst und hilflos aus seinem Bett levitiert. Dabei wird immer wieder davon berichtet, wie die Betroffenen erstaunt feststellen, sich durch geschlossene Fenster oder Wände zu bewegen. Von unserem Kenntnisstand der Physik aus betrachtet scheint ein solches Durchdringen fester Materie seitens eines belebten Körpers völlig ausgeschlossen zu sein. Gerade die scheinbare Unsinnigkeit dieses Vorgangs spricht aber für die Aufrichtigkeit der Betroffenen, die so etwas berichten. Würde es ihnen nämlich darum gehen, dem Forscher eine überzeugende Geschichte zu präsentieren, würde der Weg in das Raumschiff nicht derart unserer Alltagsvorstellung widersprechen.

An dieser Stelle ist zu berücksichtigen, dass unser physikalisches Wissen noch gewaltige Lücken aufweist. Daher können wir auch nicht ausschließen, dass eine wesentlich weiter entwickelte Spezies einen solchen Vorgang technisch beherrschen kann. Im Übrigen sollten wir uns noch etwas anderes bewusstmachen: Eine aus scheinbar kontinuierlicher – quasi lückenloser – Materie bestehende Wand ist eine reine Illusion! Wie jeder andere Gegenstand setzt sich die Wand aus Molekülen zusammen, die wiederum aus Atomen aufgebaut sind. Die nahezu gesamte Masse eines Atoms (99,9 %) ist aber in seinem winzigen Kern konzentriert, dessen Durchmesser gerade einmal 1/20.000 bis 1/150.000 des Durchmessers der Atom- beziehungsweise Elektronenhülle beträgt.[77] Das, was wir als festes materielles Kontinuum wahrnehmen, besteht somit im Wesentlichen aus leerem Raum.[78]

Nachdem Fenster oder Wand mühelos durchdrungen wurden, bewegen sich die Betroffenen außerhalb ihres Hauses durch die Luft schwebend auf ein am Himmel stehendes Raumfahrzeug zu. Manchmal wird an dessen Unterseite eine Öffnung oder Luke beobachtet, häufig fehlt jedoch jegliche Erinnerung an den konkreten Eintritt in das Gefährt.

Szenario 2: Nachdem der Betroffene – meist voller Schrecken – die fremden Gestalten an seinem Bett bemerkt, beruhigen diese ihn durch entsprechende telepathische Botschaften und weisen den Menschen an, ihnen nach draußen zu folgen. Dabei wird der Mensch häufig von Greys eskortiert, wobei sich eines dieser Wesen hinter ihm und das andere vor ihm befindet, während es (je nach den örtlichen Begebenheiten) Treppenstufen hinab und durch die Haustür ins Freie geht. Dabei hat der Betroffene oft das Gefühl, nicht selbst zu laufen, sondern sich eher schwebend über den Boden zu bewegen. Der Weg führt dann zu einem Raumfahrzeug, das sich unweit des Wohnhauses auf einem freien Platz, zum Beispiel einer Waldlichtung, befindet.

Die Untersuchung

Im UFO angekommen, werden die Abduzierten von den fremden Wesen gebeten, ihre Kleidung und Schuhe abzulegen, oder diese werden ihnen von den Außerirdischen entfernt.[79] Danach werden sie aufgefordert, sich auf eine Art Untersuchungstisch zu legen. Dabei wird die Umgebung als medizinisch steril und der Raum als abgerundet beschrieben. Oft wundern sich die Betroffenen darüber, dass sie keine Lichtquelle identifizieren können.

Der Untersuchungsvorgang beginnt mit einer manuellen Untersuchung durch die Greys. Während die kleinen Greys vorbereitende Maßnahmen ausführen, ist in der Regel ein größer gewachsenes Exemplar anwesend, das als eine Art Arzt oder Anführer beschrieben wird und die komplizierteren Prozeduren durchführt.[80] Dabei tastet er zum Beispiel mit seinen Fingern die Wirbelsäule, Füße und Zehen des

Menschen ab oder testet die Beweglichkeit der Gelenke.[81] Auch wird häufig ein von der Decke kommendes mechanisches Gerät mit einer Art Linse an dessen Ende beschrieben, die einem großen Auge ähnelt.[82] Dieses Gerät bewegt sich über den menschlichen Körper hinweg, und der Betroffene hat den Eindruck, dass ein Scan, ähnlich wie bei einer Röntgenuntersuchung, durchgeführt wird.

Es scheinen auch neurologische Untersuchungen zu erfolgen. So erinnerte sich Steve Kilburn, wie etwas gegen eine bestimmte Stelle seines Rückens drückte und hierdurch jedes Mal sein rechtes Bein stark zuckte.[83] Der Neurochirurg Dr. Paul Cooper, der diese Episode der Untersuchung mit Steve besprach, kam zu dem Ergebnis, dass dabei ein bestimmter Nerv stimuliert wurde. Steves Beschreibung entsprach genau der motorischen Reaktion, die bei einer Reizung des sogenannten Femoral-Nervs erfolgt.[84]

Die Greys benutzen dann diverse Instrumente, um weitere körperliche Untersuchungen durchzuführen oder Proben zu entnehmen.[85] Zu den von den Abduzierten entnommenen Proben gehören etwa Blut, Haut, Haare, Finger- und Zehennägel sowie Urin.[86] Desweiteren werden nicht nur Körperöffnungen wie Mund und Ohren untersucht und Sonden eingeführt.[87] Es wird häufig auch davon berichtet, dass eine circa dreißig Zentimeter lange dünne und flexible Nadel durch ein Nasenloch bis in die Stirnhöhle oder sogar in das Gehirn des Menschen geschoben wird.[88] Dieser Eingriff wird als äußerst schmerzhaft empfunden.[89] Manche Entführte nahmen dabei wahr, dass die eingeführte Nadel in ihrem Kopf etwas durchstößt.[90]

Offenbar dient diese Maßnahme dazu, ein Implantat in den Kopf des Abduzierten einzuführen. Abduzierte konnten nämlich in einigen wenigen Fällen einen kleinen runden Gegenstand an der Spitze der Nadel beobachten, der nach dem Herausziehen der Nadel fehlte. Ebenso wurde schon beobachtet, wie ein solches Objekt wieder aus dem Kopf entfernt wurde.[91]

Diese Berichte lieferten eine überraschende Erklärung für einen bei Abduzierten immer wieder beobachteten Vorgang, der bis dahin keinen

Sinn zu ergeben schien. So trat bei Abduzierten häufig nächtliches Nasenbluten auf, oder es fanden sich morgens Bluttropfen auf dem Kopfkissen oder Nachthemd. Es spricht viel dafür, dass es sich dabei um eine Nachwirkung des beobachteten Einführens einer Nadel durch die Nase handelt. Damit konnte ein eindeutiger Zusammenhang zwischen spezifischen Entführungserinnerungen und typischen physischen Merkmalen hergestellt werden.

Ob auch der sehr schmerzhafte Eingriff, den Jim Weiner erlebte, der Platzierung eines Implantats diente, ist unklar.[92] Jim erinnerte sich unter Hypnose daran, dass ihm etwas – wie mit einer Nadel – direkt in seinen Hinterkopf gesteckt wurde. Einer genauso schmerzhaften Prozedur an ihrem Kopf erinnerte sich eine Betroffene in einer unserer Hypnosesitzungen, nachdem sich zuvor ein typisches Entführungsszenario gezeigt hatte. Sie brachte diesen Vorgang ebenfalls mit der Einführung eines Implantats in Verbindung.

Ein weiterer, bei weiblichen Abduzierten durchgeführter Eingriff scheint in Zusammenhang mit dem Fortpflanzungsprogramm zu stehen, auf das wir später noch ausführlich eingehen werden. So beschrieb bereits Betty Hill, wie ihr eine lange Nadel durch den Bauchnabel in den Unterleib eingeführt wurde. UFO-Forscher wiesen auf die Ähnlichkeit dieses Vorgangs mit einer Amniozentese (Fruchtwasseruntersuchung) hin, die sich 1961 noch im Versuchsstadium befand.[93] Hierbei handelt es sich um eine Punktion der Fruchtblase einer schwangeren Frau zur Untersuchung der im Fruchtwasser befindlichen fetalen Zellen. Allerdings wird bei einer von Menschen durchgeführten Amniozentese die Nadel nicht durch den Bauchnabel eingeführt. Deshalb ist der Zweck dieser an Bord des Raumschiffs durchgeführten medizinischen Maßnahme, die auch von anderen weiblichen Abduzierten berichtet wurde, nicht völlig klar.

Es ist auffällig, dass bei der körperlichen Untersuchung vor allem den menschlichen Fortpflanzungsorganen besondere Aufmerksamkeit gewidmet wird. So berichten viele Frauen von gynäkologischen Untersuchungen sowie der Entnahme von Eizellen.[94] Doch sind von dem

Interesse der Fremden an den Fortpflanzungsorganen nicht nur die weiblichen Abduzierten betroffen, sondern auch Männer. Immer wieder beschreiben männliche Entführte, wie Untersuchungen an ihren Genitalien erfolgten oder ihnen mittels spezieller Absaugvorrichtungen Sperma entnommen wurde.[95]

Auch Barney Hill machte eine solche Erfahrung. Da ihn dieser demütigende Eingriff zutiefst verstörte, wurde die Beschreibung der Spermaentnahme bewusst nicht in John Fullers Buch über den Hill-Fall aufgenommen.[96] Diese auf die männlichen und weiblichen Fortpflanzungsorgane bezogenen Maßnahmen stehen offenbar in Zusammenhang mit dem von den Fremden durchgeführten Hybrid-Züchtungsprogramm. Was dahinter steckt und welche weiteren Hinweise es für ein solches Projekt gibt, werden wir noch eingehend erörtern, wenn wir uns den Motiven der Greys zuwenden.

Ein regelmäßiger Bestandteil des Untersuchungsszenarios stellt schließlich eine Art mentale Untersuchung dar. Hierzu wird berichtet, dass ein Grey dem Menschen mit seinen großen schwarzen Augen aus nächster Nähe in die Augen starrt. Auch in anderen Situationen gab es einen solchen intensiven Blickkontakt. In sieben der acht von Dr. Karla Turner für ihr Buch *Eingriff* untersuchten Fälle berichteten die betroffenen Frauen davon, wie sich das Gesicht eines Grey dicht vor ihrem eigenen befand.[97]

So beschreibt beispielsweise Lisa diesen Vorgang wie folgt:

> »Manchmal sehe ich überhaupt nur das, nur ihre Augen und sonst nichts von dem, was geschieht.«[98]

Auch in einem meiner Fälle kam es bei einem Kindheitserlebnis der Betroffenen zu einem solchen Blickkontakt, den sie nahezu identisch beschrieb. Bei diesen Berichten wird immer wieder auf die erstaunliche Wirkung der fremdartigen Augen hingewiesen, die eine Art tiefgründigen hypnotischen Zwang ausüben.[99]

Sheila beschreibt dies mit den Worten:

»[…] Es ist da eine Macht in diesen Augen. […] Sie übernehmen die Kontrolle über einen, und man hat keine Energie mehr, dagegen anzukämpfen.«[100]

Dabei haben die Betroffenen das Gefühl, dass der Außerirdische während des intensiven Augenkontakts in der Lage ist, ihre Gedanken, Gefühle und Gedächtnisinhalte zu durchleuchten.[101] Es findet also scheinbar eine Art *Mind Scan* beziehungsweise eine Gedankenprüfung statt. Während dieses Vorgangs erzeugen die Außerirdischen bei den Menschen häufig intensive Emotionen bis hin zu sexueller Erregung oder filmartige – oft als unecht erkannte – Szenarien.[102]

Die auf diese Weise telepathisch stimulierte sexuelle Erregung scheint ebenfalls dem Züchtungsprogramm der Fremden zu dienen. Das Verhalten der Außerirdischen zeigt nämlich nach den Erkenntnissen von Professor David M. Jacobs, dass sie die durch die sexuelle Erregung ausgelösten physiologischen Reaktionen der Betroffenen zur Gewinnung von Eizellen und Sperma nutzen.[103]

Insbesondere apokalyptische Szenarien werden den Abduzierten auch auf Bildschirmen an Bord des UFOs vorgeführt. Die verstörenden Bilder betreffen häufig die Verwüstung oder Zerstörung der Erde durch natürliche oder kriegerische Einflüsse.[104] Der Zweck dieser Vorführungen ist unklar. Möglicherweise geht es darum, auf diese Weise nachdrückliche Warnungen an die Menschen zu übermitteln. Schließlich sprechen die Fremden immer wieder auch ganz direkt ihre Besorgnis über die Zerstörung der Umwelt durch den Menschen aus. So erhielten beispielsweise mehrere Kinder während des Ariel School Sightings in Ruwa, Zimbabwe, eine von den Fremden telepathisch vermittelte Botschaft betreffend die durch den Menschen verursachte Verschmutzung der Umwelt.[105] Ebenso ist es möglich, dass durch die Vorführung von erschreckenden Weltuntergangsszenarien die Reaktion der Menschen auf diese Bilder untersucht werden soll.

In gleicher Weise rätselhaft ist es, warum die Fremden häufig auch sexuelle Handlungen zwischen Entführten inszenieren.[106] Darüber hinaus wird vereinzelt von sexuellen Interaktionen mit menschenähnlichen Wesen berichtet, deren Beschreibung an Hybriden erinnert.[107] Dr. Jacobs vermutet aufgrund entsprechender Berichte, dass auch der erzwungene oder gesteuerte Geschlechtsverkehr zwischen Entführten an Bord eines UFOs auf die Gewinnung von Sperma abzielt.[108]

Möglicherweise steht jedoch in diesen Fällen sexuellen Kontakts gerade *nicht* das von den Außerirdischen betriebene Züchtungsprojekt im Vordergrund. Stattdessen könnten die Fremden den sexuellen Akt auch dazu nutzen, um menschliches Verhalten und Emotionen zu studieren. Dafür spricht eine Erinnerung der Betroffenen Lisa, die glaubt, dass die Außerirdischen bei einem nächtlichen Besuch in ihrem Schlafzimmer dafür sorgten, dass sie mit ihrem Partner Sex hatte, während diese zusahen.[109] Ein junger Mann schilderte mir eine explizite Begegnung mit Greys, bei der genau das Gleiche geschah. Das starke Interesse der Außerirdischen an menschlichen Emotionen wird auch von Scott belegt, der entsprechende Aussagen durch seinen außerirdischen Anteil trifft:

> »Ich muss sagen, der Mensch hat sehr überzogene Emotionen, in meinen Augen manchmal zu überzogene, um damit fertigzuwerden. Wir sind sehr empfindsam, aber unsere Emotionen sind nicht so primitiv wie die euren. Eure Emotionen sind in gewissem Sinne erfrischend. […] Unser Entwicklungsprozess hat Emotionen für weniger wichtig gehalten als Verständnis, aber eure Emotionen sind für uns das, was Naschereien für ein Kind sind. Sie sind wie eine Droge, die wir sehr gerne genießen.«[110]

In ganz ähnlicher Form beschreibt Peter das Interesse der Fremden an unseren Emotionen:

> »Sie wollen unsere Liebe und das, was es bedeutet, dass wir lieben und uns umeinander sorgen und so viel Mitgefühl haben. Außerdem erschreckt sie unser Zorn und unsere Fähigkeit zu hassen und zu töten […].«[111]

Diese Ausführungen liefern eine sehr stimmige Erklärung für eine weitere Beobachtung. Greys reagieren nämlich bei plötzlichen Wutausbrüchen von Entführten, bei denen diese kurzzeitig ihren Zustand einer quasi-hypnotischen Ruhigstellung überwinden, sichtlich überfordert und verängstigt. Ein Beispiel dafür liefert Catherine. Ihr gelang es trotz ihres paralysierten Zustands ihrem Ärger über die Behandlung durch mehrere kleine Greys Ausdruck zu verleihen.

Sie konnten Catherines negative Emotionen spüren, »und sie erschraken irgendwie davor, denn sie können diese Intensität nicht ertragen und wissen wirklich nicht, wie sie damit umgehen sollen – vor allem jetzt, da das größere Wesen nicht dabei ist«.[112] Demnach ist es nicht ganz klar, ob und wann von den ETs inszenierte sexuelle Interaktionen dem Fortpflanzungsprogramm oder zumindest auch ihrem Interesse an den menschlichen Emotionen dienen.

Die Unterredung mit den Außerirdischen

Regelmäßig schließt sich an die Untersuchung direkt das weiter unten beschriebene Rückkehrszenario an. In manchen Fällen kommt es jedoch zuvor noch zu einer Unterredung mit den Fremden. Dabei werden den Menschen seitens der Außerirdischen Informationen, etwa zum Zweck der Entführung oder ihrer Rolle bei dem Projekt, gegeben oder den Menschen wird sogar gestattet, Fragen zu stellen. Ob und inwieweit eine solche offene Kommunikation erfolgt, scheint stark von der inneren Einstellung der betroffenen Menschen abzuhängen. Je mehr sie in der Lage sind, Angst und Schrecken angesichts dieser außergewöhnlichen Erfahrung zu überwinden, desto eher scheinen die Fremden zu einem eher kollegialen Umgang bereit.

Catherine beschreibt dies sehr anschaulich wie folgt:

»Ich glaube, es hängt davon ab, welche Beziehung man zu den Außerirdischen aufbaut. Wenn sie kommen und unsere erste Reaktion die ist, dass wir uns wie verschreckte Laborratten benehmen und in dem Versuch, uns zu verstecken, unter die Bettdecke verkriechen wie eine Ratte in eine

Käfigecke, dann behandeln sie uns auch so. Wenn wir aber so reagieren, dass wir sagen: ›Gut, arbeiten wir zusammen, versuchen wir, eine sinnvolle Beziehung aufzubauen‹, dann, so glaube ich, sind sie uns gegenüber respektvoller und behandeln uns eher wie Gleichgesinnte, als wenn man sofort völlig verängstigt reagiert.«[113]

Der Rundgang an Bord des Raumschiffs

Dieser kollegiale Umgang mit den Abduzierten kann neben der freiwilligen Übermittlung von Informationen seitens der Fremden auch weitere Erklärungen oder Handlungen umfassen. So wurde etwa Betty Hill ein besonderes Buch sowie eine Sternenkarte gezeigt, auf die wir noch näher eingehen werden.[114] Andere Entführte haben davon berichtet, an Bord herumgeführt worden zu sein, wobei ihnen verschiedene Räume gezeigt wurden.

Reise zu anderen Welten

Wenige Abduzierte, zu denen Betty Andreasson gehört, erfahren zudem das Privileg, fremde Welten besuchen zu dürfen. Dies können auch verborgene Orte oder Anlagen unterhalb der Erdoberfläche sein, genauso wie Planeten außerhalb unseres Sonnensystems.

Gotteserfahrung

Von religiösen Erlebnissen beziehungsweise Gotteserfahrungen wurde nur sehr selten berichtet. Meist geht es dabei um eine schwer fassbare, überwältigende Begegnung mit einer höheren Instanz, die als Schöpfer interpretiert wird. Betty Andreasson hatte gleich mehrere solcher Erlebnisse. Sie werden ausführlich in den Büchern des UFO-Forschers Raymond Fowler dargestellt, unter anderem in *Die Wächter* und *Die Wächter II.*

Die Rückkehr

Nach der vorstehend beschriebenen Untersuchung werden den Abduzierten ihre Kleider und Schuhe wieder zurückgegeben, oder diese werden ihnen von den Fremden angezogen. Dabei kann es offenbar durchaus zu Verwechslungen kommen. Wie wir noch im Einzelnen sehen werden, wird mitunter berichtet, dass Abduzierte am nächsten Morgen Teile ihrer Nachtbekleidung verkehrt herum trugen oder gar fremde Kleidungsstücke an sich vorfanden. An das konkrete Verlassen des Raumfahrzeugs besteht aus noch ungeklärten Gründen meistens (ebenso wie an dessen Betreten) keine Erinnerung mehr. Im Anschluss an das Prozedere bringen die Außerirdischen die entführten Menschen zurück an den Ausgangsort ihrer Entführung. Auch hier können sich mitunter Fehler einschleichen. So fanden sich Abduzierte am nächsten Morgen bisweilen verkehrt herum oder auch neben dem Bett liegend vor. In seltenen Fällen tauchten die Betroffenen sogar an einem entfernten Ort wieder auf.

◆ Das Nachspiel

Ein besonderer Stellenwert für die Überprüfung möglicher Abduktionsfälle kommt den diversen Nachwirkungen von Entführungserlebnissen zu. Dabei zeigt der Betroffene körperliche und/oder mentale Folgeerscheinungen, die bei Abduktionsfällen typisch sind. So kann es sein, dass der Abduzierte neue Narben oder andere Körpermale an sich entdeckt oder verstärkt an Albträumen, Flashbacks (kurze Erinnerungsfetzen an das Entführungserlebnis) oder sonstigen Merkmalen einer posttraumatischen Belastungsstörung leidet. Häufig treten auch neue, sehr starke Interessen, zum Beispiel an Physik oder Technik, auf.[115] In vielen Fällen entwickeln die Betroffenen ein verstärktes Umweltbewusstsein oder ein tiefgründiges Interesse an Spiritualität. Dies geht nicht selten mit einer beruflichen Neuausrichtung einher, etwa zu einem Heilberuf.

Die Veränderungen im Anschluss an Entführungserlebnisse betreffen jedoch nicht nur das Verhalten und den Körper der Betroffenen. Auch in der Umgebung von Abduzierten ereignen sich merkwürdige Dinge. In manchen Fällen haben diese das Gefühl, überwacht zu werden, oder es treten merkwürdige Personen in Erscheinung. Dabei handelt es sich meist um Männer in dunklen Anzügen, zum Teil mit Hüten und Sonnenbrillen ausgestattet, die Zeugen befragen oder einschüchtern. Was hinter diesem sehr seltsamen Phänomen namens »Men in Black« steckt, ist bislang noch völlig unklar. Manche Zeugen beschreiben ein bizarres, manchmal roboterartiges Verhalten dieser Gestalten, die sich nicht selten von einem auf den nächsten Moment quasi in Luft auflösen.

Für den UFO- oder Abduktionsforscher sind natürlich vor allem die physischen Aspekte dieser Nachwirkungen interessant. Sie bieten eine Möglichkeit, nicht nur die Glaubwürdigkeit der Zeugen zu überprüfen, sondern auch die Realität des Phänomens nachzuweisen. Ich werde daher auf diese physischen und Zeugenbeweise im nachfolgenden Abschnitt noch etwas genauer eingehen. Eine detaillierte Behandlung einzelner Indizien erfolgt darüber hinaus auch in dem Kapitel »Abduktionen in Deutschland«. Hier zeige ich im Einzelnen auf, dass solche Indizien gleichermaßen in den Berichten der US-amerikanischen Abduktionsforscher auftreten wie in den im deutschsprachigen Raum untersuchten Fällen.

Physische Nachweise und Zeugen

In Kapitel 1 habe ich bereits kurz auf die physischen Nachweise für das UFO-Phänomen hingewiesen. Dabei kann es sich um Landespuren, Veränderungen in der Vegetation oder eine erhöhte Radioaktivität am Landeplatz handeln. Zudem liegen viele hundert Berichte über elektromagnetische und gravitative Wirkungen der unbekannten Flugobjekte vor.

Die deutsche Forschungsgruppe IGAAP (Interdisziplinäre Gesellschaft zur Analyse anomaler Phänomene e.V.) unter Leitung des Physikers und renommierten UFO-Forschers Illobrand von Ludwiger führt vor diesem Hintergrund ein EMG-Projekt durch, das Daten über solche Wechselwirkungen sammelt.[116] Auf Grundlage dieser Daten soll eine physikalische Theorie entwickelt werden, die diese

Effekte erklären kann. Wie IGAAP ausführt, muss eine solche Theorie in der Lage sein, nicht nur die Generierung künstlicher Gravitationsfelder physikalisch herleiten zu können, sondern auch das Leuchten der Atmosphäre um diese Objekte, eine »Abstrahlung« von Kälte, das Fehlen von Luftreibung bei Überschallflug, das Aussenden von »Solid Lights« (scheinbar starre Lichtstrahlen, die von den Objekten ausgehen) sowie das plötzliche Verschwinden und Wiederauftauchen der Objekte. Möglicherweise kann die Einheitliche Quantenfeldtheorie des deutschen Physikers Burkhard Heim dies leisten. Die Heim'sche Theorie kann jedenfalls bereits ein einheitliches Massenspektrum der Elementarteilchen und bisher unverstandene Werte physikalischer Konstanten (Feinstrukturkonstante, Landéscher g-Faktor) liefern. Ob es ihr gelingt, auch die diversen Phänomene im Zusammenhang mit UFOs physikalisch herzuleiten, bleibt abzuwarten und wird wohl nur im Rahmen einer interdisziplinären Zusammenarbeit führender Experten zu erreichen sein.

Nachfolgend geht es jedoch allein um physische Nachweise für das Abduktions-Phänomen im Speziellen. Erst infolge der Untersuchung Dutzender Abduktionsfälle zeigte sich nämlich, dass Betroffene immer wieder die gleichen physischen Merkmale beschrieben, für die sie keine Erklärung hatten. Dazu zählen:

- Unerklärliche Narben und sogenannte Löffelbiopsien (*scoop marks*) – dies sind kleine runde Aushöhlungen im Hautgewebe,
- nächtliches Nasenbluten, einseitig (ohne Disposition),
- über Nacht auftretende blaue Flecken/Blutergüsse, vor allem an den Armen oder Beinen,
- elektromagnetische Anomalien, das heißt Störungen elektronischer Geräte in der Nähe von Abduzierten,
- Implantate.

Da ich auf die Punkte 1 bis 4 in Kapitel 3 »Abduktionen in Deutschland« im Rahmen einer vergleichenden Betrachtung noch näher eingehen werde, beschränke ich mich an dieser Stelle auf das Thema der Implantate.

Als Implantat sind im Zusammenhang mit dem Abduktions-Phänomen kleine künstliche Objekte zu verstehen, die von den Fremden in die Körper von Menschen eingeführt werden. Viele Abduzierte konnten sich an diesen Vorgang erinnern, der meist im Rahmen der Untersuchung an Bord stattfindet.[117] So beschreibt etwa Betty Luca ein Objekt von der Größe einer kleinen Luftgewehrkugel, das mit winzigen Drähten besetzt zu sein schien.[118] Auch die von der Betroffenen Amy beschriebenen Ohr- und Nackenimplantate weisen dieses Detail winziger Drähte auf.[119] Ebenso wird Joe von den Außerirdischen das Bild eines kleinen, silbrigen, pillenförmigen Gegenstands mit vier winzig kleinen Drähten vermittelt.[120] Die häufigsten Varianten sind Nasen- und Ohrimplantate.[121] Bei der Verwendung von Nasenimplantaten wird ein kleines Objekt mit einer langen dünnen Nadel durch ein Nasenloch bis in die Stirnhöhle oder weiter geschoben. Ähnlich wird bei Ohrimplantaten das Objekt mit einer langen Nadel durch die Ohröffnung tief in den Kopf des Menschen eingeführt.[122] Leah Haley erinnert sich daran, wie ein Grey etwas mit ihrem rechten Ohr machte, und an ein Stechen, als ob etwas in ihr Ohr geschoben würde.[123] Wenn man in den Entführungsberichten von diesen äußerst schmerzhaften Prozeduren liest, ist es nicht weiter verwunderlich, dass Abduzierte häufig ihr Leben lang unter Folgeerscheinungen leiden. Am häufigsten werden dabei Nasenbluten und Probleme mit den Stirnhöhlen und dem Gehör beschrieben.[124]

Damit stellt sich die Frage, weshalb die Fremden den Menschen diese Qualen zumuten. Es ist naheliegend, dass die in den Körper der Menschen eingeführten Objekte eine technische Funktion erfüllen. Allerdings scheint es so zu sein, dass die Implantate unterschiedlichen Zwecken dienen. Das folgt jedenfalls aus den Aussagen der Außerirdischen, die diese vereinzelt gegenüber Abduzierten machten.

Danach können mit Hilfe der Implantate die betroffenen Menschen wiederaufgefunden beziehungsweise geortet werden.[125] Dies würde erklären, warum Betroffene mehrfach feststellen mussten, den Fremden nicht entkommen zu können. Selbst nach Umzügen oder während Urlaubsreisen hörten die belastenden Entführungserlebnisse nicht auf. Die Außerirdischen scheinen also mühelos in der Lage zu sein, die Betroffenen jederzeit wieder aufzuspüren.

Dies passt mit einer Aussage von Betty Hill zusammen, die diese unter Hypnose machte. So erklärte ihr der Anführer der Raumschiffbesatzung, dass sie (die Greys) immer diejenigen (Menschen) fänden, die sie finden wollen.[126] Gemäß einer weiteren Erklärung der Fremden dienen andere Implantate der Überwachung etwa der Gehirnwellenaktivität und der Steuerung von Körperfunktionen.[127] Somit scheint sich die Funktion der Implantate nicht auf die bloße Ortung der Abduzierten zu beschränken. Dies bestätigen auch die Aussagen eines Außerirdischen zum Zweck eines Ohrimplantats gegenüber Claudia Negron. Das Ohrimplantat ermögliche die Übertragung seiner Gedanken und zugleich die Überwachung von Claudia Negrons Wahrnehmungen, Reaktionen und ihres Aufenthaltsorts.[128] Dies deckt sich mit den Informationen, die Leah Haley von den Außerirdischen erhielt. Danach dienten die Implantate im Ohr der Kommunikation und Überwachung; so könnten sie den Außerirdischen signalisieren, wenn ein Abduzierter in Schwierigkeiten stecke.[129]

Die Vorstellung von außerirdischen Implantaten in den Körpern von Menschen klingt zugegebenermaßen recht fantastisch. Allerdings spricht die Beweislage weitgehend dafür, dass es sich dabei nicht bloß um reine Fantasieprodukte handelt. Einige Betroffene haben nämlich (oft aufgrund entsprechender Erinnerungen an spezifische Erlebnisse) nicht nur das Gefühl, ein Implantat in einem bestimmten Teil ihres Körpers zu haben. Manchmal können sie auch einen kleinen Fremdkörper direkt unter der Haut ertasten. Zudem wurden bereits mehrfach Röntgenaufnahmen angefertigt, die an der vermuteten Stelle ein Objekt zeigen. Doch es geht noch weiter.

So hat der amerikanische Chirurg Dr. Roger Leir mit Hilfe von Kollegen über ein Dutzend möglicher Implantate aus den Körpern von Menschen entfernt. Es handelte sich um Personen, deren Vorgeschichte für ein mögliches ET-Entführungserlebnis spricht. An einigen der sichergestellten Objekte wurden auch labortechnische Untersuchungen durchgeführt. Dabei zeigte sich eine Reihe von Besonderheiten. Die Objekte waren mit einer organischen Schicht überzogen, die offenbar eine Entzündungsreaktion und damit die Abstoßung dieses Fremdkörpers durch den Körper des Betroffenen verhinderte.[130] In anderen Fällen ähnelte die metallische Zusammensetzung des Objekts der eines Eisenmeteoriten und hatte somit keinen irdischen Ursprung.[131] Doch war letztlich kein eindeutiger labortechnischer Nachweis möglich, dass es sich bei den entfernten Objekten um technische Geräte außerirdischer Herkunft handelt. Zwar wiesen die möglichen Implantate eine innere Struktur auf. Falls es eine technische Konstruktion gab, musste diese jedoch auf der Nanoebene angesiedelt sein, die mit den zur Verfügung stehenden Mitteln nicht analysiert werden konnte. Dennoch gab es einen starken Hinweis darauf, dass die Objekte tatsächlich eine technische Funktion besaßen. Es gelang Dr. Leir nämlich, eine von den Implantaten (vor ihrer Entfernung) ausgehende elektromagnetische Strahlung in bestimmten Frequenzbereichen zu messen.[132] Zum Teil zeigten sich darüber hinaus noch weitere Anomalien, die nicht erklärt werden konnten. So ordnete sich ein Objekt nach seiner Entnahme aus dem Körper selbständig wieder in der Anordnung an, die zuvor auf dem Röntgenbild zu erkennen war.[133]

Neben den physischen Nachweisen sind natürlich auch Zeugen ein wichtiger Beweisfaktor. Schließlich spielt der Zeugenbeweis im Rahmen von Gerichtsverfahren weltweit eine entscheidende Rolle. Allerdings kommt es nur selten vor, dass Dritte einen Entführungsfall direkt bezeugen können. Das liegt vor allem daran, dass die Außerirdischen sehr gut darin sind, solche Zeugen auszuschalten. So beschreibt Betty Andreasson, wie während des Auftauchens der Greys ihre gesamte restliche Familie in eine Art Erstarrung verfiel, die erst nach dem Verschwinden der Außerirdischen wieder endete.

Eine gewisse Ausnahme bildet der nicht unumstrittene Fall des Waldarbeiters Travis Walton aus dem Jahr 1975.[134] Dessen sechs Kollegen beobachteten zwar nicht die eigentliche Entführung von Travis Walton. Sie sahen jedoch, wie dieser von einer Art Lichtstrahl getroffen wurde (der von einem gelandeten Flugobjekt ausging), mehrere Meter durch die Luft geschleudert wurde und dann bewusstlos auf dem Boden liegen blieb. In Panik fuhren sie daraufhin mit ihrem Pickup-Truck zunächst davon, kehrten dann jedoch zurück an den Ort des Geschehens, um nach ihrem Kollegen zu sehen. Von dem Flugobjekt und Travis Walton gab es keine Spur mehr. Ihre ungewöhnliche Geschichte über das Verschwinden des Kollegen nahm ihnen die Polizei nicht ab, und sie gerieten unter Mordverdacht. Der Verdacht entfiel, als Travis Walton nach fünf Tagen plötzlich wieder auftauchte und unter Hypnose berichtete, von menschlich aussehenden Wesen entführt und untersucht worden zu sein.

Ein weiterer sehr komplexer Fall mit unabhängigen Zeugen stammt aus dem Jahr 1989 und wird von Budd Hopkins in seinem Buch *Witnessed* (dt. *Entführt ins All*) berichtet. Hier erfolgte die Entführung einer Frau namens Linda Napolitano aus einem Hochhaus mitten in New York. Zwei Sicherheitsbeamte, die einen hochrangigen Diplomaten begleiteten, sahen, wie sich die Frau zusammen mit zwei kleinen fremden Wesen durch die Luft zu einem über dem Hochhaus schwebenden Flugobjekt bewegte. Es wird vermutet, dass es sich bei dem Diplomaten um den damaligen Generalsekretär der Vereinten Nationen Javier Perez de Cuellar handelte. Weitere Zeugen bestätigten die Sichtung des UFOs. Der Fall von Linda Napolitana ist ein Beispiel dafür, dass es nicht nur Zeugen des Entführungsvorgangs, sondern auch des darin verwickelten UFOs gibt. So finden sich auch bei anderen Fällen Zeugen, die zum Zeitpunkt und am Ort der angeblichen Entführung durch Außerirdische ein unbekanntes Flugobjekt am Himmel sahen. Da unter Hypnose aufgedeckte Entführungserlebnisse oft schon viele Jahre oder sogar Jahrzehnte zurückliegen, sind mögliche UFO-Zeugen in der Regel schwer zu finden. Allerdings stoßen die Forscher mitunter auf Zeitungsberichte, in denen von UFO-Sichtungen in der Region, in der der Betroffene zur Zeit seiner Entführung lebte, berichtet wird.

All diese Indizien und Zeugenbeweise sprechen für die Realität des Abduktions-Phänomens. Noch deutlicher wird dies in Kapitel 3, wenn ich auf solche Indizien aus konkreten Falluntersuchungen in Deutschland eingehe. Daher ist es auch nicht möglich – wie Professor Harald Lesch dies 2016 in einer *Terra X*-Folge über Aliens behauptete – Entführungsfälle schlicht mit Schlafparalyse und einer Unterversorgung des Gehirns zu erklären. Zum einen führt eine Unterversorgung des Gehirns nicht zu physischen Veränderungen wie Narben und Blutergüssen oder gar elektromagnetischen Anomalien. Zum anderen lässt sich damit weder das stringente Handlungsmuster noch die übereinstimmende Beschreibung spezifischer Details durch die Betroffenen erklären.

Die Greys und ihre Motive

Das Abduktions-Phänomen steht, wie bereits erwähnt, in Verbindung mit der Rasse der Greys. Ich werde daher nachfolgend auf die von den Abduzierten berichteten Beschreibungen der Greys, ihre Herkunft und ihre Motive eingehen. Ob hinter den Greys noch eine andere außerirdische Rasse steht (zum Beispiel insektoid aussehende Außerirdische) oder sie zumindest mit dieser zusammenarbeiten, ist trotz gewisser Indizien noch nicht völlig klar.

Aussehen

Greys sind zunächst einmal als humanoid einzustufen. Das heißt, sie verfügen über zwei Beine und zwei Arme mit Händen, wobei meist vier längliche Finger beschrieben werden (drei Finger und ein gegenüber liegender Daumen).[135] Die (kleinen) Greys werden meist als zwischen etwa 1,20 und 1,50 Meter groß und eher dünn beziehungsweise schwächlich, ohne erkennbare Muskulatur, beschrieben.[136] In der Regel gibt es jedoch an Bord des Raumschiffs oder in der auftauchenden Gruppe einen deutlich größer gewachsenen Grey, der als Anführer erkannt wird und bei den Untersuchungen die komplizierteren Maßnahmen durchführt.

Ein Abduzierter berichtete mir, dass der große Grey über zwei Meter groß gewesen sein muss, da er sich unter dem Türrahmen ducken musste, als er das Schlafzimmer betrat. Meist ist es der große Grey, der die Untersuchung leitet und in eine direkte Kommunikation mit dem Abduzierten eintritt.

Die Bezeichnung Graue (Grays/Greys) rührt von ihrer grau erscheinenden Hautfarbe her, die manchmal jedoch eher als kreideweiß beschrieben wird. Deutlich abweichend von einem Menschen ist auch der sehr große, haarlose und zum Kinn hin schmal zulaufende Kopf, der von der Form her mit einem umgedrehten Wassertropfen verglichen wird.[137] Manchmal haben die Abduzierten den Eindruck, dass dieser für den dünnen Hals eigentlich viel zu groß sei.[138]

Neben dem überproportionalen Kopf sind die unergründlichen Augen der Fremden das hervorstechendste und beeindruckendste Merkmal.[139] Diese werden als sehr groß, mandelförmig, schwarz und schräg stehend sowie ohne Augenlieder beschrieben; einige Betroffene haben den Eindruck, als wären die Augen flüssig.[140] Eine Pupille oder Netzhaut ist nicht erkennbar, so dass manche Abduzierte (zum Beispiel Credo Mutwa) vermuten, es könnte sich um eine Art Abdeckung handeln, die das eigentliche Auge schützt (möglicherweise vor UV-Strahlung).

Ich hatte bereits darauf hingewiesen, dass von diesen Augen ein sehr intensiver hypnotischer Effekt ausgeht.[141] Manche beschreiben es als eine Art Sog, der sie in die Tiefen dieser unergründlichen schwarzen Augen fallen lässt.[142] Ein Abwenden des Blickes erscheint unmöglich. Die Betroffenen haben bei dem intensiven Augenkontakt zudem den Eindruck, der Grey würde ihre Gedanken, Gefühle und Gedächtnisinhalte lesen können. Die Betroffene Jerry beschreibt die Empfindungen bei diesem Vorgang sehr anschaulich wie folgt:

»Es ist, als ob jemand in dir herumkriecht und alles über dich weiß ... Es ist ungefähr so, als ob ich mein eigenes Ich verlieren und er stattdessen diesen Platz einnehmen würde, und ich mag das einfach nicht.«[143]

Ganz ähnlich empfindet Catherine, als ein Grey ihr mit seinem machtvollen Blick, der ihr keine Wahl lässt, in die Augen starrt:

»Ich glaube, er weiß alles über mich. Er weiß genau, was ich denke. Er beantwortet die Fragen, bevor ich sie nur denken kann.«[144]

Der Kopf der Greys unterscheidet sich von dem eines Menschen ferner dadurch, dass es keine Ohrmuscheln und Nase und stattdessen nur kleine Öffnungen gibt. Auch der lippenlose Mund ist lediglich ansatzweise vorhanden und wird eher als ein bloßer Strich beschrieben. Die Nahrungsaufnahme scheint bei den Greys daher auch nicht über den Mund zu erfolgen, sondern – wie bei den beobachteten hybriden Föten – über die Haut.[145] Äußere Geschlechtsmerkmale gibt es nicht oder sind zumindest nicht erkennbar. Dennoch haben viele Abduzierte den starken Eindruck, dass es sich bei bestimmten großen Greys aufgrund ihrer liebevolleren und sanfteren Ausstrahlung um weibliche Wesen handelt.[146]

Die fehlende Ausprägung von Mund und Ohren passt zu der nicht-akustischen Verständigung der Greys untereinander sowie mit den Abduzierten. So wird die Kommunikation durchweg als telepathisch beschrieben.[147] Auch die Kinder des Ariel School-Sightings berichteten davon, wie Botschaften der Fremden in Form von Gedanken plötzlich in ihrem Kopf auftauchten. Ebenso schildert der vierjährige Robbie Davis sein Zusammentreffen mit einem Mann mit großem Kopf und »einem unsichtbaren Mund«.[148] Als seine Mutter wissen wollte, woher er dies wisse, erwiderte er: »Weil sich nichts bewegte, als er mit mir gesprochen hat.« Auf telepathischem Wege können offenbar auch große oder komplizierte Datenmengen in die Gehirne von Menschen übertragen werden. Immer wieder berichten

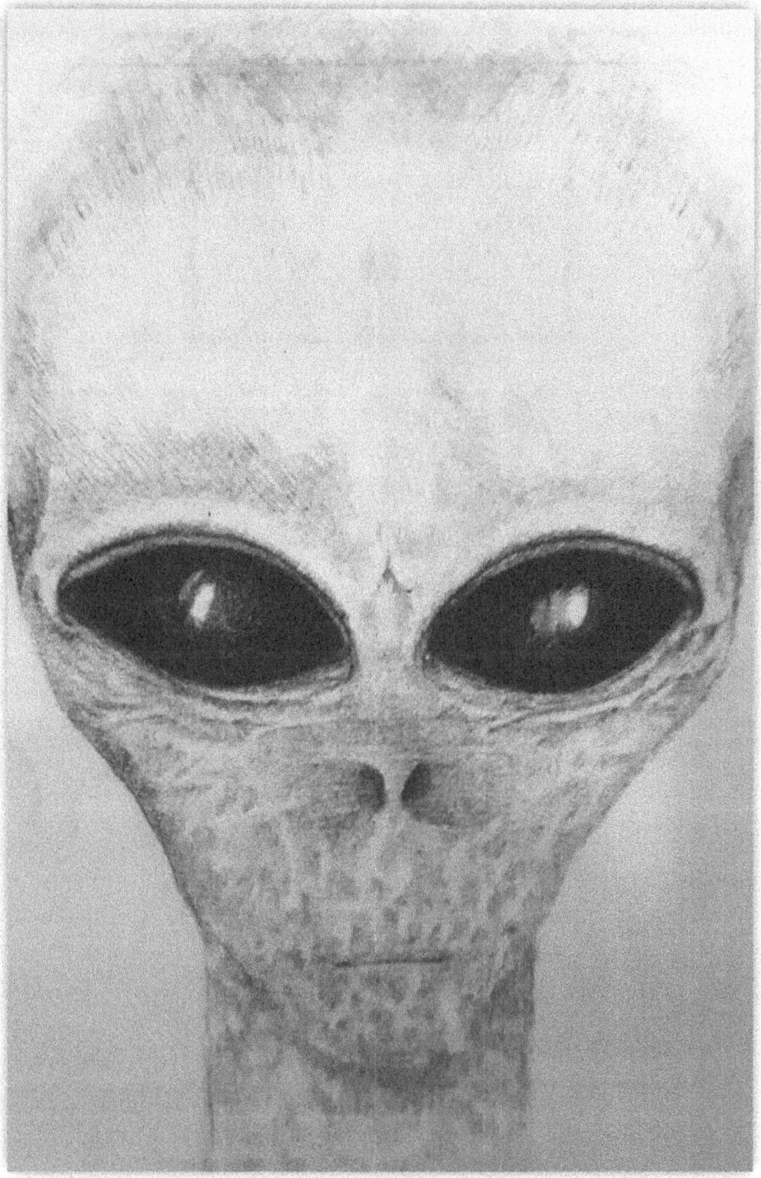

Eine von vielen Zeichnungen, die Kontaktler von Greys angefertigt haben, auch »Graue« genannt (Quelle: Rosemary)

Betroffene davon, dass sie zum Beispiel physikalische Daten als eine Art telepathischen Download empfangen haben.

Unserer Gesellschaft ist eine Verständigung mittels Gedankenübertragung fremd. Es ist jedoch bewiesen, dass Menschen auf rein mentalem Wege Informationen abrufen können. Dabei spielen Raum und Zeit keine Rolle. Ich werde auf diese Fähigkeit der Fernwahrnehmung (Remote Viewing) in Kapitel 4 näher eingehen. Unter dem FOIA (*Freedom of Information Act*) freigegebene Dokumente der US-Geheimdienste CIA und DIA zeigen die intensive Erforschung und Nutzung dieser medialen Fähigkeit für nachrichtendienstliche Zwecke. Die nachgewiesene Fähigkeit der Informationsgewinnung auf mentalem Weg lässt somit auch eine direkte Informationsübertragung zwischen Menschen (oder zwischen Mensch und ET) als möglich erscheinen.

Auch hinsichtlich der Kleidung der Greys besteht große Übereinstimmung in den Berichten der Abduzierten. So werden ausschließlich eng anliegende einteilige Anzüge, vergleichbar einem Overall, beschrieben, wobei deren Farbe zu variieren scheint. Häufig werden die Anzüge als silber-grau beschrieben, manchmal auch als blaugrau glänzend oder dunkel (zum Beispiel schwarz).[149] Diese Anzüge scheinen über ungewöhnliche Materialeigenschaften zu verfügen. So berichtete mir eine Betroffene, wie sie an Bord eines Raumfahrzeugs die Greys um Kleidung bat, da es ihr unangenehm war, vor diesen nackt zu sein. Die Fremden gaben ihr daraufhin ein Kleidungsstück, das wie ein kleiner Strampelanzug aussah. Nachdem die ältere Dame protestierte, dass ihr dieser Anzug niemals passen würde, forderten die Greys sie auf, ihn dennoch anzuprobieren. Zu ihrer großen Verwunderung passte ihr der silbergrau glänzende Anzug tatsächlich. Dabei beschrieb sie das Material als weich wie Seide, das wie eine zweite Haut ihren Körper umgab.

Interessanterweise scheinen Greys keine Helme oder Atemmasken zu tragen. Sofern bei ihnen überhaupt eine Sauerstoffaufnahme stattfindet, würde das bedeuten, dass sie an die chemische Zusammensetzung unserer Luft gewöhnt sind. Allerdings ist dies durchaus fraglich. Die Abduzierten konnten sich nämlich bislang nicht daran erinnern, Bewegungen des Brustkorbs oder Atembewegungen des Mundes wahrgenommen zu haben. Ob es sich daher bei Greys in Wahrheit um eine Art Bioroboter handelt, wie manche vermuten, lässt sich derzeit noch nicht beantworten. Möglicherweise erfolgt die Sauerstoffaufnahme (sofern ihr Organismus hierauf überhaupt angewiesen ist) aber auch auf eine für uns völlig fremdartige Weise.

Verhalten

Die Vermutung, es könne sich bei Greys um künstliche androide Wesen handeln, beruht nicht nur auf den scheinbar fehlenden Atembewegungen. Vor allem ihr als mechanisch beschriebenes Verhalten erweckt diesen Eindruck. So setzen sich die Greys oft gleichzeitig in Bewegung oder verharren in völliger Bewegungslosigkeit, und ihre Bewegungen wirken schwerfällig und roboterhaft. Auch scheinen die kleinen Greys nur zur Erfüllung bestimmter Aufgaben in der Lage zu sein. Treten hingegen Umstände auf, die von der erwarteten Routine abweichen, reagieren sie schnell überfordert. Dies ist etwa der Fall, wenn ein Abduzierter sich den Fremden überraschend widersetzt oder diese sogar angreift.

Das routinemäßige, synchrone Verhalten gerade der kleinen Greys könnte damit zu erklären sein, dass es sich um eine Art biomechanische Arbeitsdrohne handelt. Dennoch müssen wir mit voreiligen Schlüssen vorsichtig sein. Aufgrund der uns zur Verfügung stehenden, leider noch immer unzureichenden Informationen lässt sich dies bisher nicht abschließend klären. Solche Verhaltensmuster könnten auch darauf zurückzuführen sein, dass Greys nicht über die uns Menschen eigene Individualität, sondern über ein telepathisch vernetztes Massenbewusstsein verfügen.

Desweiteren wirken Greys meist emotional teilnahmslos. So beklagen sich Betroffene immer wieder über die unpersönlich und erklärungslos ablaufenden Untersuchungen an Bord der Raumschiffe.[150] Auch wenn die an den Abduzierten durchgeführten Prozeduren zum Teil äußerst schmerzhaft sind, geschieht dies nach Einschätzung der Forscher und Betroffenen nicht aus Böswilligkeit oder Sadismus.[151] Vielmehr sehen die Greys diese Maßnahmen als notwendig und einem höheren Ziel dienend an. Wenn sich die Abduzierten dann über ihre Schmerzen beklagen, versuchen die Greys häufig, diese zu lindern. Oft gelingt das auch, indem ein Grey dem Abduzierten seine Hand auf die Stirn legt. Welcher neuronale Mechanismus hinter einer solchen Schmerzbetäubungstechnik steckt, ist völlig unklar. Unmöglich erscheint es jedoch nicht. Auch mit Hilfe von Hypnose ist es ohne weiteres möglich, das Schmerzempfinden eines geeigneten Probanden vollständig auszuschalten. Dabei handelt es sich um einen Vorgang, der auch bei natürlichen Trancezuständen beobachtet werden kann. Dies ist beispielswiese der Fall, wenn Kinder sich beim konzentrierten Spielen weh tun oder wenn Soldaten sich während Kriegshandlungen schwere Verletzungen zuziehen. In beiden Fällen wird der Schmerz während dieses Zustandes zunächst nicht wahrgenommen.

Im Hinblick auf die Emotionalität der Greys wird jedoch auch etwas ganz anderes immer wieder berichtet. Dies gilt vor allem für das emotionale Verhalten der als Anführer identifizierten großen Greys, mit denen sich die Abduzierten oft auf eine unerklärliche Weise tief verbunden fühlen. Diese enge Verbindung scheint darauf zurückzuführen zu sein, dass der Mensch diesen Grey bereits seit langer Zeit kennt, oft schon seit seiner Kindheit. Abduzierte berichten dann häufig, ein von diesen Außerirdischen ausgehendes Gefühl tiefer Liebe empfunden zu haben, das alle ihre weltlichen Erfahrungen übersteigt. Auch intensive Gefühle der ETs von Trauer oder Mitgefühl kommen in diesem Rahmen vor.[152]

Herkunft

Was die Herkunft der Greys anbelangt, gibt es eine überraschend konkrete Vermutung. Sie hat mit dem Entführungsfall von Betty und

Barney Hill zu tun. An Bord des Raumschiffs hatte Betty eine Unterredung mit dem Anführer der Besatzung. Der zeigte ihr nicht nur ein besonderes Buch. Auf ihre Frage, woher er komme, präsentierte er außerdem eine Art Sternenkarte.[153] Auf dieser Karte waren verschieden große Punkte eingezeichnet, die zum Teil mit durchgehenden oder gepunkteten Linien verbunden waren. Auf Bettys Frage nach der Bedeutung dieser Linien erklärte ihr der Anführer, dass es sich bei den durchgehenden Linien um Handelsruten und bei den unterbrochenen Linien um Expeditionen handele.[154] Unter Hypnose konnte sich Betty an die Einzelheiten dieser Karte erinnern und zeichnete sie anschließend nach.[155] Die Amateurastronomin Marjorie Fish erstellte aus den Daten der veröffentlichen Sternenkataloge in mühevoller Arbeit ein 3D-Modell unserer lokalen galaktischen Nachbarschaft.[156] Schließlich konnte sie darin eine Formation erkennen, die Betty Hills zweidimensionaler Abbildung der ET-Sternenkarte entsprach.

Daraus folgte, dass die grauen Fremden vom Sternensystem Zeta Reticuli kommen mussten. Im Dezember 1974 erschien in der Zeitschrift *Astronomy* sogar ein viel beachteter Artikel über Marjorie Fishs Arbeit. Interessanterweise tauchte Zeta Reticuli (sofern Fishs Interpretation zutrifft) in Betty Hills Zeichnung der Sternenkarte als Doppelstern auf. Doch erst neun Jahre später wurde entdeckt, dass es sich bei Zeta Reticuli tatsächlich nicht um einen einzelnen Stern, sondern um ein Doppelstern-System handelt (Zeta Reticuli 1 und Zeta Reticuli 2). Die Arbeit von Marjorie Fish wurde unter anderem von dem Astronom Dr. J. Allen Hynek geprüft, dennoch gab es erwartungsgemäß auch Widerspruch.

Allerdings gibt es mindestens drei weitere Quellen, die Zeta Reticuli als Heimatsonne der Greys bestätigen. Dies ist zum einen William Herrmann, der 1978 ebenfalls von Greys entführt wurde und dessen Fall der UFO-Forscher Wendelle Stevens untersuchte.[157] Herrmann erhielt von den Außerirdischen die Auskunft, dass diese vom dritten Planeten des Sterns Zeta Reticuli 1 stammten. Auf YouTube ist eine Hypnoseregressionssitzung mit William Herrmann abrufbar.[158] Einen weiteren Beleg liefert der Physiker Robert Lazar, der nach eigener Aussage an der geheimen Erforschung von außerirdischen Flugobjekten durch das US-Militär arbeitete. Lazar gab an, dass in dem ihm zu Beginn seiner Arbeit vorgelegten Informationsmemorandum Zeta Reticuli als Heimat der Aliens genannt wurde. Schließlich folgt dies auch aus den per Channeling übermittelten Botschaften an das Medium Lyssa Royal, die unter anderem einen Grey gechannelt hat.[159] Ob und inwiefern vor allem die Angaben von Robert Lazar und Lyssa Royal zutreffen, lässt sich jedoch kaum überprüfen.

Motive

Es wurde bereits ausgeführt, dass von den an Bord stattfindenden Untersuchungen insbesondere die menschlichen Fortpflanzungsorgane betroffen sind (unter anderem Entnahme von Sperma und Eizellen). Ebenso wurde vielfach berichtet, dass Frauen zunächst alle Anzeichen einer Schwangerschaft aufwiesen (zum Teil einschließlich eines nachweisbaren Herzschlags und eines auf den Röntgenaufnahmen erkennbaren Embryos) und dann nach etwa zwei bis drei Monaten eine Schwangerschaft plötzlich nicht mehr nachgewiesen werden konnte. Auch bei den von mir in Deutschland untersuchten Fällen kamen solche unerklärlichen »Scheinschwangerschaften« mehrfach vor. Im nächsten Kapitel werde ich auf diese Fälle genauer eingehen.

Selbstverständlich ist eine medizinische Beurteilung solcher Fälle sehr schwierig. Schließlich sind auch natürliche Prozesse denkbar, die zu einer Scheinschwangerschaft oder einem Schwangerschaftsabbruch führen können. Dennoch wurde mir von mehreren betroffenen Frauen mitgeteilt, dass die sie untersuchenden Ärzte oft keine eindeutige Erklärung geben konnten und angesichts des verschwundenen Fötus selbst ratlos waren. Sofern eine natürliche Ursache in diesen Fällen ausscheidet, muss der Embryo gezielt aus dem Unterleib der schwangeren Frauen entfernt worden sein. Es ist daher zu vermuten, dass diese

Frauen erneut entführt werden und dann an Bord des Raumfahrzeugs ein entsprechender Eingriff erfolgt.

Diese Vermutung wird durch bestimmte Beobachtungen und Erlebnisse der Abduzierten an Bord der UFOs gestützt. So haben Abduzierte bereits öfter Räume mit durchsichtigen Behältern beziehungsweise Brutkästen gesehen, in denen sich zum Teil Hunderte von Föten befanden.[160] Viele Frauen berichten zudem, dass ihnen Babys oder kleine Kinder gezeigt wurden. Dabei erklärten ihnen die Außerirdischen, dass sie deren Mütter seien.[161] Häufig werden sie dann gebeten, diese Kinder in den Arm zu nehmen. Die Außerirdischen beobachten währenddessen die emotionale Interaktion zwischen Mutter und Kind. Die Fremden gaben auch an, dass die neugeborenen Hybrid-Babys die Berührungen und Zärtlichkeiten ihrer menschlichen Mütter benötigten.[162] Diese Kinder weisen in der Regel sowohl menschliche als auch außerirdische Merkmale auf, wie zum Beispiel einen größeren Kopf oder eine auffällige Augenform, die an Greys erinnert.[163] Sie werden daher von den Forschern als Hybriden bezeichnet. Die Betroffene Anna berichtet, wie sie zu einer Gruppe weiblicher Hybriden gebracht wurde, die scheinbar bereits im jugendlichen Alter waren und sich sehr ähnlich sahen.[164] Ihre Aufgabe war es, den weiblichen Hybriden mit Hilfe einer Babypuppe den Vorgang des Stillens zu demonstrieren.

Was steckt dahinter? Klar scheint zu sein, dass ein genetisches Zuchtprogramm durchgeführt wird. Dies wurde erstmals von Budd Hopkins entdeckt und anschließend von Professor David M. Jacobs und anderen Abduktionsforschern bestätigt.[165] Bereits vor knapp zwanzig Jahren stellte Dr. Johannes Fiebag den typischen, immer wieder beobachteten Ablauf wie folgt dar:[166]

- Scheinbar künstliche Befruchtung
- Heranwachsen eines hybriden Fötus
- Künstlich eingeleitete Geburt des Fötus
- Wiederbegegnung mit dem herangewachsenen Hybriden Jahre später

Zu diesem Ablauf ist anzumerken, dass der künstlichen Befruchtung die immer wieder berichtete Entnahme von Sperma und Eizellen der Entführten vorausgeht, die sodann offenbar genetisch verändert werden. Professor Mack schreibt hierzu:

> »Nach der Verschmelzung von männlicher und weiblicher Keimzelle veränderten die Außerirdischen den Embryo in irgendeiner Weise; vielleicht pflanzten sie ihm etwas von ihrem eigenen Genmaterial ein. Der solchermaßen veränderte Embryo wird dann – wie bei Jerry – wieder in den weiblichen Körper eingepflanzt, um dort ›ausgetragen zu werden‹.«[167]

Die künstlich eingeleitete Geburt des hybriden Fötus erfolgt außerdem – wie ebenfalls bereits vielfach berichtet wurde – in der steril-kargen Umgebung des Inneren eines UFOs. Hierzu passt die Aussage des knapp dreijährigen Colin, der gegenüber seiner erstaunten Mutter erklärte: »Ich bin dort [im Raumschiff] geboren und von den Sternen heruntergefallen.«[168] Der vordergründige Zweck all dieser Maßnahmen liegt auf der Hand: Es wird eine hybride Rasse gezüchtet, die Merkmale von Menschen und Außerirdischen enthält.[169] Hierzu gehören offenbar auch paranormale Fähigkeiten. So wurden mehrfach hybride Kinder beobachtet, die in Lerngruppen Gegenstände auf mentale Weise bewegten (Telekinese). Zu dieser Einschätzung passt die Erklärung eines Außerirdischen gegenüber der Abduzierten Claudia Negrón, als diese in einen Raum voller Behälter mit Föten geführt wurde:

> »Die zwei Spezies vermischen sich, und es kommt etwas Besseres dabei heraus. Eine bessere Welt. [...] Das werden ganz außergewöhnliche Menschen.«[170]

Für die Durchführung eines genetischen Projekts scheint auch zu sprechen, dass die Fremden an verschiedenen Generationen einer bestimmten Familie interessiert sind. Es haben also häufig Großeltern, Eltern und Kinder entsprechende Entführungserlebnisse.[171] Meine eigenen

Untersuchungen bestätigen dies. In allen Fällen, in denen die erwachsenen Betroffenen Kinder haben, zeigen sich auch bei den Kindern deutliche Hinweise auf ET-Kontakte.

Unklar oder widersprüchlich sind die Angaben darüber, wozu dieses aufwändige Projekt dient. Zum einen wird von den Außerirdischen immer wieder angedeutet, der menschlichen Rasse würde eine globale Katastrophe bevorstehen. Oft erleben die Betroffenen dieses Szenario auch in Form intensiver Träume. So berichten sieben der acht Frauen, deren Erlebnisse von Dr. Karla Turner für ihr Buch *Eingriff* untersucht wurden, über solche Träume von großen Katastrophen.[172]

Auch in nahezu allen der von mir untersuchten Fälle tauchen solche katastrophenartigen Szenarien in den Träumen der Betroffenen auf. Möglicherweise soll also für den Fall einer globalen Verwüstung die menschliche DNA mit Hilfe des genetischen Projekts gesichert werden. Dabei wäre es naheliegend, bei dieser Gelegenheit gleich noch – durch einen entsprechenden Mix menschlicher und außerirdischer Erbanlagen – gewisse Defizite der menschlichen Rasse zu beseitigen.

Schließlich wird von den Außerirdischen immer wieder ihr Unverständnis über den menschlichen Zerstörungsdrang zum Ausdruck gebracht. Wie eine Spezies bewusst ihren eigenen Lebensraum nachhaltig vernichten kann, scheint für die Fremden schlicht nicht nachvollziehbar zu sein. Daher wäre es aus Sicht der ETs folgerichtig, dass die neue hybride Rasse diese Defizite nicht mehr aufweist.

Dafür sprechen auch die Aussagen von Scott, der in sich selbst einen außerirdischen Anteil wahrnimmt. Die Schwierigkeit liege darin,

> »die menschlichen Fehler auszumerzen, ohne dabei den Menschen selbst zu zerstören. Beide [*Spezies*] sind sehr eng und stark miteinander verbunden. Die wachsenden Qualen sind extrem, aber notwendig. [...] Unsere intellektuellen Fähigkeiten und der Umfang unserer Sichtweise sind für die Menschen zu hoch, und sie vermögen sie nicht zu verstehen.«[173]

Wenn Scott davon spricht, dass es darum geht, menschliche Fehler auszumerzen, kommt das dem Gefühl von Joe sehr nahe, als menschliches Wesen Teil eines Experiments zu sein, das schiefgegangen sei.[174] Um diesen Fehler zu korrigieren, versuchen offenbar die Außerirdischen, wie Peter erklärt, »genetisch die besseren menschlichen Eigenschaften« zu nehmen »und sie von den niedrigeren menschlichen Eigenschaften zu trennen und sie irgendwie unserer Rasse [...] wiedereinzuverleiben«.[175]

Erfolgt das Hybriden-Züchtungsprogramm somit nur zu unserem eigenen Wohl, um den Fortbestand unserer Spezies zu sichern, oder gar für ein übergeordnetes universelles Ziel? Missverstehen wir möglicherweise die wohlmeinenden Absichten der Fremden angesichts unserer Angst vor dem Unbekannten, der Hilflosigkeit während uns erklärungslos aufgedrängter Prozeduren und damit verbundener Schmerzen? Debbie Jordan vergleicht unsere Angst vor den Untersuchungen der Greys mit der Angst eines Kindes vor einer notwendigen ärztlichen Impfung:

> »Ärzte impfen Kinder aus Schutz vor einer Reihe schrecklicher Krankheiten. Die Spritze tut weh, und das Kind weint, aber der ältere, weisere Erwachsene weiß, dass es zu seinem eigenen Wohl geschieht, und doch hat er keine Möglichkeit, dem Kind dies verständlich zu machen. Er hofft, dass das Kind, wenn es älter wird, verstehen und wissen wird, dass der Arzt ihm nichts Böses, sondern nur das Beste für das Kind wollte.«[176]

Vielleicht geht es den Greys tatsächlich darum, uns (oder zumindest unser Erbgut) vor unserem selbst herbeigeführten Untergang zu bewahren, und wir sind schlichtweg nicht in der Lage, ihre edlen Absichten zu verstehen. Allerdings erweisen sich die Fremden auch immer wieder als Meister der Täuschung. Dies könnte nicht nur im Hinblick auf ihre verdeckte Vorgehensweise bei den Entführungen gelten, sondern auch für ihre wahren Motive. Wir müssen daher auch die Möglichkeit in Betracht ziehen, dass die grauen Fremden in Wahrheit vorrangig egoistische Motive verfolgen. Schließlich gibt es Hinweise darauf, dass diese Rasse infolge natürlicher oder künstlich herbeigeführter genetischer Veränderungen oder Mutationen selbst nicht mehr fortpflanzungsfähig ist. So erhielt etwa Anna die Auskunft:

> »Wir sind alt, uralt. Wir können keine Kinder mehr bekommen.«[177]

Und Peter erklärt, dass die Rasse der Greys in ihrer Evolution dem Weg der fast rationalen Intellektualisierung gefolgt sei und viele ihrer Emotionen verloren hätte, die sie nun wiedererlangen wollten.[178] Somit könnte es auch ganz einfach darum gehen, durch Zugriff auf einen frischen Gen-Pool die Überlebensfähigkeit der eigenen Spezies einschließlich eines breiteren emotionalen Spektrums wiederherzustellen. Dies passt zu der Antwort, die die Greys Leah Haley gaben, wonach sie versuchten, »ihre Rasse zu verbessern«.[179]

Ein vorrangiges Anliegen unserer Forschungsbemühungen sollte es daher sein, Gewissheit über die Absichten der Fremden zu erlangen. Dabei dürfen wir auch vor unbequemen Optionen nicht die Augen verschließen. Äußerst beunruhigend ist eine Erklärung für das Gen-Projekt, die Betty Luca seitens der Greys gegeben wurde:

> »Wir müssen es tun, weil die Menschheit mit der Zeit steril werden wird. Die Menschen werden sich nicht mehr fortpflanzen können wegen der Verschmutzung des Landes, des Wassers und der Luft [...].«[180]

Das Beunruhigende dieser Aussage ist nicht, dass sie angeblich von einem Außerirdischen stammt, sondern ihre Übereinstimmung mit aktuellen alarmierenden Forschungsstudien. Zahlreiche Studien der letzten Jahre belegen, dass die Anzahl der Spermien in der Samenflüssigkeit von Männern kontinuierlich sinkt und sich auf Werte zubewegt, bei denen Männer als unfruchtbar gelten.

Dies zeigt ein Vergleich der Werte, die noch vor wenigen Jahrzehnten bei Männern gemessen wurden, mit aktuellen Messergebnissen: Hiernach beträgt die Anzahl der Spermien pro Milliliter heute nur noch einen Bruchteil der früheren Werte. Bereits 1996 berichtete der *Spiegel*, dass die Zahl männlicher Spermien um rund zwei Prozent pro Jahr sinkt.[181] Dies ist das Ergebnis einer Studie schottischer Wissenschaftler, die zwischen 1984 und 1995 die Samenflüssigkeit von 577 Männern untersuchten. Die im *British Medical Journal* veröffentlichten Befunde zeigen, dass nach 1970 geborene Männer rund ein Viertel weniger Spermien haben als Männer, die um 1950 zur Welt kamen. Der *Spiegel*-Beitrag weist ferner darauf hin, dass bereits 1992 der dänische Endokrinologe Niels Skakkebaek auf einer internationalen Konferenz in Caracas beunruhigende Forschungsergebnisse vorgestellt hatte. Diese ergaben sich aus einer Auswertung von Daten über Spermienzahlen im Ejakulat von Männern, die bis zum Jahr 1940 reichten. Danach sei der Durchschnittswert innerhalb von fünfzig Jahren von einhundertdreizehn Millionen Spermien pro Milliliter Samenflüssigkeit auf sechsundsechzig Millionen gesunken – ein Abfall um vierzig Prozent. Einige Kollegen des dänischen Forschers kritisierten die Methodik der Untersuchung. Doch nachfolgende Studien scheinen die dänischen Ergebnisse zu bestätigen. So berichtet der *Spiegel* ebenfalls über die Arbeit des zunächst skeptischen Pariser Reproduktionsbiologen Pierre Jouannet. Dieser stellte fest, dass die Spermienzahl im Spendersperma von neunundachtzig Millionen pro Milliliter im Jahre 1973 auf sechzig Millionen im Jahr 1992 gesunken war.

Eine weitere groß angelegte Studie zu diesem Thema wurde 2012/2013 aus Frankreich vorgelegt.[182] Wie auch deutsche Medien berichteten, stellten französische Forscher im Fachmagazin *Human Reproduction* die Ergebnisse einer Untersuchung von über sechsundzwanzigtausend Männern vor, die im Zeitraum von 1989 bis 2005 durchgeführt wurde.[183] Dabei stammten die Zahlen aus den Datenbanken von einhundertsechsundzwanzig französischen Fruchtbarkeitskliniken. Demnach gelten für einen durchschnittlichen Studienteilnehmer, der zum jeweiligen Zeitpunkt fünfunddreißig Jahre alt ist:

- Rückgang der in der Samenflüssigkeit gemessenen Spermienzahl von 73,6 Millionen Spermien pro Milliliter im Jahr 1989 auf 49,9 Millionen im Jahr 2005. Damit sank die Zahl der Spermien innerhalb von siebzehn Jahren um rund ein Drittel.
- Kontinuierlicher Rückgang der durchschnittlichen Anzahl der Spermien um knapp zwei Prozent pro Jahr.
- Rückgang des Anteils der normal geformten Spermien von 60,9 Prozent (1989) auf 39,2 Prozent (2005).

Die französischen Forscher vermuten, dass schädliche Chemikalien den Trend zumindest teilweise erklären, und sprechen von einem »ernstzunehmenden Warnzeichen«.

Eine weitere Studie aus dem Jahr 2013 stammt aus Spanien.[184] Auch wenn hier eine wesentlich kleiner Datenbasis zugrunde lag (Vergleich der Daten von zweihundertdreiundsiebzig Männern zwischen achtzehn und dreiundzwanzig Jahren aus den Jahren 2001 bis 2002 mit denen von zweihundertfünfzehn Studenten aus den Jahren 2011 bis 2012), so ist das Ergebnis doch dasselbe: Die Konzentration der Spermien in der Samenflüssigkeit junger Männer sank in den letzten Jahren im Schnitt um zwei Prozent pro Jahr. Demnach verringerte sich die durchschnittliche Konzentration von zweiundsiebzig Millionen Spermien pro Milliliter Samenflüssigkeit im Jahr 2001 auf zweiundfünfzig Millionen im Jahr 2011.

Weitere Ergebnisse wurden jüngst (2014/2015) aus der Schweiz vorgelegt.[185] Die Schweizer Forscher verglichen dabei Daten von zweitausendsechzig Rekruten im Zeitraum von 2005 bis Ende 2014. Danach erreichte jeder sechste Rekrut (sechzehn Prozent) die kritische Fruchtbarkeitsgrenze von mindestens fünfzehn Millionen Spermien pro Milliliter Samenflüssigkeit nicht. Werden sämtliche Kriterien herangezogen, anhand derer die Fruchtbarkeit gemessen wird, sieht das Ergebnis noch katastrophaler aus: Berücksichtigt man neben der Anzahl auch die Beweglichkeit und Beschaffenheit der Spermien, erreichen sogar sechsundfünfzig Prozent der Untersuchten einen oder mehrere dieser

Normwerte nicht. Allerdings sollen die 2014 gemessenen Werte denen aus 2007 entsprechen, so dass für diesen Zeitraum kein Rückgang der Spermienkonzentration zu verzeichnen ist. Mit siebenundvierzig Millionen Spermien pro Milliliter ist der Wert dennoch weit von den Vergangenheitswerten entfernt: Dem Schweizer *Blick* zufolge wies 1940 ein Durchschnittsmann noch einhundertdreizehn Millionen Spermien pro Milliliter Samenflüssigkeit auf. Während Estland in der weltweiten Statistik mit zweiundsechzig Millionen vorne liegt, sollen Deutsche und Spanier mit jeweils vierundvierzig Millionen sogar noch schlechter als die Schweizer abschneiden.[186]

Diese Medienberichte decken sich mit den Angaben eines Beitrags der Zeitschrift *Nature Reviews Urology* aus dem Jahr 2017.[187] Danach hätten verschiedene Studien aus den letzten fünfzehn Jahren gezeigt, dass die durchschnittliche Spermienkonzentration junger Männer im Alter von achtzehn bis einundzwanzig Jahren bei inzwischen gerade einmal einundvierzig bis fünfundfünfzig Millionen Spermien pro Milliliter liege. Schaut man sich den ausführlichen Fundstellenkatalog des Artikels an, dann zeigt sich, dass entsprechende Studien aus allen Teilen der Welt kommen: Spanien, Finnland, Tunesien, Frankreich, Indien, China, Neuseeland, USA. So kommt etwa eine Studie mit über dreißigtausend jungen Chinesen zu einem Rückgang von achtundsechzig auf siebenundvierzig Millionen Spermien pro Milliliter für den Zeitraum von 2011 bis 2015.[188] Zu guter Letzt bestätigt diesen Trend auch eine im Juli 2017 im Fachmagazin *Human Reproduction Update* veröffentlichte Metaanalyse von einhundertfünfundachtzig Fruchtbarkeitsstudien.[189] Danach gab es bei Männern aus Nordamerika, Europa und Australien im Zeitraum von 1973 bis 2011 eine Verringerung der Spermienzahl im Bereich zwischen 50 und 60 Prozent. Im Fazit des Beitrags heißt es:

> »Diese Erkenntnisse deuten stark auf einen erheblichen Rückgang der männlichen Fortpflanzungsfähigkeit hin, der ernsthafte Folgen jenseits der Sorgen um die Fruchtbarkeit hat. Forschung zu den Ursachen und Auswirkungen dieses Rückgangs ist dringend erforderlich.«[190]

Der Vollständigkeit halber muss jedoch darauf hingewiesen werden, dass einzelne Untersuchungen (etwa 2002 in Australien) diesen Trend nicht bestätigen und vor allem Unklarheit darüber besteht, wie die regionalen Unterschiede zu erklären sind.[191] Besonders die Ursachenforschung bereitet offenbar noch Probleme. Als meistversprechende Fährte sollen die Einflüsse chemischer Substanzen gelten, die auf den Hormonhaushalt des Mannes einwirken.

Gemäß der Weltgesundheitsorganisation WHO gilt die Zahl von fünfzehn Millionen Spermien pro Milliliter als Grenzwert zur Unfruchtbarkeit. Allerdings scheint diese Zahl recht tief angesetzt. Die WHO selbst hatte erst 2010 den Grenzwert von zwanzig auf fünfzehn Millionen verringert.[192] Man fragt sich, warum die WHO den Grenzwert um ein Viertel abgesenkt hat, obwohl Wissenschaftler laut *Blick* gezeigt hatten, dass die Zeugungsfähigkeit bereits ab vierzig Millionen progressiv abnimmt. Diese Information entspricht der Aussage des Beitrags in *Nature Reviews Urology* aus dem Jahr 2017. Hiernach lässt die Fruchtbarkeit bereits dann nach, wenn der Wert der Spermienkonzentration unter den Bereich von dreißig Millionen bis fünfundfünfzig Millionen fällt.[193] Demnach ist in einigen Ländern der Durchschnittswert bereits im kritischen Bereich für eine nachlassende Fruchtbarkeit angekommen.

Alarmierend ist vor allem der stetig abnehmende Trend, der sich aus den zitierten wissenschaftlichen Studien ergibt. Es bedarf keiner großen Rechenkünste, um zu erkennen, dass es nur noch eine Frage der Zeit ist, bis auch der neue WHO-Grenzwert für Unfruchtbarkeit erreicht ist. Zu dieser Situation wird der Kopenhagener Forscher Niels Jorgensen wie folgt zitiert:

> »Diese Entwicklung schreitet rapide voran. Innerhalb nur einer Generation. Und sie wird künftige Generationen massiv beeinflussen.«[194]

Und der französische Forscher Jouannet wird mit der Prognose zitiert:

»Wenn es so weitergeht, werden wir in siebzig oder achtzig Jahren bei Null angekommen sein.«[195]

Es ist jedoch gar nicht nötig, bei Null anzukommen. Wie wir gesehen haben, sind massive Probleme schon viel früher zu erwarten. Diesen Befunden nach könnte uns bald ein geradezu unfassbares Szenario bevorstehen: In nur wenigen Jahren könnte die männliche Bevölkerung (im Durchschnitt und von regionalen Unterschieden einmal abgesehen) *unfruchtbar* sein! Angesichts dessen fragt man sich, weshalb dieses für die Zukunft der Menschheit dermaßen dringliche Thema von den Medien und in der Politik so gut wie gar nicht beachtet wird. Schließlich scheint es nicht mehr viel Zeit zu geben, um eine Lösung zu finden und diese erschütternde Entwicklung aufzuhalten.

Hybriden

Auch die Greys scheinen diesen Trend nicht aufhalten zu können oder aufhalten zu wollen. Stattdessen arbeiten die Fremden offenbar an ihrer eigenen Art von Lösung für dieses Problem. Auch wenn die Menschheit sich vielleicht schon bald nicht mehr fortpflanzen kann, wird ihr Erbgut doch erhalten bleiben. Zahlreiche Hinweise sprechen nämlich dafür – wie wir gesehen haben –, dass die Greys fleißig damit beschäftigt sind, eine hybride Rasse zu züchten.

Wie weit der Prozess der Hybridisierung bereits fortgeschritten ist, lässt sich nur schwer abschätzen. Ein recht bedrohliches Szenario zeichnet Professor David M. Jacobs in seinem neuesten Buch *ALIEN-HYBRIDEN. Sie sind mitten unter uns. Der Plan der Außerirdischen, die Menschheit zu unterwerfen* (Amra Verlag 2017). Danach soll sich aus den von ihm untersuchten Fällen ergeben, dass außerirdische Hybriden (sogenannte *Hubride*) bereits unter uns leben und quasi unsere Gesellschaft unterwandern. Ein solches Szenario eines langjährigen Forschers sollte man auf jeden Fall zur Kenntnis nehmen. Ob es auch der Realität entspricht, muss anhand entsprechender Erkenntnisse anderer Forschern entschieden werden. Bislang jedenfalls scheint Professor Jacobs mit seinen recht weitreichenden Behauptungen noch alleine zu stehen. Zwar machen auch andere Forscher auf zunehmende Begegnungen mit Hybriden aufmerksam, doch ergibt sich daraus noch kein einheitliches Bild.

So präsentieren etwa Miguel Mendonça und Barbara Lamb in ihrem 2015 erschienenen Buch *Meet the Hybrids* (»Begegnet den Hybriden«) Interviews mit acht angeblichen Hybriden. Dabei handelt es sich jedoch nicht um Hybriden aus dem Züchtungsprogramm der Greys, sondern um Menschen mit genetischen Anteilen meist mehrerer außerirdischer Zivilisationen. Zwischen diesen Personen bestehen nur zufällige Verbindungen. Sie verfolgen (zumindest bewusst) auch keinen gemeinsamen Plan. Dennoch sehen sie alle ihre persönliche Mission darin, auf die eine oder andere Weise zur Entwicklung der Menschheit beizutragen. Sie betrachten sich dabei als eine Art Verbindungsstelle zwischen diversen wohlwollenden außerirdischen Spezies und den Menschen, die in ihrer spirituellen Evolution unterstützt werden sollen.

Ein ähnliches Bild zeichnet die australische Abduktionsforscherin Mary Rodwell, mit der ich bei FREE zusammenarbeite. In ihrem Buch *The New Human* (»Der Neue Mensch«) von 2016 stellt sie vor allem Kinder und Jugendliche vor, die über erstaunliches Wissen zu ET-Kontakten und deren Hintergründen verfügen und ebenfalls nach ihrer eigenen Aussage unterschiedliche Anteile außerirdischer Spezies besitzen. Zudem verfügen sie angeblich über diverse außergewöhnliche Fähigkeiten und Begabungen. Dieser eher inhomogene Zusammenschluss von Menschen mit ET-Anteilen unterscheidet sich grundlegend von Professor Jacobs' Bild einer gezielten Unterwanderung unserer Gesellschaft durch von den Greys geschaffene Hybriden.

Das Datenmaterial aus meinen eigenen Falluntersuchungen reicht noch nicht aus für eine belastbare Einschätzung der Situation. Eindeutige Indizien für das von Professor Jacobs behauptete Hybriden-Szenario ergaben sich bislang nicht. Stattdessen stützen meine persönlichen Erkenntnisse eher die sich aus *Meet the Hybrids* ergebende Vorstellung, dass einzelne Menschen – bewusst oder unbewusst – Anteile von bestimmten außerirdischen Rassen in sich tragen. Auch wurde mir im Rahmen meiner Falluntersuchungen mehrfach von unter uns lebenden menschlich aussehenden Außerirdischen berichtet.

Selbst wenn ich die Quellen als vertrauenswürdig einstufe, konnte ich diese Behauptungen bislang nicht direkt überprüfen. In einem Fall soll zum Beispiel der Bekannte meiner Zeugin einen menschlich aussehenden außerirdischen Elternteil haben. In einem anderen Fall besteht die Vermutung, dass eine enge ET-Verbindung des Betroffenen – offenbar zu den Greys – bestehen könnte. Zudem kann ich aus eigener Wahrnehmung eine meiner Kontaktpersonen als Hybriden einordnen. Menschlich aussehende Außerirdische tauchen im Übrigen auch in den von Dr. Clarke gesammelten Berichten der Nachkommen nord- und mittelamerikanischer Ureinwohner auf. Dennoch bedarf es insgesamt noch deutlich mehr seriöser Fallberichte, um die Art und das Ausmaß der Verbreitung von ET-Hybriden in unserer Gesellschaft korrekt einschätzen zu können. Spezifische Informationen zu einer bestimmten Art von Hybriden werde ich zu einem späteren Zeitpunkt noch veröffentlichen.

Im Ergebnis steht zumindest die Durchführung eines Hybriden-Züchtungsprogramms durch die Greys *außer Frage.* Ob dieses Programm für unsere Zukunft als Menschheit oder aus egoistischen Motiven der Greys durchgeführt wird, ist allerdings schwer zu beurteilen. Darüber hinaus kann es durchaus sein, dass wir hinsichtlich der Aktivitäten der Greys noch nicht das vollständige Szenario in seiner gesamten Komplexität erfassen. So gibt es vereinzelte Hinweise darauf, dass hinter den Greys eine insektenähnliche Spezies steht, die häufig mit Gottesanbetern oder Stabheuschrecken verglichen wird.[196] Kathy Mitchell beschreibt, wie sie im Rahmen eines typischen Entführungs- und Untersuchungsszenarios an Bord eines Raumschiffs einem solchen insektenähnlichen Wesen begegnete, das sich deutlich vom Typus der Greys unterschied.[197] Zwar hatte das Wesen ebenfalls riesige schwarze, feuchte Augen. Die Haut dieser Kreatur erschien ihr jedoch nicht hell und gräulich, sondern dunkel, bräunlich und ledrig zu sein. Auch der Kopf des großen dünnen Wesens ähnelte eher einer Gottesanbeterin. Anders als bei den Greys mit ihrem als auffällig dünn beschriebenen Hals schien der Kopf dieses Wesens direkt auf dem Körper zu sitzen und bewegte sich mit schnellen, ruckartigen, insektenähnlichen Bewegungen. Nach Kathys Gefühl handelte es sich bei dieser bizarren Gestalt um ein weibliches Wesen. Ein junger Mann mit diversen Erinnerungen an Erlebnisse mit Greys berichtete mir ebenfalls von einer nächtlichen Begegnung mit einem solchen gottesanbeterähnlichen Wesen.

Neben gottesanbeterähnlichen Wesen könnten nach meinen Erkenntnissen auch die Reptiloiden in die Aktivitäten der Greys verstrickt sein. Zumindest ein Teil der Greys würde demnach als Hilfsarbeiter beziehungsweise »Handlanger« der Reptilienwesen fungieren. Hierbei handelt es sich um einen bislang übersehenen, recht beunruhigenden Aspekt des Entführungsphänomens, den ich jedoch im Rahmen dieses Buches nicht vertiefen möchte. Doch auch eine mögliche Kooperation mit den Reptiloiden vermag nicht sämtliche Facetten des Entführungsphänomens zu erklären.

Greys scheinen nämlich nicht nur Untersuchungen an Menschen durchzuführen, sondern sogar in unseren persönlichen Alltag einzugreifen, indem sie zum Beispiel Paare gezielt zusammenführen. Bei den Betroffenen Betty und Bob Luca scheint dies der Fall gewesen zu sein.[198] Ähnliches zeigte sich in dem von Budd Hopkins untersuchten, äußerst komplexen Fall von Linda Napolitano (Pseudonym Linda Cortile), in den neben zwei Personenschützern offenbar auch der damalige Generalsekretär der Vereinten Nationen Javier Perez de Cuellar verwickelt war.[199] Und auch ein junger Mann, mit dem ich arbeite, hat den Eindruck, dass er mit seiner ebenfalls vom Abduktions-Phänomen betroffenen (Ex-)Freundin nicht zufällig zusammen kam. Weshalb sogar zwischenmenschliche Kontakte von den Fremden inszeniert werden, ist bislang noch völlig unklar.

Doch nicht nur der Umfang der Eingriffe in unser Leben seitens der ETs könnte weiter reichen, als es das Standard-Entführungsszenario erkennen lässt. Auch der Kreis der Beteiligten dürfte unsere Vorstellungen weit übersteigen. Dies betrifft nicht nur Verbindungen der Greys zu anderen Alien-Rassen, sondern auch zu menschlichen Gruppierungen. So gibt es zahlreiche Hinweise auf eine Verstrickung des US-Militärs in das ET-Kontakt-Phänomen, auf die ich im letzten Kapitel kurz eingehen werde.

Für mich hat es den Anschein, dass die grauen Aliens primär ihre eigenen Ziele verfolgen, wir jedoch die Interaktion zwischen unseren beiden Spezies zu eindimensional betrachten. Eine übergeordnete Sichtweise vermag dies anders erscheinen lassen. So führt Scott, der selbst einen außerirdischen Anteil in sich wahrnimmt, zur Beziehung unserer beiden Spezies aus:

> »Diese beiden Seiten, das ist nicht einfach wie Schwarz auf der einen und Weiß auf der anderen Seite. Da gibt es ein ganzes Netz von Verbindungen und Entsprechungen zwischen den beiden.«[200]

Auch Catherine besitzt ein solches Gespür für die komplizierten Verwicklungen im Schicksal unserer Spezies. Sie denkt, dass unsere Motive völlig unterschiedlich sind, selbst wenn das Ziel das gleiche sein mag.[201] Catherine glaubt, dass die grauen Fremden all ihr genetisches Material verloren haben und uns nun für ihre Bedürfnisse benutzen. Doch dies ist nur ein Aspekt des kosmischen Spiels, denn

> »die gentechnischen Experimente nehmen zwar einen hohen Stellenwert innerhalb des Ganzen ein, sind aber noch lange nicht alles … Es ist schwer zu beschreiben, aber da ist ein viel größeres Projekt als nur das. [Wenn sie das Züchtungsprogramm] nicht weiterverfolgen, dann können sie insgesamt nicht weitermachen. Das ist nur ein einzelner Arbeitsschritt.«[202]

Catherine wurde darüber hinaus von den Außerirdischen gezeigt, dass »alles miteinander in Zusammenhang steht. Eines kann nicht ohne das andere existieren […]«.[203] Dies gilt auch für sie selbst. Die Verbindung betrifft somit nicht nur die Spezies als solche, sondern reicht bis zur persönlichen Ebene jedes Einzelnen. Catherine hat erkannt, dass sie mit all diesen Dingen verbunden ist und sich nicht mehr – wie bisher versucht – davon absondern kann. Daraus folgt für Catherine auch eine andere Einstellung gegenüber den Fremden, und sie sah ein, dass sie »nicht weiterhin gegen sie ankämpfen [kann], so wie ich es bisher getan hatte, denn auch zwischen ihnen und mir bestehen Verbindungen. Wenn ich gegen sie ankämpfe, kämpfe ich eigentlich gegen mich selbst und meine Verbindung mit all diesen Dingen an, gegen die man nicht ankämpfen kann«.[204]

Und Sasha, eine Frau von den Plejaden, erklärt uns:

> »Ihr seid in einem evolutionären Tanz eng aneinander gebunden. Ihr steht beide auf der Schwelle zu größerer Erkenntnis und zum Erwachen. Sie sind dabei, für eine umfassendere Realität zu erwachen, und ihr auch.«[205]

Diese Worte beschreiben sehr treffend das, was derzeit passiert. Viele tausend Entführungsfälle weltweit, rund vierzig Jahre Abduktionsforschung und letztlich auch dieses Buch sorgen dafür, dass durch das Abduktions-Phänomen die Existenz von Außerirdischen in das Bewusstsein der Menschen gerückt wird. Die Anerkennung dieser erweiterten Realität ist eine wesentliche Voraussetzung für den Fortgang unserer evolutionären Entwicklung als planetare Spezies, die mit den Geschicken des Kosmos eng verwoben ist. Auch Professor Mack sieht in dem Ganzen »etwas weitaus Komplexeres und Umfassenderes als ein Programm zur Zeugung von Hybrid-Wesen«.[206] Seine Interpretation der Hintergründe dieses komplexen Szenarios spiegelt sehr schön den plejadischen Gedanken von zwei in einem evolutionären Tanz eng aneinander gebundener Spezies wieder:

> »Vielmehr erweckt es den Eindruck eines schwierigen, immer noch anhaltenden Versuchs einer Intelligenz, von der wir sehr wenig wissen, eine Verschmelzung zweier Spezies zu erreichen, die anscheinend

beide etwas benötigen und nach etwas verlangen, das jeweils der andere anzubieten hat.«[207]

Professor Mack spricht von einer »Intelligenz«, die hinter den Vorgängen um das Züchtungsprogramm der Greys steckt. Diese das komplexe Programm steuernde Intelligenz scheint auf einer – auch gegenüber den hochentwickelten Greys – wesentlich höheren Ebene angesiedelt zu sein. In diesem Sinne teilten die Außerirdischen der Forscherin Dolores Cannon auf dem Weg des Channelings mit, dass sie selbst von einer Ebene aus angeleitet würden, die weit fortgeschrittener als sie selbst sei.[208] Die alles entscheidende Frage lautet daher, um wen oder was es sich bei dieser Intelligenz handelt.

Es gibt zahlreiche Hinweise, besonders in den Forschungsarbeiten von Raymond Fowler mit Betty Luca, dass sich ab einem bestimmten Punkt des ET-Kontaktszenarios außerirdische mit spirituellen und religiösen Aspekten auf eine schwer durchschaubare Weise vermischen. Immer häufiger taucht dann der Hinweis auf einen alles umfassenden gemeinsamen Ursprung auf, der von den Fremden immer wieder »die Quelle« (*the Source*) genannt wird.[209] Es spricht viel dafür, dass wir Menschen diese gemeinsame Quelle von Allem-was-ist unter der Bezeichnung »Gott« kennen.

Spirituelle Transformation

Was bedeutet nun all dies für die Menschen, die von solchen Entführungserlebnissen betroffen sind? Wie wir gesehen haben, scheinen die Greys den Menschen gegenüber nicht bösartig eingestellt zu sein, wie auch immer ihre wahren Motive ausschauen. Dennoch werden die Erfahrungen mit diesen Wesen häufig – zumindest anfangs – als beängstigend empfunden. Manchen Betroffenen gelingt es jedoch, diese Angst vor dem Unbekannten und den Schrecken des Entführungsszenarios zu überwinden. Diese Menschen können dann häufig aus ihren

Abduktionserfahrungen einen positiven Nutzen im Hinblick auf eine spirituelle Transformation ihrer Persönlichkeit ziehen.[210]

Debbie Jordan schildert sehr nachdrücklich diesen inneren Zwiespalt und den damit verbundenen Erkenntnisprozess:

> »Wollte ich wirklich mein ganzes Leben damit zubringen, mich schlecht zu fühlen, wegen etwas, das ich vielleicht missverstanden hatte? War es das wirklich wert, darüber krank zu werden? Oder sollte ich nach einer anderen Antwort suchen? Eine, die mir vielleicht guttat und möglicherweise auch anderen helfen konnte, sich besser zu fühlen? Wollte ich mich für den konstruktiven oder den destruktiven Weg entscheiden? Da ich ein ziemlich intelligenter, vernünftiger Mensch bin, habe ich mich für das Gefühl entschieden, dass die Behandlung der Aliens mir gutgetan hat. [...] Ich kann meinen Geist darauf programmieren, mich überall hinzubringen, wo ich im Leben sein möchte; er kann mich dazu führen, alles zu sein, was ich sein will, für mich. Als ich zu dieser Erkenntnis kam, begannen die Erlebnisse sich zu ändern. Sie wechselten vom Physischen (den Narben, der Markierung im Garten, den physischen Untersuchungen etc.) zum Psychologischen, dem Spirituellen.«[211]

Letztlich lernte Debbie also damit fertig zu werden, ihre außergewöhnlichen Erlebnisse in ihr Leben zu integrieren und inneren Frieden zu finden.[212] Andere Betroffene haben ganz ähnliche Erfahrungen gemacht. So beschreibt auch Christine Quiblier den Zusammenhang zwischen der Angst vor dem Unbekannten und ihrer persönlichen Entwicklung sehr anschaulich:

> »Denn wenn ich mich heute im Nachhinein frage, wie oft wirklich etwas Schlimmes passiert ist, dann muss ich sagen: selten. Ich habe die Erlebnisse immer überlebt. Teilweise empfand ich sie sogar als schön, als bereichernd, nur hin und wieder als negativ und erschreckend. Es ist, glaube ich, einfach der Schock, mit etwas zu tun zu haben, das es eigentlich gar nicht geben dürfte. Dieser Schock ist es, der die Angst auslöst.«[213]

Und auch für die Betroffene Saskia führten ihre ET-Kontakterlebnisse in erster Linie zu einer starken Bewusstseinsveränderung, einer neuen, erweiterten Weltsicht sowie einer veränderten Einstellung zu den Menschen.[214] Für Peter besteht sogar ein direkter Zusammenhang zwischen dem Schrecken der Entführungserlebnisse und der von den Betroffenen erlebten Bewusstseinserweiterung. Der Schrecken sei nötig, um die eigene Realität auszudehnen.[215]

Aufgrund meiner Arbeit mit Betroffenen kann ich sagen, dass die ET-Kontakterlebnisse – seien sie bewusster oder unbewusster Art – naturgemäß Anlass für Fragen und eine damit verbundene Suche nach Erkenntnis geben. Dieser Weg führt zwangsläufig zu der entscheidenden Frage nach dem, wer wir eigentlich sind, was unser wahres Wesen und unsere Bestimmung ist. Ich sehe daher die spirituelle Entwicklung der Betroffenen eher als eine natürliche Folge ihrer Begegnung mit einer fremden Lebensform und damit verbundener traumatischer Erlebnisse als einen von den Fremden gezielt induzierten Vorgang.

So sieht es auch die Abduzierte Catherine. Sie führt ihr spirituelles beziehungsweise psychisches Wachstum »auf die ›bedeutenden, das Leben durcheinanderwirbelnden‹ Konsequenzen zurück, die sich aus den Entführungserfahrungen ergaben«.[216] Dennoch wird man wohl die auch von Professor Mack formulierte Frage nicht abschließend beantworten können, »ob diese Ausdrücke persönlichen Wachstums eine Folge der Traumata oder ein eigentlicher Aspekt des Phänomens sind«.[217]

3 Abduktionen in Deutschland

Einleitung

Es ist – wie bereits eingangs erörtert – leicht, über die Wahrscheinlichkeit von fremdem intelligenten Leben in den Tiefen des Alls zu spekulieren, solange man sich nicht mit der Frage einer außerirdischen Präsenz hier auf der Erde auseinandersetzen muss. Genauso ist es schön und gut, spannende Geschichten über Alien-Entführungen von US-amerikanischen Staatsbürgern im eigenen Land zu lesen. Dass so etwas auch hierzulande vorkommt, erscheint hingegen eher abwegig. Schließlich wurde bislang in den Medien von solchen Entführungsfällen in Deutschland noch nie berichtet; jedenfalls nicht in einer Form, die eine breitere Öffentlichkeit erreichte. Und die Bücher von Dr. Johannes Fiebag aus den 1990er Jahren, der solche Fälle im deutschsprachigen Raum sammelte, dürften ebenfalls nur (noch) wenigen bekannt sein. Rational betrachtet macht allerdings die Annahme, wir seien in Deutschland vor solchen Entführungen sicher, wenig Sinn. Es erscheint unsinnig, dass sich Greys bei ihren Entführungsaktivitäten an Landesgrenzen halten oder diese auf bestimmte Kontinente beschränken.

Wenn man also die zahlreichen Entführungsberichte der US-Forscher wie dem Professor für Psychiatrie John Mack ernst nimmt, dann sind entsprechende Vorgänge in Deutschland geradezu zu erwarten. Sollte es Abduktionen auch in Deutschland geben, dann müssen wir wohl auch damit rechnen, auf das im vorstehenden Kapitel beschriebene Muster zu stoßen.

Dieses Muster hat wiederum – wie wir gesehen haben – bestimmte Nachwirkungen zur Folge. Daher sind bei der Überprüfung dieser These die diversen Indizien von großem Wert, die sich im Anschluss an Abduktionen immer wieder feststellen ließen. Wir enden also bei der Frage: Finden wir die typischen Abduktionsindizien auch bei Menschen in Deutschland? Dass diese Frage tatsächlich bejaht werden muss, zeigte sich im Laufe meiner Untersuchungen.

So traten bei meiner Arbeit mit Betroffenen aus Deutschland exakt die gleichen Indizien auf, die aus den von US-Forschern berichteten Fällen schon seit Jahrzehnten bekannt sind. ET-Entführungen in Deutschland und ET-Entführungen in den USA scheinen nach den gleichen Regeln abzulaufen. Trotzdem ist es immer wieder erstaunlich, mit welcher Verlässlichkeit diese Indizien bei den Betroffenen anzutreffen sind. Dies führt zu der bizarren Situation, dass ich – obwohl ich den betroffenen Menschen und seine Vergangenheit anfangs gar nicht kenne – bestimmte Details aus seinem Leben bereits zu wissen scheine. Dabei handelt es sich um Erlebnisse und Vorgänge, die dieser Mensch schon immer als merkwürdig eingestuft hat, ohne sie bislang erklären zu können. Nachfolgend werde ich ganz konkret die Erkenntnisse der amerikanischen Abduktionsforscher (unter Angabe der jeweiligen Fundstellen) und die bei meinen Fällen aufgetauchten Indizien gegenüberstellen. Dabei wird deutlich werden, dass es sich bei derartigen Entführungserlebnissen tatsächlich nicht um ein auf die USA beschränktes Phänomen handelt. Vielmehr sprechen die Berichte aus anderen Ländern für ein *globales* Ereignis.

Wenn sich Menschen an mich wenden, die entsprechende ET-Kontakte zu haben glauben, gehe ich mit ihnen zunächst einen einleitenden Fragebogen durch. Dieser behandelt typische Indizien für eine Abduktion. Selbstverständlich kann jedes dieser Indizien (wie etwa ein am Morgen bemerkter Bluterguss, eine neue Narbe oder nächtliches Nasenbluten) auch auf eine ganz andere, »gewöhnliche« Ursache zurückzuführen sein. Erst das massive Zusammentreffen solcher Indizien mit konkreten Erinnerungen an außergewöhnliche Erlebnisse erlaubt eine erste Einschätzung.

Zudem lassen sich die in diesem Fragebogen abgefragten Indizien in zwei Kategorien unterteilen: einerseits in Merkmale, die zwar bei Abduzierten häufig auftreten, aber oft auch bei Menschen ohne solche Erfahrungen. Hierzu zählen zum Beispiel Schlafstörungen und die Angst vor Dunkelheit. Andererseits gibt es Merkmale, die schon recht abduktionsspezifisch sind und wesentlich schwerer auf herkömmliche Weise erklärt werden können. Dazu zählen etwa Zeitverluste, neue Narben oder elektromagnetische Anomalien.

Nachfolgend gebe ich diesen Fragebogen einmal wieder, wobei ich die für mich besonders wichtigen Fragen, die in der Regel Indizien der zweiten Kategorie betreffen, durch Fettdruck hervorhebe:

Lfd. Nr.	Frage	**Antwort** (Zutreffendes bitte ankreuzen)	
		Ja	**Nein**
	Haben Sie an Ihrem Körper schon einmal eine oder mehrere der nachfolgend genannten Spuren festgestellt, ohne zu wissen, woher diese stammen:		
1	• **ausgehöhlte Bereiche des Gewebes (zum Beispiel kleine kreisförmige Vertiefungen in der Haut)**		
2	• **Quetschungen beziehungsweise Blutergüsse**		
3	• **Narben (zum Beispiel in Form einer oder mehrerer gerader Linien) oder sonstige auffällige Male auf der Haut (zum Beispiel dreiecksförmig)**		
4	• **Sonnenbrand ohne Sonneneinwirkung**		
5	• frische Einschnitte, die schnell verheilten		
6	**Sind Sie schon einmal mit Nasenbluten aufgewacht oder haben auf Ihrem Kissen Blutflecken entdeckt, die vermutlich von ihrer Nase stammen?**		
7	**Hören Sie manchmal ungewöhnliche Geräusche, die Sie nicht identifizieren können?**		

Lfd. Nr.	**Frage**	**Antwort** (Zutreffendes bitte ankreuzen)
8	**Versagen manchmal elektrische Geräte wie Computer, Fernseher oder Haushaltsgeräte in Ihrer Umgebung? (Zum Beispiel Armbanduhren, die falsch gehen oder anhalten, wenn Sie diese tragen.)**	
9	**Haben Sie jemals einen »Zeitverlust« erlebt, wie etwa ein viel späteres Ankommen als erwartet, für das Sie keine vernünftige Erklärung finden konnten?**	
10	**Haben Sie jemals einen »Zeitgewinn« erlebt, wie ein viel früheres Ankommen als erwartet, für das Sie keine vernünftige Erklärung finden konnten?**	
11	**Sind Sie schon einmal an einem anderen Ort erwacht als dem Ort, an dem Sie nach Ihrer Erinnerung schlafen gegangen sind (zum Beispiel außerhalb Ihres Schlafzimmers)?**	
12	**Sind Sie schon einmal in Ihrem Bett in einer ungewöhnlichen Position aufgewacht, wie etwa mit Ihrem Kopf am Fußende des Bettes?**	
13	**Haben Sie schon einmal beim Aufwachen festgestellt, dass Teile Ihrer Nachtbekleidung fehlten oder anders angeordnet waren als vor dem Schlafengehen (zum Beispiel auf links gedreht oder verkehrt herum)?**	
14	Haben Sie, selbst als Erwachsener, manchmal Angst vor der Dunkelheit?	
15	**Hatten Sie schon einmal eine Scheinschwangerschaft? (Glaubten Sie, schwanger zu sein, oder gab es Anzeichen dafür, obwohl Sie tatsächlich kein Kind ausgetragen haben?)**	
16	**Haben Sie sich jemals unter dem Zwang gefühlt, an einen unbekannten Ort oder in eine abgelegene Gegend zu laufen oder zu fahren?**	
17	Hatten Sie jemals das intensive Gefühl beobachtet zu werden, insbesondere nachts?	
18	Hatten Sie jemals Angst, schlafen zu gehen?	

Lfd. Nr.	Frage	**Antwort** (Zutreffendes bitte ankreuzen)
19	**Fühlten Sie sich beim Schlafengehen, bei einem nächtlichen Erwachen oder morgens nach dem Aufwachen schon einmal für kurze Zeit wie gelähmt/bewegungsunfähig?**	
20	Haben Sie häufig Schwierigkeiten einzuschlafen?	
21	Haben Sie häufig Schwierigkeiten durchzuschlafen?	
22	Sind Sie jemals mitten in der Nacht aufgewacht und haben gefühlt, dass Sie nicht alleine sind?	
	Haben Sie häufig intensive, ungewöhnliche Träume, die unter anderem Folgendes beinhalten:	
23	• UFOs, außerirdische Wesen oder seltsame Lichtstrahlen	
24	• Augen, die Sie ansehen (oder Träume von Tieren mit großen dunklen Augen wie Eule oder Reh)	
25	• ein Fliegen oder sonstiges Bewegen durch Fenster, Wände oder Decken	
26	• Ärzte oder an Ihnen durchgeführte medizinische Maßnahmen beziehungsweise Untersuchungen	
27	• Katastrophenszenarien wie Atomkrieg, Erdbeben, Flutwellen oder sonstige Zerstörung	
28	**Haben Sie schon einmal ein ungewöhnliches Objekt am Himmel gesehen, das nach Ihrer Einschätzung kein Ihnen bekanntes künstliches oder natürliches Phänomen war? (Zum Beispiel Flugzeug, Hubschrauber, Flugdrohne, Satellit, Stern/Planet, Mond, Sternschnuppe.)**	
29	**Haben Sie eine sonstige außergewöhnliche Wahrnehmung, Beobachtung oder Erfahrung gemacht, die Sie sich nicht erklären können?** Wenn ja, bitte beschreiben Sie diese nachfolgend:	

Gegenüberstellung typischer Indizien aus der Abduktionsforschung und eigenen Falluntersuchungen

Nachfolgend werde ich auf die in Fettschrift hervorgehobenen Indizien näher eingehen. Dabei werde ich zunächst unter der Überschrift *Abduktionsforschung* jeweils entsprechende Fundstellen aus der Abduktionsforschung, insbesondere aus den Fallberichten der US-Forscher, aufführen. Anschließend werde ich unter *Abduktionsfälle aus Deutschland* jeweils deutsche Fälle skizzieren, in denen diese Indizien im Rahmen meiner Nachforschungen ebenfalls auftraten. Hierzu habe ich aus allen von mir untersuchten Fällen eine Referenzgruppe von insgesamt zwölf Fällen gebildet, bei denen ich das Vorliegen einer Abduktion mit hoher Wahrscheinlichkeit bejahen kann.

Grundsätzlich kommt den Träumen der Abduzierten eine wichtige Bedeutung zu. Genauso wie Flashbacks gehören auch (Alb-)Träume zu den Merkmalen einer posttraumatischen Belastungsstörung, die als Folge einer Abduktion auftreten kann. Da andererseits ein Traum ganz andere Ursachen haben kann und möglicherweise lediglich Alltagserlebnisse zu verarbeiten hilft, lasse ich Träume bei dieser vergleichenden Betrachtung jedoch außen vor.

1. Unerklärliche Spuren am Körper

Eines der offenkundigsten Belege für die Realität des Abduktions-Phänomens sind auffällige Merkmale, welche die nächtlichen Eingriffe an den Körpern der Betroffenen hinterlassen. So wird immer wieder von über Nacht auftretenden Blutergüssen, ausgehöhlten Bereichen des Gewebes, unerklärlichen Narben, Einstichstellen oder punktförmigen Mustern auf der Haut berichtet. Auf einige dieser physischen Hinweise werde ich nun näher eingehen.

a) Ausgehöhlte Bereiche des Gewebes (*Scoop Marks*)

Abduktionsforschung

In der amerikanischen Abduktionsforschung tauchen ausgehöhlte Bereiche des Gewebes, die von den Forschern *Scoop Marks* (Löffelmale/Löffelnarben) getauft wurden, immer wieder auf. Häufig zeigen sich diese Male am Schienbein der Betroffenen.[218] Das Buch *Eindringlinge* von Budd Hopkins enthält entsprechende Fotos, und auch der Forscher Raymond Fowler erhielt Fotos, die solche Markierungen auf den Armen und Beinen von Betty Luca zeigen, wobei drei Löffelnarben an ihrem rechten Arm ein Dreieck bildeten.[219] Zu seiner Überraschung fand Raymond Fowler selbst an der Außenseite seines rechten Unterschenkels ein frisch herausgeschnittenes Löffelmal, das aussah, als wenn jemand mit einem Miniaturausstecher ein kreisrundes Stück Fleisch entfernt hätte. Nach den Beobachtungen von Budd Hopkins haben die runden und flachen Vertiefungen einen Durchmesser von 0,6 bis 1,2 Zentimeter.[220] Dr. Richard Neal gibt den Durchmesser mit drei bis neunzehn Millimeter und die Tiefe mit etwa sechs Millimeter an.[221]

Abduktionsfälle aus Deutschland

Bei meiner Arbeit mit Abduzierten aus Deutschland wurde mir nur in zwei Fällen davon berichtet, dass an den Körpern der Betroffenen runde ausgehöhlte Bereiche des Gewebes auftraten. In beiden Fällen konnten sich die Betroffenen das plötzliche Auftauchen dieser Körpermale nicht erklären. In dem einen Fall traten die *Scoop Marks* in der Kindheit auf. Dabei zeigte sich ein sehr außergewöhnliches Muster von sechs »ausgestanzten« Punkten, die wie bei einem Dominostein angeordnet waren. In dem anderen Fall erschienen die etwa drei Milimeter großen Male auf dem Brustkorb, wobei manche Male nach ein paar Tagen wieder verschwanden und andere noch nach Jahren zu sehen waren.

Es wird vermutet, dass es sich bei *Scoop Marks* um Gewebeentnahmen beziehungsweise Biopsien handelt. Über die Gründe für das recht seltene Auftreten dieser Male bei den deutschen Fällen kann nur spekuliert werden. Möglicherweise besteht seitens der Fremden inzwischen ein geringerer Bedarf an solchen Gewebeentnahmen – oder manche Betroffenen haben die Male schlicht übersehen. Allein von den deutschen Fällen ausgehend, wäre das Auftreten der *Scoop Marks* jedenfalls zu selten gewesen, um als eindeutiges Charakteristikum für das Abduktions-Phänomen eingestuft werden zu können. Ganz anders sieht dies bei der Gruppe der nachfolgenden Spuren an den Körpern Abduzierter aus.

b) Quetschungen beziehungsweise Blutergüsse

Abduktionsforschung

Die Abduktionsforscherin und Betroffene Dr. Karla Turner schildert in ihrem Buch *Eingriff* acht Fälle von Frauen mit ET-Kontakten. Das Buch enthält eine vergleichende Tabelle, in der sie typische Elemente der Erlebnisse dieser Frauen gegenüberstellt. Danach wiesen alle acht Frauen unerklärliche Blutergüsse auf.[222] So fand beispielsweise Polly auf ihrem Oberarm blaue Flecken in einem Dreiecksmuster, und Lisa hatte nach einer Untersuchung durch die ETs, bei der sie sich nach ihrer Erinnerung widersetzte, einen blauen Fleck am rechten Handgelenk.[223] Andere Abduzierte berichten von blauen Flecken an Armen, Schultern und Beinen (oft an der Innenseite der Oberschenkel).[224] So fällt etwa bei Anke Drewitz das Auftauchen von zwei großen blauen Flecken an ihren Beinen zeitlich zusammen mit einem real erscheinenden Traum mit typischen Entführungselementen.[225]

Abduktionsfälle aus Deutschland

Die Abduzierten aus Deutschland berichteten recht häufig davon, dass sie an ihrem Körper morgens nach dem Aufstehen Blutergüsse feststellten, ohne sich deren Ursache erklären zu können. Auch neigten sie nach ihrer eigenen Wahrnehmung nicht dazu, sich solche Blutergüsse besonders schnell selbst zuzufügen (etwa beim Stoßen an eine Türklinke, Tischecke oder Ähnlichem). Die blauen Flecke waren unterschiedlich groß und von ovaler bis runder Form. Sie traten vor allem an den Armen (Ober- und Unterarm) sowie den Beinen auf, zum Beispiel in einem Fall auf der Innenseite der Schenkel, und zwar auf beiden Seiten zugleich in derselben Höhe. Dass die Mehrzahl der Betroffenen aus Deutschland solche Blutergüsse feststellte, bestätigt die Erkenntnisse der US-Forscher.

Allerdings ist völlig unklar, worauf diese Verletzungen im Rahmen des Entführungsszenarios zurückzuführen sind. Möglicherweise entstehen die blauen Flecken durch beim Transport der Abduzierten erfolgte Stöße. Doch könnte es sich auch um Begleiterscheinungen bislang unbekannter Eingriffe der Fremden während der an Bord erfolgten Untersuchung handeln. Noch bizarrer ist die Erklärung, die der Forscherin Dolores Cannon im Rahmen eines ET-Channelings gegeben wurde. Demnach seien die blauen Flecken Nebeneffekte, die durch den physischen Wechsel des Betroffenen zwischen unterschiedlichen Raum-Zeit-Dimensionen beziehungsweise Schwingungsebenen während des ET-Kontakterlebnisses hervorgerufen würden (siehe hierzu mehr bei der Erläuterung von »Zeitverlusten).[226]

Demnach ist es durchaus möglich, dass die Blutergüsse auf unterschiedliche Ursachen zurückzuführen sind. Eine Abduzierte berichtete von mehreren blauen Flecken am Oberarm ihrer Tochter. Sie waren wie die durch Finger verursachten Quetschungen infolge eines festen Händegriffs angeordnet.

Im Ergebnis muss daher eingestanden werden, dass wir die Ursache der charakteristischen Blutergüsse bei Abduzierten nicht zweifelsfrei erklären können. Es bleibt zu hoffen, dass weitere Falluntersuchungen endlich die Hintergründe dieses wichtigen Hinweises auf mögliche Abduktionserlebnisse aufdecken. Dass wir so wenig über die Ursache der blauen Flecke wissen, könnte allerdings einen guten Grund haben. So erinnert sich Leah Haley daran, dass das fremde Wesen ihr befahl, sich nicht daran zu erinnern, wie die blauen Flecken entstanden waren.[227]

c) Narben oder sonstige auffällige Male auf der Haut

Abduktionsforschung

Neben den sehr charakteristischen Löffelmalen und plötzlich auftretenden Blutergüssen gibt es noch weitere körperliche Merkmale, die Abduzierte immer wieder an sich feststellen. Dazu zählen vor allem unerklärliche Narben, meist in Form kurzer gerader und sehr feiner Linien.[228] Diese treten an den unterschiedlichsten Körperstellen auf, wie zum Beispiel an den Waden, über dem Knie oder an der Hüfte. Häufig bemerken die Betroffenen auch Einstichstellen an ihrem Körper, die sie sich ebenfalls nicht erklären können.[229] Solche Einstichstellen könnten von einer Behandlung herrühren, an die sich Leah Haley erinnert. Sie nahm einen Grey wahr, der mit einem etwa dreißig Zentimeter langen nadelförmigen Instrument in ihre Arme, Beine und Füße stach.[230]

Neben Narben und Einstichstellen treten immer wieder auch geometrisch angeordnete Punkte auf der Haut auf. So stellte beispielsweise Pat an der Innenseite ihres Handgelenks einen Kreis aus sechs Punkten mit einem siebten Punkt in der Mitte fest, und Jane bemerkte ein gleichseitiges Dreieck aus drei Punkten;[231] auch Regina Köhler fand auf ihrem linken Bein eine solche dreiecksförmige Anordnung von drei Punkten.[232]

Abduktionsfälle aus Deutschland

Abgesehen von den oben erwähnten *Scoop Marks* tauchten auffällige Male nur in zwei Fällen auf. Dabei handelte es sich jeweils um drei rote Punkte: Einmal waren diese als Dreieck und einmal auf einer Linie im gleichen Abstand angeordnet. Dabei erschien die Dreiecksanordnung mehrfach, und bei den auf einer Linie angeordneten Punkten waren die beiden äußeren Punkte kleiner als der mittlere Punkt. Eine medizinische Einschätzung solcher Male ist ohne nähere Untersuchung durch einen Spezialisten kaum möglich. Schließlich können solche roten symmetrisch angeordneten Punkte auch eine natürliche Ursache haben (zum Beispiel Mückenstiche, die zufällig eine gleichförmige

Anordnung aufweisen). Zumindest das mehrfache Auftreten einer solchen Dreiecksformation könnte allerdings nicht mehr mit Mückenstichen erklärt werden.

Eine ganz andere Qualität hat eine Gruppe von Fällen, von denen einer aus Deutschland und mehrere aus Frankreich und anderen Teilen der Welt berichtet wurden. Hier tauchten plötzlich auf der Haut der Betroffenen komplexe rote Muster auf, die an Brandzeichen erinnern. Dabei handelte es sich unter anderem um mehrere Kreise mit zwei senkrecht aufeinander stehenden Linien durch den gemeinsamen Mittelpunkt, ähnlich einem Fadenkreuz. Hierbei scheint es sich um ein relativ neues Phänomen zu handeln, das aus der Abduktionsliteratur nicht bekannt ist. Was hinter diesen komplexen Zeichnungen steckt und wie sie entstanden sind, ist völlig unklar.

d) Sonnenbrand ohne Sonneneinwirkung

Abduktionsforschung

Der zeitweise Leiter des *Project Blue Book*, Captain Edward Ruppelt, berichtet in seinem Buch von dem Fall eines Zeugen, der nach eigener Aussage eine UFO-Nahbegegnung hatte.[233] Bei der anschließenden Untersuchung des Mannes wurden leichte Verbrennungen (wie bei einem Sonnenbrand) an seinen Armen und Handrücken festgestellt. Die Ursache dieser Hautverletzungen blieb ein Rätsel. Dr. Turner erwähnt in ihrem Buch *Eingriff* ebenfalls zwei vom Entführungsphänomen betroffene Frauen, die unter unerklärlichen »Sonnenbränden« litten.[234] Ebenso hatte Sue – wie Budd Hopkins beschreibt – nach einer UFO-Sichtung in Verbindung mit einem Zeitverlust ein »sonnenverbranntes« Gesicht.[235] Auch der deutsche Forscher Dr. Johannes Fiebag erwähnt einen solchen Fall.[236] Danach wachte Bernd, der als Kind eine Entführung seiner Eltern beobachtete und offenbar auch selbst betroffen ist, eines morgens mit einem leichten Sonnenbrand an der linken Hand und in der linken Gesichtshälfte auf. Eine überzeugende Erklärung hierfür gab es nicht.

Ein von Budd Hopkins beschriebener Fall lässt jedoch vermuten, dass solche Symptome in Zusammenhang mit einer Strahlenemission stehen könnten, die von dem Raumfahrzeug der Fremden ausgeht. In dem Garten der betroffenen Familie war zuvor über Nacht – wie bereits beschrieben – eine auffällige kreisrunde Stelle entstanden, von der ein gerader etwa vierzehn Meter langer Streifen toten Rasens ausging. Nachdem sie sich in der Nähe der mutmaßlichen Landestelle aufgehalten hatte, litt das Familienmitglied Debbie Jordan unter merklichem Haarausfall und Unwohlsein. Auch drei Freundinnen, die bei ihr waren, klagten über Brechreiz und Schwindelgefühle. Eine der Frauen zog sich zudem eine mit einem Gefühl von Taubheit verbundene Verbrennung ihres Fußes zu, als sie über die entsprechende Stelle des Rasens lief.[237] Eine augenärztliche Untersuchung von Debbies Augen ergab darüber hinaus, dass ihre Augen offenbar verbrannt wurden; seitdem haben sich ihre Augen nie mehr ganz erholt.[238]

Budd Hopkins vermutet aufgrund all dieser körperlichen Folgen eine Art Bestrahlungseffekt und weist auf ähnliche Symptome der Zeuginnen einer UFO-Sichtung (Betty Cash, Vickie Landrum und Colby Landrum) in der Nähe von Houston, Texas, im Dezember 1980 hin.[239] Dafür spricht auch, dass eine an der Markierung im Garten der Jordans durchgeführte Geigerzählermessung einen maximalen Ausschlag ergab.[240] Nach dem Vorfall mieden nicht nur Wildtiere, sondern auch der Hund der Familie die betroffene Stelle. Dennoch begannen bei dem Hund die Haare auszufallen, seine Haut platzte auf und er erblindete; schließlich starb er zwei Jahre später qualvoll und vom Krebs zerfressen.[241] Auch bei Debbie wurde Jahre später ein Krebstumor im fortgeschrittenen Stadium diagnostiziert. Sie vermutet, dass ihre Krebserkrankung – wie bei dem Hund – mit der rätselhaften Stelle im Garten ihres Hauses in Zusammenhang steht.

Abduktionsfälle aus Deutschland

Bei meiner Arbeit mit Abduzierten trat ein solcher Fall nur einmal auf, allerdings ist dieser Fall überaus merkwürdig und daher erwähnenswert.

So berichtete mir die Betroffene, wie sie eines Morgens im Spätherbst aufwachte und verwundert feststellte, dass ihr Gesicht – wie bei einem Sonnenbrand – fürchterlich brannte. Als sie daraufhin in den Spiegel schaute, stellte sie überrascht fest, dass ihr gesamtes Gesicht krebsrot war. Wie es zu diesem scheinbaren Sonnenbrand gekommen war, konnte sich die Dame nicht erklären. Sie hatte nämlich den Tag zuvor in der Wohnung verbracht.

Ihre Haut war also gerade keinem Sonnenlicht ausgesetzt gewesen, das die brennenden Hautrötungen hätte erklären können. Dieser Sachverhalt ist für mich auch deswegen bedeutsam, weil ich die Zeugin als absolut glaubwürdig und in ihrer Berichterstattung gewissenhaft einschätze. Sowohl sie selbst als auch ihre Mutter sind mit hoher Wahrscheinlichkeit vom Abduktions-Phänomen betroffen. Für mich spricht viel dafür, dass diese Frau während eines nächtlichen Kontakterlebnisses einer intensiven UV-Strahlung künstlichen Ursprungs ausgesetzt war. Die Frage, ob diese Strahlung von einem außerirdischen Fluggerät oder einer anderen Strahlungsquelle ausging, muss derzeit noch unbeantwortet bleiben.

2. *Nächtliches Nasenbluten*

Abduktionsforschung

Wie bereits erwähnt, berichten Betroffene immer wieder von unerklärlichen winzigen Blutflecken, die sie morgens auf ihren Kissen, Bettlaken oder ihrer Nachtbekleidung vorfinden. Es scheint sich dabei häufig um die Nachwirkungen der Einführung eines Implantats durch die Nase zu handeln. So konnte sich die Betroffene Andrea nicht nur an eine lange Nadel erinnern, die durch ein Nasenloch in ihre Nasenhöhle eingeführt wurde. Sie fand zudem am nächsten Morgen Blutspuren von offensichtlichem Nasenbluten auf Kopfkissen und Nachthemd.[242]

Auch andere kleine Eingriffe an den Körpern von Betroffenen scheinen solche Blutflecken zur Folge zu haben. Dafür spricht eine Beobachtung von Debbie Jordan. Sie fand nach beunruhigenden nächtlichen Vorfällen winzige Blutflecken auf ihrem Bettlaken in Höhe ihres Halses sowie des Kreuzes.[243] Dagegen kam bei Arnold Kellermann und Carola May das Blut eindeutig aus der Nase, denn beide wachten mitten in der Nacht plötzlich mit starkem Nasenbluten auf.[244] In zahlreichen weiteren, zum Beispiel von Professor Mack untersuchten Fällen, tauchte dieses Indiz bei Entführten oft schon in deren Kindheit auf.[245]

Abduktionsfälle aus Deutschland

Bei meiner Untersuchung möglicher Abduktionsfälle aus Deutschland musste ich feststellen, dass fast alle Personen, die als Abduzierte einzustufen waren, von nächtlichem Nasenbluten berichteten. Meist trat dies über einen längeren Zeitraum mehrfach auf. Zusammen mit den elektromagnetischen Anomalien und Blutergüssen würde ich daher das nächtliche Nasenbluten zu den zuverlässigsten Indizien für ET-Entführungserlebnisse zählen. In allen Fällen besaßen die Betroffenen keine entsprechende Disposition, insbesondere litten sie tagsüber nicht unter Nasenbluten. Vielmehr stellten sie morgens verwundert fest, dass sich einige Bluttropfen auf ihrem Kissen oder Nachthemd befanden, oder sie bemerkten eine blutige Kruste in einem der Nasenlöcher beim morgendlichen Naseputzen.

Es handelte sich immer nur um recht kleine Mengen an Blut, die offenbar aus der Nase ausgetreten waren. In der Zusammenschau mit den weiteren Indizien spricht allerdings viel dafür, dass ein solches Nasenbluten tatsächlich als Folge von nächtlichen Entführungserlebnissen auftritt. Hierbei kommt es vermutlich zu einer lokalen Gefäßverletzung beziehungsweise kleinen Wunde aufgrund eines medizinischen Eingriffs der Fremden (in der Regel Einführen eines Implantats). Während am nächsten Morgen jegliche Erinnerung an die nächtliche Prozedur verschwunden ist, weisen die eingetrockneten Blutreste darauf hin, dass sich in der vergangenen Nacht etwas Sonderbares abgespielt haben muss.

Nicht immer wird die Erinnerung des Betroffenen an einen solchen Vorgang vollständig ausgelöscht. So besteht in einem der von mir untersuchten Fälle ein Zusammenhang zwischen (1) der Erinnerung der Betroffenen an die äußerst schmerzhafte Einführung eines Implantats in ihr linkes Nasenloch und (2) am nächsten Morgen und in den Folgetagen auftretendes Nasenbluten.

Wie es auch von einigen Abduzierten der US-amerikanischen Fälle geschildert wird, war nicht nur der Eingriff mit extremen Schmerzen verbunden, die Betroffene vernahm beim Einführen des Implantats auch ein krachendes Geräusch, so als wäre in ihrem Kopf etwas durchstoßen worden. Nach der Einführung des Implantats hörte sie ein seltsames elektronisch klingendes Geräusch, dass sie mit dem Implantat in Verbindung brachte. Ihr instinktives, mit Schrecken verbundenes Gefühl war dabei, dass sie nun immer wieder gefunden werden kann. Leider hatte die Betroffene in der Folgezeit nicht nur mit Schmerzen, sondern auch mit Entzündungserscheinungen in der linken Gesichtshälfte und weiteren körperlichen Beschwerden zu kämpfen.

3. *Ungewöhnliche, unidentifizierbare Geräusche*

Abduktionsforschung

Immer wieder berichten Betroffene des ET-Kontaktphänomens davon, dass sie unerklärliche Geräusche – meist zu Hause – wahrnehmen.[246] Neben abstrakten Lauten innerhalb des Hauses vernehmen die Betroffenen dabei häufig summende Geräusche, unabhängig von ihrem konkreten Aufenthaltsort.[247]

Abduktionsfälle aus Deutschland

Mehr als die Hälfte der Betroffenen aus der Referenzgruppe nehmen ungewöhnliche Geräusche war, die sie nicht identifizieren können. Eine Abduzierte beschrieb diese Geräusche als Summen, Brummen und Pfeifen. Auch eine andere Betroffene hört ein brummendes Geräusch, das sie nicht zuordnen kann. Eine andere Frau erinnerte das Geräusch an das Aufschlagen eines Tischtennisballs, der langsam an Energie verliert. Warum gerade Betroffene des Abduktions-Phänomens so häufig unerklärliche Geräusche wahrnehmen, ist ein großes Rätsel. Bislang gibt es keine Hinweise auf die Quelle dieser Laute.

Wie ich bereits zuvor kurz erläutert hatte, scheinen in unserer Welt mehrere Realitäten beziehungsweise Realitätsebenen zu existieren. In unserem Wachbewusstsein – entsprechend der Beta-Gehirnwellenaktivität – nehmen wir lediglich die uns vertraute physische Alltagswelt wahr. In anderen Bewusstseinszuständen, wie etwa beim Tagträumen oder in leichter Trance (Alpha-Zustand) sowie beim Übergang von der Wach- in die Schlafphase (Theta-Zustand), sind wir hingegen für diese anderen Wahrnehmungsebenen offen. Dort spielen sich dann nicht nur ET-Kontakte auf nicht-physischer Ebene ab (wie etwa bei der DMT-Studie von Dr. Strassman), sondern es sind auch visuelle Wahrnehmungen möglich, die mit diesen Realitäten assoziiert sind.

Es wäre daher naheliegend, dass Abduzierte – zumindest zeitweise – auch einen auditiven Zugang zu diesen für uns unsichtbaren und unhörbaren Realitätsebenen haben. So wie medial begabte Menschen oft besondere Energien oder Auren wahrnehmen können, scheinen die Abduzierten auch für Geräusche aus dieser verborgenen Welt besonders empfänglich zu sein. Ebenso könnten die Geräusche in einigen Fällen auf in den Kopf des Betroffenen eingeführte Implantate zurückzuführen sein. Eine weitere mögliche Ursache für ungewöhnliche Geräusche, die zugleich den elektromagnetischen Anomalien zugrunde liegen könnte, stelle ich im nächsten Abschnitt vor.

4. *Elektromagnetische Anomalien*

Abduktionsforschung

Ein besonders auffälliges und zudem sehr häufiges Merkmal im Umfeld von Menschen mit ET-Kontakten sind Störungen elektronischer Geräte. In allen acht von Dr. Turner für ihr Buch *Eingriff* untersuchten Fälle gab es dieses Phänomen.[248] So beschrieben beispielweise Lisa und Jane das seltsame Verhalten elektrischer Geräte wie Radios, Lampen, Fernseher und Telefon.[249] Ebenso berichteten Abduzierte dem Forscher Mike Clelland immer wieder, dass bei ihnen Armbanduhren nicht funktionieren; manchmal gehen auch Straßenlaternen aus, wenn diese Menschen unter ihnen hindurchgehen oder daran entlangfahren.[250]

Die Schwestern Debbie Jordan und Kathy Mitchel schilderten überdies verschiedene paranormale und sogar poltergeistähnliche Phänomene, die im Haus ihrer Familie über viele Jahre hinweg immer wieder auftraten. Dazu gehörten unerklärliche Geräusche (wie zum Beispiel von Schritten), eine sich selbständig ein- und ausschaltende Stereoanlage, verschwindende und an merkwürdigen Stellen wieder auftauchende Gegenstände, zerplatzende Glühbirnen und scheinbar aus dem Nichts herabfallende Wassertropfen.[251] Debbie beschreibt auch, wie eines Tages ein ihr wichtiger Ring nicht mehr aufzufinden war.[252] Schließlich kam sie auf die absurde Idee, unter dem Teppichboden des Schlafzimmers nachzusehen. Nachdem sie mit Werkzeugen den Teppich von den Fußleisten getrennt, eine Schutzschicht entfernt und den Teppich bis fast zur Mitte des Schlafzimmerbodens umgeschlagen hatte, lag dort der vermisste Ring. Betroffene aus Deutschland berichteten auch dem Autor Dr. Johannes Fiebag von paranormalen Effekten, die in ihrem Leben immer wieder auftraten.[253]

Abduktionsfälle aus Deutschland

Wie bei der Wahrnehmung ungewöhnlicher Geräusche lag auch bei den elektromagnetischen Anomalien die Trefferquote in der Referenzgruppe bei über fünfzig Prozent. Das Auftreten elektromagnetischer Anomalien im Alltag von Abduzierten gehört für mich zu den faszinierendsten und erstaunlichsten Aspekten des Abduktions-Phänomens. Zu den mir von den Betroffenen berichteten Vorgängen gehören:

- Computer, Stereoanlage, Fernseher, Radio und Lampen schalten sich von alleine aus und an;

- Armbanduhren und Uhren in der Wohnung bleiben immer wieder stehen;
- Elektrische Geräte (zum Beispiel Wasserkocher) fallen aus oder funktionieren nicht, wenn der/die Betroffene sie benutzen möchte (im konkreten Fall betraf dies unter anderem Fernbedienungen und Touch-Lampen);
- Straßenlaternen flackern oder gehen in dem Moment aus, wenn der Betroffene unter ihnen vorbei geht.

Ich habe mich lange gefragt, was hinter diesem auffälligen Phänomen stecken könnte. Ist dies etwa ein Nebeneffekt von Implantaten in den Körpern der Betroffenen (bei denen ja eine elektromagnetische Strahlung gemessen wurde)? Oder haben die ET-Kontakterlebnisse Einfluss auf das elektromagnetische Feld der Abduzierten? Beides schien mir nicht besonders überzeugend zu sein. Daher war ich froh, auf eine überzeugendere Erklärung zu stoßen.

In der paranormalen Forschung gibt es die Hypothese, dass sogenannte Poltergeistphänomene (Glühbirnen zerplatzen, Bilder fallen von den Wänden, Lichter gehen aus etc.) auf die unbewusste Energie einer der beteiligten Personen zurückzuführen ist. So auch in dem berühmten Poltergeistfall von Rosenheim. Dort schienen die von Physikern gemessenen ungewöhnlichen Spukphänomene in einer Anwaltskanzlei mit der jungen Auszubildenden Annemarie Schaberl in Verbindung zu stehen. Als diese die Kanzlei verließ, endeten die Phänomene schlagartig.

Professor Hans Bender vom Freiburger Institut für Grenzgebiete der Psychologie und Psychohygiene unterzog Frau Schaberl eingehenden psychologischen Untersuchungen und kam zu dem Ergebnis, dass sie instabil und reizbar sei sowie an frustrierter Wut leide. Nach Ansicht von Professor Bender habe sich all ihre Enttäuschung per Psychokinese entladen und so die Phänomene ausgelöst, mit denen das Büro zu kämpfen hatte.[254] In ihrer per Channeling übermittelten Botschaft erklärt die Außerirdische Sasha die elektromagnetischen Anomalien in der Umgebung von Abduzierten genau mit diesem Mechanismus. Hierzu geht sie zunächst auf die unbewussten emotionalen beziehungsweise energetischen Vorgänge bei Missbrauchserlebnissen in der Kindheit ein und erläutert:

> »Ihr wisst, dass Missbrauchserlebnisse im Kindesalter oft nur in Erinnerungsfragmenten zugänglich sind. Ein Teil des Missbrauchs wird vielleicht erinnert, anderes nicht. Diese unaufgelösten Erinnerungsfragmente sammeln im menschlichen Bewusstsein Energie oder ein Momentum an, weil sie unerkannt sind. Schließlich treten Symptome in eurer Realität auf, die unmittelbar mit diesen unterdrückten Erinnerungen zusammenhängen. Beim Missbrauch sind das zum Beispiel oft Jähzorn oder emotionale Probleme, mit denen die oder der Betreffende nicht fertig werden. In dieser Form macht sich die unerkannte Energie aus der Erinnerung an den Missbrauch bemerkbar.«[255]

Sasha hatte bereits zuvor eingehend erläutert, dass ET-Kontakte auf allen Bewusstseinsebenen stattfinden, insbesondere auch auf einer unbewussten Ebene. Sie überträgt dann die Vorstellung der emotionalen/energetischen Vorgänge bei Missbrauchserlebnissen auf das ET-Kontakt-Phänomen:

> »Wenn Teile von euch (zum Beispiel das Unterbewusstsein) einen Kontakt erleben, erinnert sich das Wachbewusstsein nicht an den Kontakt, weil er nicht in seinem Zuständigkeitsbereich stattgefunden hat. In den tieferen Bewusstseinsschichten baut sich dann ein Druck auf. Diese Energie muss irgendwie abgelassen werden, damit der Druck sinkt und seelischer Schmerz vermieden werden kann.«[256]

Schließlich stellt sie die Parallele zwischen den energetischen Vorgängen bei ET-Kontakten und Poltergeistphänomenen her:

»So intensiv unterdrückte Energie muss irgendwie nach außen treten, oft in rein energetischer Form. Sie kann die Gestalt paranormaler Phänomene annehmen – die sogenannte Poltergeistaktivität. [...] Wenn die Energie des unerkannten außerirdischen Kontakts im menschlichen Bewusstsein nicht verarbeitet wird, kann sie sich über unerklärliche Phänomene wie Poltergeistaktivität in eurer Realität bemerkbar machen.«[257]

Hierzu gehören dann – wie Sasha ausführt – elektromagnetische Vorgänge, aber auch merkwürdige Geräusche.

5. *Zeitverlust (Missing Time)*

Abduktionsforschung

Das Phänomen des Zeitverlusts stellt für Betroffene sicher eines der verwirrendsten und beunruhigendsten Aspekte ihrer ET-bezogenen Erlebnisse dar. Die plötzliche Erkenntnis, sich selbst keine Rechenschaft mehr über einen mitunter stundenlangen Zeitraum des eigenen Lebens abgeben zu können, offenbart dem Menschen seine vollkommene Hilflosigkeit gegenüber den Einflussmöglichkeiten der Fremden. Zum Beispiel gab es in sieben der acht von Dr. Karla Turner für ihr Buch *Eingriff* untersuchten Fälle betroffener Frauen das Phänomen fehlender Zeit.[258]

Es erinnern sich auch viele Betroffene daran, wie sie tagsüber als Kind draußen spielten und auf einmal – ohne sich dies erklären zu können – erst nach Einbruch der Dunkelheit wieder nach Hause kamen.[259] Natürlich konnten sie ihren Eltern keine Erklärung für ihr stundenlanges Verschwinden geben, was häufig zu entsprechenden Konsequenzen seitens der besorgten und aufgebrachten Eltern führte (eine Betroffene aus Deutschland schilderte mir ebenfalls ein solches Kindheitserlebnis). Zahlreiche andere Betroffene berichten überdies von auffälligen Zeitverlusten, die oft bei Autofahrten bemerkt werden oder mit einem unerklärlichen Ortswechsel verbunden sind.[260]

Auch Zeitverluste kamen in der Referenzgruppe mehrfach vor. Dies betraf jeweils Autofahrten, wobei sich die Betroffenen gleich an mehrere solcher Missing-Time-Erlebnisse erinnern konnten. Der Zeitverlust betrug jeweils zwischen etwa einer halben und einer Stunde. Hierbei verriet sich das Missing-Time-Erlebnis den Betroffenen auf zweifache Weise: 1) Sie kamen später am Zielort an, als dies unter normalen Umständen hätte sein dürfen; 2) Für einen Teil der Wegstrecke fehlt jegliche Erinnerung. So erinnert sich eine Betroffene lediglich daran, wie sie einen Berg hochgefahren war, jedoch nicht mehr an die Fahrt bergab und durch die beiden nachfolgenden Orte. Erst in Bezug auf den dritten Ort, der unweit ihres Fahrtzieles lag, setzt die Erinnerung wieder ein. Diese Beschreibung eines Zeitverlustes während einer Autofahrt erinnert stark an die von Betty und Barney Hill beschriebene Rückfahrt aus dem Urlaub, nachdem beide zuvor ein UFO gesehen hatten.

6. *Zeitgewinn*

Abduktionsforschung

Wenige Forscher sind bisher näher auf das Phänomen des *Zeitgewinns* eingegangen. Ich hatte bereits darauf hingewiesen, dass dieser Vorgang gegenüber dem viel häufigeren Zeitverlust offenbar eine ganz andere Qualität besitzt. Während bei Missing Time lediglich infolge einer Erinnerungslücke der Eindruck entsteht, Zeit sei verloren gegangen, muss es sich beim Zeitgewinn um eine wirkliche Zeitanomalie handeln.

Die Hypnosetherapeutin und UFO-Forscherin Dolores Cannon widmet dankenswerterweise in ihrem Buch *Custodians* (»Aufseher/Betreuer«) ein ganzes Kapitel diesem erstaunlichen Phänomen, das sie als *condensed time*, also verdichtete Zeit, bezeichnet. Die dort geschilderten Erfahrungen sprechen dafür, dass der Betroffene bei diesem Vorgang tatsächlich unser Raum-Zeit-Kontinuum vorübergehend verlässt. Dies entspricht im Übrigen genau der Erklärung, die Dolores Cannon im Rahmen eines ET-Channeling gegeben wurde. (»She transcended your dimension, and her car was not on your plane nor was she.« – »Sie verließ deine Dimension, und ihr Auto existierte nicht mehr auf deiner Ebene, so wenig wie sie selbst.«)[261]

Der Zusammenhang stellt sich also wie folgt dar:

1. Der Betroffene hält sich während des ET-Kontakterlebnisses in einer anderen Dimension beziehungsweise auf einer anderen Raum-Zeit-Ebene auf.
2. Dort herrscht ein relativ zu unserer 3D-Realität abweichender Zeitfluss.
3. Bei der Rückkehr des Betroffenen kommt es zu dem beobachteten Zeitgewinn bezogen auf unsere Raumzeit.

Interessant ist insofern auch, dass verschiedene Betroffene von ähnlichen Effekten im Laufe dieser Erfahrung berichten. So hatte Eddie den Eindruck, dass er während des Vorgangs für seine Mitmenschen unsichtbar war, und für Janet schien die Welt um sie herum zu einem plötzlichen Stillstand gekommen zu sein, während sie sich weiter bewegen konnte.[262] Dabei schienen nicht nur alle Autos, Menschen, Tiere und jegliche Bewegung verschwunden zu sein, es war auch kein Geräusch mehr vernehmbar.[263] Sie hatte das Gefühl, zusammen mit ihrer Begleiterin in einer Art Zeitblase gefangen zu sein. Auch Janice beschreibt ein Erlebnis, bei dem sie das Gefühl hatte, ihr Zeitablauf habe sich plötzlich verändert; sie stellte verwundert fest, dass ihre Mitmenschen sie nicht mehr sehen konnten und sie selbst keine Umgebungsgeräusche mehr wahrnahm.[264] Andere Abduzierte berichten ebenfalls von einem Gefühl, sich wie in Zeitlupe zu bewegen oder sich in einer Art anderen Zeitdimension zu befinden.[265] Interessanterweise hat der Autor Marc Davenport bereits in seinem 1992 erschienenen Buch *Visitors from Time* (»Besucher aus der Zeit«) die Vermutung geäußert, dass bei UFO-Kontakten auftretende Zeitverzerrungen für die immer wieder beobachtete unheimliche Stille während UFO-Sichtungen verantwortlich sein könnten.[266]

Abduktionsfälle aus Deutschland

Auch ein Zeitgewinn, bei dem es sich um eine echte Zeitanomalie handeln muss, wurde von mehreren Betroffenen aus Deutschland festgestellt. So erinnerte sich eine Zeugin daran, dass sie bei einer Autofahrt, die normalerweise zwischen zwei bis drei Stunden dauert, bereits nach eineinhalb Stunden am Ziel war. Und dies, obwohl die Fahrt an einem Freitag erfolgte und es recht viel Verkehr gab.

7. Aufwachen an einem anderen Ort

Abduktionsforschung

In der Abduktionsforschung wurde bisweilen von einem rätselhaften Ortswechsel Abduzierter berichtet. Dabei stellten die Betroffenen fest, dass sie an einem anderen Ort erwachten oder wieder zu Bewusstsein kamen als dem Ort, an dem sie sich zuletzt aufgehalten hatten beziehungsweise zu Bett gegangen waren. Bei einem Zeitverlust während einer Autofahrt ist dies meist eine zwangsläufige Folge (wie im Fall von Betty und Barney Hill).

Abduktionsfälle aus Deutschland

Kein Abduzierter hat mir bislang davon berichtet, an einem anderen Ort aufgewacht zu sein.

8. Ungewöhnliche Position im Bett

Abduktionsforschung

Häufig berichten Betroffene davon, dass sie schon einmal verkehrt herum im Bett aufwachten; oft erfolgt dies nach einem UFO-bezogenen Traum.[267] So berichtet Budd Hopkins von einem Fall, bei dem die Betroffene Joyce Lloyd sich – in Verbindung mit ungewöhnlichen Erinnerungen – mit dem Kopf am Fußende des Bettes wiederfand; in einem anderen Fall, der eine Mutter und mehrere ihrer Kinder betraf, wachten drei der Kinder am nächsten Morgen in falschen Betten auf.[268] Noch deutlicher ist der Zusammenhang mit dem Entführungsphänomen in einem weiteren von Budd Hopkins geschilderten Fall. Dort fand eine junge Frau ihre Cousine nackt und verkehrt herum im Bett liegend vor, nachdem sie kurz zuvor das Zimmer zum wiederholten Male abgesucht hatte.[269] Zudem stimmten die Erinnerungen der beiden Frauen an ein gemeinsames Entführungserlebnis überein.

Es hat somit den Anschein, dass die Fremden beim Zurückbringen der Entführten bisweilen etwas nachlässig sind und der Betroffene verkehrt herum wieder in sein Bett befördert wird. Möglicherweise hinterlassen sie aber auch – wie bereits erörtert – auf diese Weise absichtlich einen Hinweis auf die nächtliche Begegnung.

Abduktionsfälle aus Deutschland

Sieben Abduzierte aus der Referenzgruppe sind schon einmal in einer ungewöhnlichen Position in ihrem Bett aufgewacht. Meist lagen sie dabei komplett verkehrt herum im Bett, das heißt mit den Füßen am Kopfende. Dass ein Mensch bei einem unruhigen Schlaf sich im Bett bewegt und vielleicht sogar schräg oder quer im Bett liegend erwacht, dürfte nicht weiter ungewöhnlich sein. Eine vollständige 180-Grad-Drehung während des Schlafens zu bewerkstelligen, scheint jedoch für einen Erwachsenen – zumindest in einem Einzelbett – nahezu unmöglich zu sein. Natürlich ist es denkbar, dass manche der Betroffenen nachts schlafwandeln und sich dann bei der Rückkehr verkehrt herum ins Bett legen. Eher unwahrscheinlich ist es aber, dass in einer Gruppe von zwölf Personen dies gleich bei sieben Personen passiert.

Es liegt hier deshalb die Vermutung nahe, dass es einen Zusammenhang mit dem Abduktions-Phänomen gibt. So könnte es sein, dass die

Fremden die Menschen nach ihrer Entführung schlicht verkehrt herum wieder in ihrem Bett abliefern. Wie wir unter Punkt 9 (fehlende oder falsch angeordnete Nachtbekleidung) gleich noch sehen werden, wäre dies jedenfalls nicht das einzige (absichtliche?) Missgeschick, das den Fremden im Rahmen ihrer Massenentführungen unterläuft.

9. Fehlende oder falsch angeordnete Nachtbekleidung

Abduktionsforschung

Ein recht häufiges und zudem auffälliges Indiz für Entführungsfälle sind fehlende oder falsch angeordnete Teile der Nachtbekleidung.[270] In sechs der acht von Dr. Turner für ihr Buch *Eingriff* untersuchten Fälle stellten die betroffenen Frauen am Morgen fest, dass ihre nächtliche Bekleidung auf unerklärliche Weise durcheinander geraten war.[271] So bemerkte etwa Anita nach dem Aufwachen, dass sie ihr Nachthemd mit dem Rücken nach vorn trug; ein anderes Mal war das Nachthemd nicht nur verkehrt herum, sondern zugleich noch auf links gedreht; Ähnliches erlebte Jane.[272] Und die Betroffene Saskia erwachte nach ungewöhnlichen nächtlichen Erlebnissen am nächsten Morgen oft unbekleidet, während ihr Nachthemd irgendwo im Zimmer lag oder am Fußende des Bettes halb unter der Matratze steckte.[273]

Abduktionsfälle aus Deutschland

Vier der Betroffenen aus der Referenzgruppe stellten morgens nach dem Aufwachen schon einmal fest, dass ihre Nachtbekleidung falsch herum angezogen beziehungsweise das Oberteil auf links gedreht war. Es scheint kaum möglich zu sein, während des Schlafens ein solches Kunststück des Kleidungstauschs zu vollbringen. Deshalb käme auch hier – als »normale« Erklärung – nur eine Art Schlafwandeln in Betracht. Dass der Betroffene dabei ein Kleidungsstück auszieht und dann verkehrt herum wieder anzieht, wirkt allerdings eher abwegig.

Eine einfachere Erklärung liefert das Abduktions-Phänomen. Dies gilt besonders in den Fällen, in denen zahlreiche weitere Indizien für ein ET-Entführungserlebnis sprechen. Schließlich ist aus den Berichten der Abduzierten bekannt, dass diese vor der Untersuchung an Bord des UFOs ihre Kleidung abgenommen bekommen oder selbst ablegen. Offenbar kommt es dann zu kleinen Ungenauigkeiten, wenn den Betroffenen nach ihrer Untersuchung die Kleidung von den Fremden wieder angezogen wird (oder sie sich diese selbst wieder anziehen). Diese Erklärung scheint auch die einzige zu sein, die den selten auftretenden Fall erklären kann, dass ein Abduzierter am nächsten Morgen mit *fremder* Kleidung erwacht. Da häufig berichtet wird, dass an Bord des UFOs gleichzeitig noch andere Entführte untersucht werden, lässt sich auch eine solche Verwechslung recht einfach nachvollziehen.

10. Scheinschwangerschaft

Abduktionsforschung

Bei ihren Falluntersuchungen stellten die Forscher immer wieder fest, dass weibliche Abduzierte nach Entführungserlebnissen überraschend schwanger wurden und eine solche Schwangerschaft dann unter medizinisch bestätigten, ungewöhnlichen Umständen vorzeitig – meist im zweiten oder dritten Monat – endete.[274] Diesem beunruhigenden Aspekt des Abduktions-Phänomens gaben die Forscher den Namen »Missing Embryo Syndrome«. So berichtet Dr. Johannes Fiebag, dass von insgesamt zwölf weiblichen Entführten, die sich im Zeitraum zwischen Mai 1993 und Februar 1994 an ihn wandten, bei fünf anomale »Schwangerschaften« beziehungsweise »Geschwülste« im Uterus auftraten.[275] Zwischen der achten und der zwölften Woche waren diese Schwangerschaften wieder beendet, ohne irgendwelche Anzeichen eines Abgangs, einer Fehlgeburt oder einer Abtreibung.

Ein solcher Fall betrifft Debbie Jordan, die Anfang 1978 eine durch Tests bestätigte Schwangerschaft feststellte.[276] Als sie dann im März nach einer Menstruation besorgt einen Arzt aufsuchte, konnte keine Schwangerschaft mehr nachgewiesen werden. Ihr Arzt war verblüfft, da es keine Hinweise auf eine natürliche Fehlgeburt gab. Wie er Debbie mitteilte, war er sich nicht sicher, was vorgefallen war.

Debbie hatte sich immer gewundert, warum sie in der Nacht vor dem Arztbesuch im Bett ihrer kleinen Nichte aufgewacht und wie sie eigentlich dorthin gekommen war. Auch konnte sie sich ihr damaliges plötzliches Gefühl, nicht mehr schwanger zu sein, niemals erklären. Unter Hypnose erinnerte sie sich jetzt daran, wie sie in einem weißen Raum auf einem Tisch lag, ihre Beine weit gespreizt wurden und durch Greys ein Eingriff an ihrem Unterleib erfolgte. Nach dem schmerzhaften Vorgang sah sie, wie einer der Greys ein winziges, sich bewegendes Wesen in seinen Händen hielt. Als sie realisierte, was gerade geschehen war, überkam sie große Wut und sie beschimpfte den Grey, der ihr ohne ihre Einwilligung ihr Kind wegnahm.

Trotz dieses schrecklichen Erlebnisses ist Debbie glücklich darüber, dass ihr einige Jahre später an Bord eines Raumschiffs von zwei Greys ein kleines Mädchen gezeigt wurde.[277] Das etwa vierjährige, blasse Mädchen war sehr zierlich, hatte winzige Ohren, die tief an ihrem Kopf saßen, einen winzigen Mund, große blaue Augen und schneeweißes Haar. Beim Anblick dieses ungewöhnlichen Mädchens wurde Debbie von Liebe und mütterlichen Instinkten überwältigt.

Auch Catherine erinnerte sich unter Hypnose an eine während der Entführung erfolgte Entnahme eines etwa drei Monate alten Fötus, der die typischen Augen der Greys besaß.[278] Ähnliches erlebten viele andere Frauen. So trat auch bei dem von Dr. Fiebag zusammen mit der Gynäkologin Dr. Ruth Kremser untersuchten Fall von Maria Struwe das typische Missing Embryo-Szenario auf.[279] Nachdem Maria Struwe im Sommer 1986 alle körperlichen Anzeichen einer Schwangerschaft zeigte, erwachte sie am Ende des dritten Schwangerschaftsmonats eines Morgens schweißgebadet und körperlich ausgelaugt. Sie erinnerte sich bruchstückhaft an ein nächtliches Erlebnis, bei dem sie von drei kleinen Gestalten umgeben auf einem »Operationstisch« lag. Die danach angesetzte Untersuchung des Frauenarztes ergab, dass keine Schwangerschaft mehr vorlag. Auch hier endete also die Schwangerschaft nach etwa drei Monaten. Der Betroffenen Lucy Sanders wurde von den Fremden sogar eine Erklärung für den frühen Zeitpunkt der Fötusentnahme gegeben:

> »Wir sind in der Lage, die Embryonen durch unsere eigenen Frauen großziehen zu lassen. Aber bei den Menschenfrauen müssen sie innerhalb der ersten drei Monate entfernt werden, damit die Frauen nicht erkennen, dass sie als Wirt für ein Implantat dienen. Aus psychologischer Sicht verhält es sich so, dass die Frau in den ersten drei Monaten, wenn sie nichts von dem Embryo weiß, ein ganz normales Leben führt, so dass für ihn keine negativen Auswirkungen zu befürchten sind.«[280]

Wenn diese Informationen korrekt sind, dann würde dies zugleich eine wichtige Wahrnehmung mancher Abduzierter bestätigen: die Vermutung, dass es sich bei einigen der großen Greys um weibliche Wesen handelt, obwohl keine äußerlichen Geschlechtsmerkmale erkennbar sind. Auch Debbie Jordan fühlte, dass die beiden Greys, die ihr das kleine Mädchen zeigten, weiblich waren.[281]

Abduktionsfälle aus Deutschland

Aus der US-amerikanischen Abduktionsforschung war mir bekannt, dass immer wieder von Scheinschwangerschaften berichtet wurde. Allerdings hätte ich niemals erwartet, bei meiner Arbeit mit Abduzierten aus Deutschland in einer solchen Häufigkeit mit diesem Phänomen konfrontiert zu werden. Jede *zweite* Abduzierte aus der Referenzgruppe hatte bereits eine oder mehrere Scheinschwangerschaften. In einem Fall trat auch bei der Freundin eines männlichen Betroffenen eine Scheinschwangerschaft auf. Selbstverständlich ist es kaum möglich, ohne eingehende fachärztliche Untersuchung zu einer sicheren Beurteilung eines solchen Vorgangs zu kommen. Trotzdem sind diese Fälle als durchaus ungewöhnlich einzustufen, und auch die beteiligten Ärzte schienen nach Auskunft der Abduzierten ratlos zu sein.

Zwei dieser bemerkenswerten Fälle möchte ich hier etwas ausführlicher schildern. So berichtete mir eine Frau, dass bei ihr eine Schwangerschaft auftrat, obwohl sie eigentlich nicht hätte schwanger sein dürfen. Dabei gab es über das Bestehen der Schwangerschaft nicht den geringsten Zweifel. Es war nicht nur ein Herzschlag nachweisbar, auf dem Ultraschallbild war auch bereits der Fötus erkennbar. Somit schien – was den Verlauf der Schwangerschaft anging – zunächst alles in Ordnung zu sein. Bis die junge Frau im vierten Monat eines Nachts die starke Eingebung hatte, dass irgendetwas nicht stimmte. Nachdem auch noch plötzlich aufgetretene Bauchschmerzen immer schlimmer wurden, suchte sie schließlich ein Krankenhaus auf. Dort erwartete sie eine unglaubliche Überraschung. Ein Herzschlag war nicht mehr feststellbar. Und nicht nur das. Auf dem Ultraschallbild war nur noch die Fruchtblase zu sehen. Das Embryo hatte sich, so die Aussage des Arztes, einfach aufgelöst. Es war spurlos verschwunden. Eine medizinische Erklärung gab es nicht.

Eine weitere Abduzierte berichtete mir ebenfalls, dass bei ihr zunächst alle Anzeichen einer Schwangerschaft vorlagen. Dabei fielen nicht nur der Schwangerschaftstest und eine ärztliche Untersuchung des Urins positiv aus, auch war auf dem Ultraschall bereits die Fruchtblase zu sehen. Als die Betroffene im dritten Monat wegen einer weiteren Ultraschallaufnahme das Krankenhaus aufsuchte, erlebte auch sie eine traurige und schockierende Überraschung. Es war weder auf der Ultraschallaufnahme ein Embryo zu erkennen, noch konnten Herztöne festgestellt werden. Eine Erklärung hierfür gab es nicht. Ein Abgang war nicht erfolgt, und auch die vorgenommene Ausschabung konnte keine weiteren Erkenntnisse liefern.

Wie bereits erwähnt, ist eine abschließende Beurteilung dieser Fälle kaum möglich. Zum einen könnte es sich zum Teil um echte Scheinschwangerschaften handeln, das heißt um Fälle, bei denen zwar Anzeichen für eine Schwangerschaft vorliegen, aber sich kein Embryo herausbildet. Zum anderen kommen auch aufgrund unterschiedlichster Komplikationen (zum Beispiel Infektionen oder hormonelle

Störungen) Fehlgeburten vor, bevor das Kind lebensfähig ist. Die Angaben zur Häufigkeit solcher Aborte, bei denen die Schwangerschaft vorzeitig endet, schwanken. Nach Wikipedia sollen etwa dreißig Prozent der Frauen in ihrem Leben einmal oder mehrmals von einer Fehlgeburt betroffen sein.[282] Nach einer anderen Quelle liegt die Abortrate der klinisch erkannten Schwangerschaften zwischen zehn und fünfzehn beziehungsweise zwanzig Prozent.[283] Im Ergebnis kommt es allerdings entscheidend darauf an, welche Zeiträume der Schwangerschaft man betrachtet. So erleiden nur wenige Schwangere nach der zwölften Schwangerschaftswoche eine Fehlgeburt.[284] Achtzig Prozent der Aborte sollen demnach vor diesem Zeitpunkt stattfinden.[285] Sicher scheint jedenfalls zu sein, dass Fehlgeburten aufgrund natürlicher Ursachen nicht gerade selten auftreten. Dennoch kommen bei Abduzierten immer wieder Fälle vor, die auch die behandelnden Ärzte in Erstaunen versetzen. Dies sind vor allem solche Fälle, bei denen ein bereits nachgewiesenes Embryo plötzlich verschwunden ist, ohne dass ein Abgang erfolgte oder Symptome einer Fehlgeburt wie eine Blutung festgestellt wurden.

Vor dem Hintergrund des Abduktions-Phänomens und der bei den Untersuchungen gewonnenen Erkenntnisse sind vor allem zwei Punkte wichtig: 1) Das Embryo verschwindet in der Regel nach dem dritten Monat, das heißt während einer Schwangerschaftsphase, in der Fehlgeburten nur selten vorkommen. 2) Es ist bekannt, dass die Rasse der Greys ein genetisches Zuchtprogramm durchführt, bei der nicht nur Genmaterial von Männern und Frauen entnommen wird, sondern weibliche Abduzierte auch zur Austragung des hybriden Nachwuchses verwendet werden. Dass eine Abduzierte alle Anzeichen für eine – oftmals nicht erklärbare – Schwangerschaft feststellt und anschließend das Embryo plötzlich verschwindet, fügt sich somit nahtlos in den größeren Rahmen des Abduktionsszenarios ein.

Es ist demnach davon auszugehen, dass bei einigen weiblichen Betroffenen genau das geschieht, was infolge unserer Erkenntnisse über die Motive der Greys zu erwarten ist: Während einer ersten Entführung wird die Frau an Bord des Raumfahrzeugs künstlich befruchtet; bei einer zweiten Entführung – etwa zwölf Wochen später – wird ihr der sich aus der befruchteten Eizelle entwickelte und genetisch veränderte Fötus wieder entnommen. Dazu passt wiederum die Beobachtung mehrerer Abduzierter, die an Bord des UFOs Räume mit Behältern sahen, in denen kleine Föten mit hybriden Merkmalen schwammen.

11. Der Zwang, einen unbekannten/abgelegenen Ort aufzusuchen

Abduktionsforschung

Viele Betroffene berichten davon, einen unwiderstehlichen und für sie unerklärlichen Drang verspürt zu haben, einen abgelegenen Ort aufzusuchen. In sieben der acht von Dr. Karla Turner untersuchten Fälle hatten die betroffenen Frauen schon einmal ein derartiges zwanghaftes Verhalten erlebt.[286] So erinnert sich beispielsweise Amy daran, im Alter von zehn Jahren eines Morgens sehr früh allein auf ein nahegelegenes Feld gegangen zu sein.[287] Allerdings hatte sie keine Ahnung, warum sie dorthin ging, und sie konnte sich auch nicht daran erinnern, was geschah, als sie dort ankam. Ähnliches erlebte Kathy Mitchell (Pseudonym Laura), die Schwester von Debbie Jordan, deren Fall Budd Hopkins in seinem Buch *Eindringlinge* beschreibt.[288] Allerdings kann Kathy ihr Verhalten mit der Sichtung eines UFOs in Verbindung bringen. Zunächst glaubte Kathy, dass sie auf dem Heimweg wie unter Zwang auf den verlassenen Parkplatz einer Kirche gefahren sein musste. Spätere Erinnerungen deuten jedoch darauf hin, dass ihr Fahrzeug direkt von der menschenleeren Straße dorthin versetzte wurde.[289] Als sie nach diesem Ortswechsel in ihrem Auto sitzend nach oben schaute, sah sie ein silberfarbenes Objekt mit blinkenden Lichtern, das lautlos in Höhe der Telefonmasten direkt über ihrem Fahrzeug schwebte. Danach trat ein Zeitverlust ein. Auch Christine Quiblier ging immer wieder an eine bestimmte Stelle im Wald, um dort auf eine silberne Kugel zu warten, die sie abholte.[290] Und auch Betty Luca beschreibt, wie sie den Zwang verspürte, das Haus mit ihren schlafenden Kindern zu verlassen und in den Wald zu gehen. Unter Hypnose erinnert sie sich an diesen Vorfall wie folgt:

> »Ich fühle mich seltsam, als ob etwas mich vorwärtszieht. Ich gehe den Hügel hinauf. [...] Ich weiß nicht, warum ich das tue. [...] Da steht ein seltsames Wesen, und ich habe Angst vor ihm ... Es starrt mich an, und ich kann mich nicht bewegen.«[291]

Abduktionsfälle aus Deutschland

Die Hälfte der Betroffenen meiner Referenzgruppe aus Deutschland verspürte schon einmal den inneren Drang oder Zwang, einen abgelegenen Ort aufzusuchen. Zwei dieser Erfahrungen werde ich nachfolgend schildern.

Eine Betroffene erzählte mir, wie sie im Februar 2006 gegen 21 Uhr abends plötzlich eine innere Unruhe überkam. Dabei spürte sie den starken Drang, das Haus zu verlassen, sich ins Auto zu setzen und loszufahren. Etwa eine Stunde fuhr sie dann, ohne zu wissen, wohin es eigentlich gehen sollte. Als sie schließlich ihr Fahrzeug anhielt (es kamen gerade die 22-Uhr-Nachrichten), stellte sie fest, dass sie sich irgendwo außerhalb der Ortschaften in der freien Natur befand. Weder kannte sie diesen Ort, noch hatte sie eine Ahnung davon, wo sie sich eigentlich aufhielt. Sie blieb im Auto sitzen und schaltete wie unter Zwang den Motor aus. An das, was danach geschah, fehlt ihr jede Erinnerung. – Die Zeugin kann sich erst wieder erinnern, wie sie von dem unbekannten Ort wegfuhr, um gegen 23.30 Uhr zu Hause anzukommen. Ich fragte sie, wie sie es geschafft habe, wieder nach Hause zu finden. Dazu stellte sie fest, dass auch die Rückfahrt automatisch – wie ferngesteuert – ablief. Sofern man unterstellt, dass die Fahrt nach Hause, wie die Hinfahrt, etwa eine Stunde dauerte, muss der Aufenthalt am Zielort rund dreißig Minuten gedauert haben. Was in dieser Zeit (Missing Time) geschah, bleibt vorerst ein Rätsel.

Eine andere Betroffene berichtete mir davon, wie sie manchmal als Kind früh morgens bei Sonnenaufgang aufstand (obwohl sie eigentlich eine Langschläferin ist), das Haus verließ und in die anliegenden Felder und Wiesen »spazieren« ging. Dabei lief sie immer zu einem bestimmten Baum, ohne sich jedoch erinnern zu können, an diesem Baum auch wirklich angekommen zu sein. Sie kann sich auch nicht erklären, was sie bei diesen frühmorgendlichen Ausflügen eigentlich gemacht hat.

Der Zweck dieses bei Abduzierten recht häufig auftretenden Phänomens scheint unter anderem darin zu bestehen, ein unbemerktes physisches Zusammentreffen zwischen den Fremden und den betroffenen Menschen zu ermöglichen. Auch nach Ansicht von Budd Hopkins geht es offenbar darum, das potentielle Entführungsopfer an einen Ort zu »locken«, der es der UFO-Besatzung gestattet, effizient, sicher und heimlich zu operieren.[292] Ein Beispiel dafür ist der Fall von Catherine.[293] Sie fuhr mit ihrem Auto wie unter Zwang in ein Waldgebiet abseits des Highways. Obwohl ihr Fuß unverändert auf dem Gaspedal stand und die Straße eben verlief, wurde ihr Wagen langsamer und blieb schließlich stehen. Danach näherte sich ein Grey ihrem Fahrzeug, öffnete die Wagentür und führte sie von der Straße weg in den Wald hinein. Als Nächstes bewegten sich beide nach oben Richtung Himmel (ein von vielen Entführten berichtetes Schweben durch die Luft), wo ein riesiges Raumschiff auf sie wartete. Es folgte ein typisches Untersuchungsszenario. Ungewöhnlich war hierbei, dass Catherine nicht das einzige Untersuchungsobjekt an Bord war. Sie sah in einem großen Raum lange Tischreihen, auf denen zum Teil auch Menschen lagen, die bestimmten Eingriffen unterzogen wurden. Sie schätzt, dass sich zwischen einhundert und zweihundert Menschen und außerirdische Wesen in diesem Raum befanden.

Das Vorgehen im Fall Catherine sowie in zahlreichen anderen Fällen unterstreicht zum einen das verdeckte, im Verborgenen stattfindende Handeln der Fremden. Darüber hinaus führt es uns aber auch die große Macht und mentale Überlegenheit der Außerirdischen vor Augen. Sie sind nicht nur in der Lage, telepathisch mit uns zu kommunizieren,

Informationen an uns zu übertragen und unsere Erinnerungen zu löschen. Sie können uns offenbar auch recht effektiv ihren Willen aufzwingen und uns bestimmte Handlungen ausführen lassen. Damit stellt sich natürlich die Frage, in welcher Form und wie oft derartige Manipulationen – abgesehen vom Dirigieren an einen abgelegenen Ort – sonst noch in unserem Alltag geschehen.

12. *Nächtliche Bewegungsunfähigkeit, Angst und Schlafstörungen*

Abduktionsforschung

Wir haben bereits gesehen, dass sich ein bevorstehendes Entführungserlebnis oft durch eine plötzliche Bewegungsunfähigkeit des Betroffenen ankündigt. Betty Luca bemerkte beispielsweise zunächst eine ebenfalls häufig berichtete unheimliche Stille. Zugleich spürte sie, wie ihr Körper von Kopf bis Fuß vollkommen paralysiert war.[294] Ein solches Ausgeliefertsein, erlebte Schmerzen und die Angst vor einer Wiederholung führen zu einem weiteren Problem, mit dem Abduzierte zu kämpfen haben: massive Schlafstörungen. So leiden alle acht Betroffenen, deren Erlebnisse von Dr. Karla Turner für ihr Buch *Eingriff* untersucht wurden, an Schlafstörungen.[295] Auch die Abduzierte Debbie Jordan leidet unter chronischen Angstzuständen, Schlafproblemen und Angst vor der Dunkelheit.[296] Diese psychische Reaktion ist nur allzu verständlich, wenn man bedenkt, dass die Betroffenen oft seit frühester Kindheit immer wieder ungefragt, unvorhersehbar und unter beängstigenden Umständen von fremdartigen Wesen aus ihrem Schlaf gerissen werden.

Abduktionsfälle aus Deutschland

Erst bei der statistischen Auswertung der Betroffenen aus meiner Referenzgruppe stellte ich mit Erstaunen fest, dass *allen* Betroffenen die Erfahrung der kurzzeitigen Bewegungsunfähigkeit beim plötzlichen Wachwerden vertraut war. Dabei schwanken die Angaben über die

Länge des Zeitraums, in dem die Bewegungsunfähigkeit bestand. Eine Abduzierte berichtete beispielsweise, dass sie nachts durch ein Geräusch aufwachte und sich zunächst für etwa fünfzehn Sekunden nicht bewegen konnte. Eine andere Betroffene konnte sich nicht nur an den Zustand der kurzzeitigen Bewegungsunfähigkeit erinnern, sondern auch an eine dabei gemachte, seltsame Beobachtung. Sie wachte nämlich eines Nachts in ihrem Schlafzimmer auf und stellte fest, dass sie ihren Körper *bis auf die Augen* nicht mehr bewegen konnte. Im selben Moment nahm sie eine Gestalt wahr, die sich von ihrem Schlafzimmer aus durch die Tür zur angrenzenden Speisekammer bewegte, die sich am Fuß ihres Bettes befand. Als sie sich wieder bewegen konnte, stand sie auf, nahm all ihren Mut zusammen und schaute in der Speisekammer nach. Dort war jedoch niemand zu sehen. Ein Fenster hatte die Speisekammer nicht, und es gab auch sonst keine Möglichkeit, aus dem Raum herauszukommen. Die Betroffene ist sich vollkommen sicher, dass es sich bei ihrer Beobachtung nicht um die Nachwirkung eines Traums gehandelt hat.

Und noch ein weiterer Punkt ist statistisch auffällig. Zunächst hatte ich mich entschlossen, auf das ebenfalls von mir abgefragte Thema der Schlafstörungen nicht weiter einzugehen. Zu unspezifisch erschienen mir die von den Abduzierten berichteten Probleme mit dem Schlafen. Bei der Durchsicht meiner Unterlagen musste ich aber auch hier überrascht feststellen, dass *alle* Betroffenen aus der Referenzgruppe sowohl (zumindest phasenweise) Angst vor dem Schlafengehen haben als auch unter Schlafstörungen – insbesondere Einschlafproblemen – leiden.

Aus meiner hypnotherapeutischen Arbeit weiß ich, dass Schlafstörungen heutzutage kein seltenes Thema sind. Es gibt allerdings zu den Fällen aus meiner Praxis einen bedeutsamen Unterschied. Hier sind die Ein- oder Durchschlafprobleme regelmäßig auf beruflich oder privat bedingten Stress zurückzuführen. Dies äußerst sich dann immer wieder in der Weise, dass die Klienten beim Schlafengehen oder nachdem sie nachts aufwachen keine Ruhe finden und stundenlang mit kreisenden

Gedanken im Bett liegen. Indem sie lernen, sich selbst in eine tiefe Entspannung zu führen und gleichzeitig die störenden Gedanken über Nacht loszulassen, können sie häufig eine deutliche Verbesserung ihrer Schlafdauer und Schlafqualität erzielen. Bei den *Abduzierten* stehen die Einschlafprobleme hingegen in Zusammenhang mit ihrer oftmals recht ausgeprägten Angst vor dem Schlafengehen.

Und noch etwas: Es geht damit eine ebenfalls bei *allen* Betroffenen der Referenzgruppe bestehende Angst vor Dunkelheit einher, häufig schon seit der Kindheit. Demnach scheint sich bei den Abduzierten vor dem Schlafengehen eine unbewusste Angst vor dem zu manifestieren, was sie während der Nacht erwarten könnte. Hört man die Berichte von Abduzierten über ihre erschreckenden nächtlichen Erlebnisse, bei denen sie von fremden Wesen in ihrem Schlafzimmer überrascht und unter deren Kontrolle gebracht werden, sind solche Ängste auch sehr gut nachvollziehbar. Außerdem ist gegenüber herkömmlichen, zum Beispiel stressbedingten Schlafstörungen, die Häufigkeit solcher Schlafprobleme bei Abduzierten auffällig. Und es gibt noch einen wesentlichen Unterscheid: Übliche Schlafstörungen beginnen meist im Erwachsenenalter aufgrund klar erkennbarer äußerer Faktoren, zum Beispiel der Geburt der Kinder oder familiärer beziehungsweise beruflicher Probleme. Bei den Abduzierten besteht die Angst vor der Dunkelheit und vor dem Einschlafen hingegen schon seit frühester Kindheit.

Im Ergebnis spricht somit einiges dafür, dass Abduzierte nicht zufällig unter Schlafproblemen leiden. Vielmehr handelt es sich um ein dem Abduktions-Phänomen immanentes, durch die belastenden nächtlichen Erfahrungen ausgelöstes Leiden.

13. Sichtung eines UFOs

Abduktionsforschung

Es kommt regelmäßig vor, dass Abduzierte entweder im Zusammenhang mit einem konkreten Entführungserlebnis oder bei anderer

Gelegenheit schon einmal ein unbekanntes Flugobjekt am Himmel gesehen haben. Bei den in der Abduktionsforschung berichteten Fällen können sich die Betroffenen unter Hypnose häufig insbesondere daran erinnern, von den Fremden zu einem wartenden Raumfahrzeug gebracht worden zu sein.

Abduktionsfälle aus Deutschland

Sieben der zwölf Betroffenen aus der Referenzgruppe haben schon mindestens einmal ein unbekanntes Flugobjekt am Himmel gesehen. Dabei handelte es sich nicht um Sichtungen bloßer Lichtpunkte, die auch ein Planet, Stern oder Wetterballon hätten sein können. Vielmehr wurden eindeutig riesige Flugobjekte beobachtet oder ungewöhnliche Lichter, die sich in unkonventioneller Weise am Himmel hin und her bewegten. Es ist davon auszugehen, dass es sich auch bei diesen Sichtungen nicht um bloße Versehen handelt, sondern die Betroffenen die Raumschiffe bewusst wahrnehmen sollten. Möglicherweise haben ihre ET-Kontakterlebnisse aber auch die Wahrnehmung der Abduzierten dahingehend verändert, dass ihnen die Beobachtung eines UFOs leichter als anderen Menschen möglich ist.

14. Sonstige außergewöhnliche Erfahrungen

Unter der Kategorie der sonstigen außergewöhnlichen Wahrnehmungen, Beobachtungen oder Erfahrungen wurde mir eine große Bandbreite zum Teil recht bizarrer Erlebnisse berichtet.

Auf vier dieser Episoden aus dem Leben Betroffener möchte ich nachfolgend näher eingehen. Dabei werde ich entsprechende Parallelen aus der Abduktionsforschung aufzeigen.

So ungewöhnlich diese Erfahrungen auch auf den ersten Blick erscheinen mögen, desto überraschender sind auch hier die deckungsgleichen Erlebnisse zahlreicher anderer Menschen.

Telekinese an Bord

Ein Betroffener erinnert sich daran, wie er als Kind an Bord eines Raumschiffs mit einem etwa tennisballgroßen Ball spielen durfte. Dabei bewegte er den Ball allein mit seinen Gedanken durch die Luft. Dem jungen Mann war es fast unangenehm, mir dies zu berichten, da ihm diese Erinnerung so unsinnig erschien. Ich konnte ihn jedoch beruhigend darauf hinweisen, dass bereits mehrfach von Spielgruppen oder Unterrichtseinheiten an Bord eines Raumschiffs berichtet wurde. Und nicht nur das. Sogar vergleichbare Übungen, bei denen es darum ging, einen Gegenstand auf mentalem Wege zu bewegen, wurden bereits von Abduzierten erlebt. So erhielten zum Beispiel Amy und Polly Unterweisungen in Telekinese.[297] Professor David Jacobs berichtet zudem von »Hightech-Spielzeug« in Form von in der Luft schwebenden Bällen, mit denen vor allem die Hybridkinder an Bord der UFOs spielen.[298]

Auch Catherine wurde Zeugin eines solchen Spielszenarios. Dabei versuchten Kinder einen Ball aus Metall mit Hilfe eines Metallstabs, der als eine Art mentale Fernsteuerung diente, durch die Luft fliegen zu lassen.[299] Claudia Negrón bescheibt ebenfalls, wie sie im Alter von fünf Jahren an Bord eines Raumschiffs mit Hybridkindern zusammengebracht wurde und mit ihnen spielte.[300] Die Hybridkinder spielten dabei mit kleinen Bällen, die sich scheinbar von selbst drehten und durch die Luft schwebten. Und Roxanne Zeigler berichtet, dass sie in einem Raum mit Klettergeräten mit einem kleinen Jungen zusammengebracht wurde.[301] Als der Junge ihr eine kleine Spielzeugrakete aus Metall zeigen wollte, ließ er diese vom anderen Ende des Raumes zu sich hin schweben. Aus diesen Berichten geht somit hervor, dass zumindest einige der hybriden Kinder über die Fähigkeit der Telekinese verfügen.

Das zahme Reh

Eine Frau berichtete mir davon, wie sie als junges Mädchen häufig früh morgens gegen Sonnenaufgang aufstand und scheinbar ziellos durch die naheliegenden Felder und Wälder spazierte. Dabei hatte sie eines Tages eine seltsame Begegnung mit einem Reh. Das Tier kam in aller Ruhe ganz dicht in einer Entfernung von etwa eineinhalb Metern an ihr vorbeigetrottet, drehte dabei den Kopf und schaute sie mit seinen großen dunklen Augen an. Damals war sie sehr erstaunt und fragte sich, ob das Tier wohl krank oder tollwütig sei, weil es so nahe an ihr vorrüberging, ohne Angst zu zeigen. Eine andere Betroffene stellte sich dieselbe Frage, als sie beim Joggen im Wald an mehreren Rehen vorbeikam, die sie aus nächster Nähe anschauten, ohne sich dabei von der Stelle zu bewegen.

Derartige ungewöhnliche »Begegnungen« zwischen ET-Kontaktlern und Tieren sind übrigens nicht selten. So berichtet etwa Eddie, wie während einer Jagd im Wald ein Hirsch ihn dicht an sich herankommen und sogar berühren ließ.[302] Diese ähnlich klingenden Berichte von Abduzierten könnte man als bloßen Zufall abtun. Doch auch hier kristallisierte sich aus den Tausenden untersuchten Fällen ein unverkennbares Muster heraus. All die ungewöhnlichen Begegnungen mit Tieren weisen nämlich ein charakteristisches Merkmal auf: große dunkle Augen.

So beschreibt Budd Hopkins den Fall von Virginia Horton, der sich 1960 in der Nähe von Frankfurt am Main ereignete. Die Familie veranstaltete ein Picknick, und die kleine Virginia lief im Wald herum, wo sie auf einen wunderschönen Hirsch traf.[303] Dieser blickte sie aus großen, dunklen Augen an und leitete sie zu einem Licht, das sich beim Näherkommen als ein gelandetes Raumschiff herausstellte. Die großen dunklen Augen des sich mit ihr telepathisch verständigenden Hirsches erinnerten Virginia an die Augen der Außerirdischen; es kam ihr sogar so vor, als hätte sich ein ihr bereits vertrauter Grey in dem seltsamen Hirsch beziehungsweise hinter dem Bild des Hirsches versteckt.[304]

Dr. Johannes Fiebag gibt in seinem Buch *Kontakt* eine ganz ähnliche traumartige Erinnerung von Conny Paraschoudis wider, die im Wald ebenfalls auf einen Hirsch traf. Dieser schaute sie an und übermittelte ihr telepathisch die Botschaft, mitzukommen und keine Angst zu haben.[305] Auch Mary Weiner erinnert sich an einen merkwürdigen »Traum«, der sie sichtlich bestürzte.[306] Dabei kamen Hirsche in ihr Haus, die dann nahe an ihrem Bett standen und sie mit ihren großen Augen anstarrten.

Doch es sind nicht immer Hirsche. Bilder von Eulen und anderen Tieren, wie aufrecht gehenden Igeln und Hasen, tauchen ebenfalls verdächtig oft in den Erinnerungen von Betroffenen auf.[307] Eine herausragende Stellung nehmen dabei große weiße Eulen mit schwarzen Augen ein. In seinem Buch *The Messengers* (»Die Gesandten«) führt Mike Clelland zahlreiche Berichte von Menschen an, die etwa vier Fuß (1,20 Meter) großen weißen Eulen begegneten; oft tauchten diese absurd großen weißen Eulen des nachts mitten auf einer einsamen Landstraße auf. Eine solche Begegnung hatte beispielsweise Brenda, die im Anschluss zudem noch einen Zeitverlust von eineinhalb Stunden bemerkte.[308]

Wie bei den Erinnerungen an andere Tiere mit großen schwarzen Augen scheint es sich auch bei den Eulen um Deckerinnerungen zu handeln, die eine tatsächliche Begegnung mit einem Grey verschleiern sollen. Dafür spricht nicht nur die unrealistische Größe dieser immer wieder beobachteten Vögel. Mike Clelland verweist auf mehrere von John Carpenter untersuchte Fälle, in denen graue Außerirdische den Betroffenen suggerierten, dass diese sich an sie als Eule erinnern würden.[309] Doch es wird sogar noch konkreter. Lucretia Heart berichtet von einem Erlebnis, bei dem sie als junge Frau offenbar einen Grey im Wald überraschte.[310] Während dieser in Panik die Flucht ergriff, wurde ihr plötzlich das Bild einer großen weißen Eule anstelle des Greys eingegeben. Hier wurde also offenbar gezielt das Bild einer Eule suggeriert, um den Kontakt mit einem Grey zu verbergen.

Allerdings scheint es beim Thema Eulen nicht allein um Deckerinnerungen für Greys zu gehen. Mike Clelland, der sich jahrelang mit dem Zusammenhang zwischen Eulen und UFO-Sichtungen beschäftigt hat, fand heraus, dass Menschen vor, während oder nach UFO-Sichtungen und Entführungserlebnissen immer wieder für sie scheinbar reale Eulen beobachten.[311]

Lichtkugeln

Die Beobachtung von in nächster Nähe schwebenden Lichtkugeln ist ein Phänomen, das ich bei meinen Untersuchungen immer wieder antraf. So erzählte mir eine Betroffene, dass sie zwar nicht selbst, jedoch zwei ihrer Ex-Freunde (die zuvor nicht an solche Dinge glaubten) jeweils abends eine tennisballgroße Lichtkugel vor dem Schlafzimmerfenster schweben sahen. Die Kugeln blieben eine Zeit lang vor dem Fenster schweben und flogen dann schnell weg.

Auch eine andere Betroffene beobachtete schon mehrfach, wie kleine silberne oder rötlich leuchtende Kugeln durch ihr Zimmer schwebten, einmal sogar während eines gemeinsamen Telefonats; in einem anderen Fall sah die Dame Lichtkugeln unterschiedlicher Größe in ihrem Haus umherschweben. Eine andere Frau erinnerte sich daran, wie sie nachts am Rand eines Sees saß und sich eine Lichtkugel über das Wasser auf sie zu bewegte und mit ihr »spielte«.

Die Beobachtung solcher Licht- oder Energiekugeln – auch Orbs genannt – scheint in engem Zusammenhang mit dem ET-Kontakt-Phänomen zu stehen. Vielen Betroffenen, deren Fälle in den letzten vierzig Jahren untersucht wurden, erschienen solche Lichtkugeln bereits. Hierzu schreibt der Forscher Raymond Fowler im Rahmen seiner Untersuchung des Falls Betty und Bob Luca:

> »Bezeichnenderweise sind Lichtbälle eine typische Komponente der Berichte vieler UFO-Entführter. Während der gemeinsamen OBE-Erfahrung der Lucas 1978 bewiesen die fremden Geschöpfe, dass sie sich in Lichtwesen und Lichtbälle verwandeln konnten. Bob war entsetzt, als er beobachtete, wie eines der kleinen grauen Geschöpfe sich plötzlich in ein Lichtwesen verwandelte.«[312]

Auch andere Familienmitglieder hatten von Zeit zu Zeit im Haus umherschwebende Lichtkugeln bemerkt.[313] Bei einem anderen Erlebnis schoss eine leuchtende Kugel von der Größe einer Murmel aus einer Öffnung im Anzug des Außerirdischen, schwebte auf Betty Luca zu und heftete sich an ihre Stirn, worauf diese plötzlich müde wurde.[314] Auch Lisa sah große und kleine rote oder weiße Lichtbälle, die im Haus »umherkugeln«.[315] Ebenso erinnert sich Jack Weiner an einen Vorfall als Jugendlicher mit einer hellen, gelben Lichtkugel von der Größe eines Strandballs. Diese erschien zunächst vor dem Küchenfenster, schwebte dann in die Küche hinein und anschließend durch mehrere Zimmer des Hauses, bis sie schließlich durch das Schlafzimmerfenster davonflog.[316] Die Familie von Debbie Jordan (einschließlich von Besuchern) hatte gleichfalls zahlreiche Begegnungen mit kleinen weißen Bällen aus Licht, die im Haus erschienen, dort umhersausten und wieder verschwanden.[317] Bislang ist völlig unklar, um was es sich bei diesen Lichtkugeln unterschiedlicher Größe und Farbe handelt und in welcher Beziehung sie zum UFO-Phänomen stehen.

◆ Die Tentakelmaschine

Die vorstehenden drei Beispiele betreffen Erlebnisse, die in dieser oder ähnlicher Form schon vielfach berichtet wurden und in der Abduktionsliteratur gut belegt sind. Ganz anders verhält es sich mit dem Erlebnis, das ich nun schildern werde. Eine entsprechende Beschreibung hatte ich zuvor nie gelesen oder gehört. Daher ist es auch auszuschließen, dass der Betroffene die Information aufgeschnappt und bewusst oder unbewusst verwertet haben könnte. Doch beginnen wir zunächst einmal mit seinem Bericht, bevor ich auf die erstaunliche Wendung zu sprechen komme, die dieser Fall nahm.

Ein junger Mann erzählte mir von einem typischen Schlafzimmerbesuch der Greys, die von den Amerikanern daher gerne auch als »Bedroom Visitors« bezeichnet werden. Dabei betraten ein kleiner sowie ein großer Grey sein Schlafzimmer. Was nun folgte nahmen sowohl der junge Mann als auch seine damalige, zu dieser Zeit schwangere Freundin *bewusst* war. Während dem Mann telepathisch mitgeteilt wurde, dass man nicht seinetwegen hier sei, wurde er im Bett liegend mit offenen Augen Richtung Wand starrend paralysiert. Dabei hörte er schmerzhaftes Stöhnen seiner Partnerin, die neben ihm im Bett lag.

Irgendwie gelang es ihm in dieser beängstigenden Situation, sich aus der Bewegungsunfähigkeit herauszureißen und für einen kurzen Augenblick zu seiner Freundin umzudrehen. Was er in diesen wenigen Sekunden sah, brannte sich tief in sein Gedächtnis ein. Über seiner Freundin auf dem Bett befand sich eine riesige, schwarze spinnenartige Maschine. Vor allem mehrere schwarze Arme beziehungsweise Tentakel blieben ihm in klarer Erinnerung. Intuitiv kam ihm die Vermutung, dass diese Maschine der Entnahme von Föten diente.

Ich muss zugeben, dass mich diese verstörende Schilderung überraschte. In der Abduktionsforschung ist zwar das hybride Züchtungsprogramm der Greys bekannt, allerdings ging man bislang davon aus, dass die Föten den weiblichen Abduzierten ausschließlich an Bord der Raumschiffe wieder entnommen werden. Eine mobile Föten-Entnahme-Maschine war jedenfalls in der Forschung nach meiner Kenntnis nicht bekannt. Dennoch nahm ich diesen Bericht des jungen Mannes ernst, der insgesamt über ein ungewöhnlich ausgeprägtes Erinnerungsvermögen verfügt und an dessen Redlichkeit ich nicht den geringsten Zweifel habe.

Ich befragte meine amerikanischen Forscherkollegen, ob sie Ähnliches schon einmal gehört hatten, ohne mir dabei allzu große Hoffnungen zu machen. Umso überraschender und faszinierender war das Feedback, das ich noch am gleichen Tag von einem Kollegen erhielt. Er berichtete mir von dem Fall einer Bekannten, die etwas gesehen hatte, auf das die Beschreibung des jungen Mannes zutraf. Diese Frau erwachte eines Nachts und bemerkte eine seltsame Maschine neben ihrem Bett. Zuerst dachte sie, ihr Freund hätte ihr vielleicht einen neuen Staubsauger gekauft. Sie schlief sofort wieder ein, und als sie das nächste Mal erwachte, war die Maschine verschwunden. Auch die Frau vermutete aufgrund ihrer bisherigen Erlebnisse, dass die Maschine etwas mit dem Züchtungsprogramm der Greys zu tun hatte und möglicherweise der Fötusentnahme diente. Es gibt jedoch nicht nur den Bericht der Frau, sie *zeichnete* bereits damals die mysteriöse Maschine neben ihrem Bett. Auf ihrer Zeichnung ist eine Maschine zu erkennen, die aus einer Art Kasten besteht, von dessen Rückseite aus drei lange, gebogene, tentakelartige Röhren ausgehen. Eine vierte schwarze Röhre ist kürzer und breiter und scheint von der Unterseite des Kastens her zu kommen. Dabei bewegten sich die drei langen Tentakel langsam und geräuschlos in Richtung des Bettes.

Ich zeigte dem jungen Mann die Zeichnung und zu seinem Entsetzen ähnelte die darauf abgebildete Maschine dem während des Erlebnisses mit seiner Ex-Freundin beobachteten Objekt. Er bedauerte lediglich, die Maschine nicht gleich als oktopusähnlich, sondern als spinnenartig beschrieben zu haben.

Die Schilderung dieses bizarren Erlebnisses enthält zwei Aspekte, die bei Abduktionsfällen durchaus typisch sind und gerade die Beziehung zwischen (Ehe-)Partnern stark belasten können. So war der junge Mann erstens nicht in der Lage, seiner Freundin in dieser traumatischen Situation in irgendeiner Weise zu helfen. Zweitens tat er im Nachhinein das Geschehen gegenüber seiner Freundin als bloßen Traum ab, obwohl er selbst an dieser Erklärung zweifelte.

Hier zeigt sich abermals der häufig beobachtete Vorgang des Ruhigstellens eines anwesenden Partners. Oft versuchen die Betroffenen anfangs noch, den neben ihnen im Bett liegenden Partner aufzuwecken, ohne dass es ihnen gelingt. So versuchte Betty Luca ihren damaligen Mann aufzuwecken, als eines Nachts ein seltsames Licht auftauchte, das sie ängstigte.[318] Doch obwohl sie ihn verzweifelt schüttelte und anschrie, wurde ihr Mann einfach nicht wach. In anderen Fällen stehen oder sitzen die weiteren Familienmitglieder oder sonstige Zeugen einfach nur wie ausgeschaltet mit offenen Augen dar.[319] Dabei können sie weder wahrnehmen noch sich daran erinnern, was um sie herum passiert, während die Fremden ungestört ihre Agenda durchführen. Ebenso werden an Bord des UFOs andere Entführte angetroffen, die sich in einem solchen Zustand befinden. So beschreibt Karin Fahrnberger, wie sie während ihrer Entführung versuchte, zwei Menschen anzusprechen, die erstarrt und mit weit geöffneten Augen neben ihr saßen.[320] Ihre verzweifelten Versuche einer Kontaktaufnahme blieben erfolglos. Es erfolgte keinerlei Reaktion der beiden anderen Entführten; sie schienen sie nicht einmal wahrzunehmen.

Auch der Aspekt des Verdrängens ist durchaus typisch. Es ist geradezu eine klassische Reaktion von Betroffenen, dass sie sich nach einem Kontakterlebnis zurück in ihr Bett legen und einschlafen, ohne sich weitere Gedanken über das außergewöhnliche Geschehen zu machen oder dies mit ihrem Partner zu diskutieren. Hier stellt sich die Frage, ob es sich um einen natürlichen Schutzmechanismus der menschlichen Psyche handelt oder die Verdrängung vielleicht eine Folge posthypnotischer Befehle der Fremden ist.

4 Der paranormale Faktor

Als wäre es nicht schon genug, dass Tausende Menschen meinen, Begegnungen mit außerirdischen Wesen zu haben, tritt neben solchen ET-Kontakten obendrein noch ein bunter Strauß paranormaler Phänomene auf. Das ist in der Abduktionsforschung seit Langem bekannt. Im Rahmen der Erörterung meiner Fälle hatte ich bereits auf die oft beobachteten elektromagnetischen Anomalien hingewiesen, die mit entsprechenden Poltergeistphänomenen durchaus vergleichbar sind und möglicherweise eine ähnliche Ursache haben. Doch damit nicht genug. Betroffene sprechen ebenfalls häufig davon, dass sie telepathische, präkognitive (hellseherische) oder sonstige paranormale Fähigkeiten an sich festgestellt haben.[321] So gaben siebenundsechzig Prozent der Probanden einer von dem Psychologen Gerd Höchsmann durchgeführten Untersuchung von einhundertzwanzig Abduzierten an, schon einmal Telepathie, Telekinese, Poltergeister oder sonstige PSI-Effekte erlebt zu haben.[322] Auch die amerikanische Psychologin Dr. Iris Maack stellte bei Entführten außergewöhnlich oft ein solches PSI-Bewusstsein fest und führte dies auf eine im Rahmen der Entführungen erfolgte Veränderung des Gehirns dieser Personen zurück.[323]

Das Vorhersehen von zukünftigen Ereignissen tritt dabei vor allem in Form von Träumen auf. So hält der renommierte PSI-Forscher Russell Targ präkognitive Träume für die häufigste paranormale Erfahrung von Durchschnittspersonen.[324] Eine Betroffene berichtete mir, wie sie sogar in den Verdacht von Fahrerflucht geriet, weil sie einen tragischen Unfall vorhergesehen hatte, bei dem es außer dem Täter keine weiteren Zeugen gab. Ferner scheinen manche Betroffene über heilerische Fähigkeiten zu verfügen und sogar Telekinese (Psychokinese) zu beherrschen, das heißt die Möglichkeit der Einflussnahme des Geistes auf Materie. Demnach treten paranormale Fähigkeiten bei ET-Kontaktlern offenbar deutlich häufiger auf als beim Rest der Bevölkerung. Auch die betroffenen Frauen in allen acht von Dr. Turner untersuchten Fällen berichteten über übersinnliche Erlebnisse.[325]

Man könnte nun darüber spekulieren, warum gerade bei Menschen mit ET-Kontakten solche paranormalen Phänomene verstärkt auftreten. Die beschriebenen elektromagnetischen Anomalien könnten auf intensive Emotionen infolge der (unbewussten) ET-Kontakte und daraus resultierende Energien zurückzuführen sein. Die Fähigkeiten der Gedankenübertragung und der Präkognition dürften hingegen damit zu erklären sein, dass die außergewöhnlichen Erfahrungen dieser Menschen zu einer entsprechenden Öffnung und Bewusstseinserweiterung geführt haben. Diese Menschen scheinen unbewusste Bereiche und damit verbundene Fähigkeiten zu erschließen, die bei anderen Menschen lediglich vereinzelt und sehr spontan auftreten. Wir können zwar über die Mechanismen, die diesen Fähigkeiten zugrunde liegen, noch nicht viel sagen, fest steht aber, dass das Unterbewusstsein dabei eine entscheidende Rolle spielt. Eine dieser fantastischen Fähigkeiten ist inzwischen auch bereits ohne den geringsten Zweifel bewiesen. Es handelt sich um das sogenannte Remote Viewing, das bislang nur einem kleinen Kreis Interessierter bekannt ist.

Ich behaupte, dass die Existenz von Remote Viewing (Fernwahrnehmung) im vorliegenden Kontext überaus wichtig ist. Aus welchem Grund? Ganz einfach, weil die Akzeptanz dieses Phänomens die Möglichkeit bietet, den eigenen Verständnishorizont in gleicher Weise zu erweitern wie dies für die Anerkennung von UFOs und außerirdischen Wesen erforderlich ist. Vereinfacht ausgedrückt, könnte man die provokative Frage stellen: »Halten Sie es für wahrscheinlicher, dass es UFOs gibt oder dass ein Mensch in der Lage ist, die Zukunft vorauszusagen?« Die meisten Menschen würden wohl beides als völligen Unsinn abtun. Dass sie zumindest in einem Punkt falsch liegen, lässt sich recht einfach zeigen. Die Existenz der Fernwahrnehmung (durch Zeit und Raum) ist nämlich erstaunlich gut belegt.

Wer sich eingehender mit diesem paranormalen Phänomen beschäftigt, kann über die erdrückende Beweislage für seine Existenz nur staunen. Und jeder noch so sehr in alten Glaubenssätzen verhaftete Mensch wird es letztlich einsehen. Diese Einsicht bringt zwangsläufig eine entsprechende Erweiterung des eigenen Weltbildes mit sich, und damit wiederum erhöht sich schließlich auch die Chance, dem Thema außerirdischer Intelligenz offener gegenüber zu treten. Dabei sollte es uns nicht stören, dass der Begründungs- und Beweisaufwand bei der komplexen UFO/ET-Materie deutlich größer ist als für den Nachweis der Fernwahrnehmung.

Es lohnt sich somit an dieser Stelle ein kurzer Blick auf die Geschichte des Remote Viewing, um dessen Hintergründe zu verstehen. Sie liest sich nicht zufällig wie ein spannender Agententhriller, denn sie stellt einen atemberaubenden Ausflug in die bizarre Welt der Geheimdienste dar. Einen Ausflug, der völlig unglaublich wäre, wenn wir aufgrund entsprechender Dokumente und Aussagen nicht eindeutig wüssten, dass sich all dies tatsächlich so zugetragen hat.

Viele dieser Erkenntnisse haben wir einem US-amerikanischen Gesetz namens Freedom of Information Act (FOIA) zu verdanken. Ab dem Jahr 2004 hat die CIA unter dem FOIA rund zwölftausend Dokumente, bestehend aus fast neunzigtausend Seiten, zu ehemals geheimen Projekten freigegeben, die zuletzt unter dem Namen *Project Star Gate* bekannt wurden. Ziel des *Project Star Gate* (zuvor unter anderem *Project Grill Flame*) war die Erforschung und militärische Nutzung bestimmter medialer Fähigkeiten, welche die Amerikaner als Remote Viewing bezeichneten. Der US-Geheimdienst Defence Intelligence Agency (DIA) definiert Remote Viewing wie folgt:

> »Die Fähigkeit eines Menschen, über unbestimmte Übertragungsmechanismen zu fernen Orten Zugang zu haben und sie beschreiben oder auf verborgene Informationen zugreifen und diese beschreiben zu

können (*ability of an individual to access and describe remote geographic areas or to access and describe concealed data via undefined transmission mechanisms*).«[326]

Die Erforschung von Remote Viewing für Geheimdienstzwecke begann im Jahr 1972, als das renommierte Stanford Research Institute (SRI) mit Sitz in Menlo Park, Kalifornien, von der CIA unter Vertrag genommen wurde. Mit Hilfe des Remote Viewing erhoffte man sich, Informationen über entfernte Orte, Personen oder Ereignisse ohne Einsatz der Sinnesorgane oder geheimdienstlicher Informationsquellen beschaffen zu können. Dieses Vorhaben wurde mit über zwanzig Millionen Dollar finanziert und von Wissenschaftlern des SRI begleitet, bis es schließlich im Jahr 1994 (offiziell) eingestellt wurde. Aus den freigegebenen Geheimdienstunterlagen ergibt sich, dass hierbei einige beachtliche Erkenntnisse gewonnen wurden. So heißt es in der Zusammenfassung des vormals geheimen *Grill Flame Project Report* der DIA vom 19. Oktober 1983 auf Seite 3:

- Remote Viewing ist ein reales Phänomen, das weder durch Entfernung noch durch Abschirmung geschwächt wird.
- Die Fähigkeit des Remote Viewing kann durch geeignete Trainingsverfahren verbessert werden.
- Remote Viewing besitzt Potenzial für US-nachrichtendienstliche Anwendungen. Jedoch sind, auf dieser Entwicklungsstufe, beschreibende Inhalte (zum Beispiel Skizzen, Anordnungen) verlässlicher als analytische Inhalte (zum Beispiel Funktion, komplexe technische Daten).
- Für die nationale Sicherheit der USA besteht eine mögliche Bedrohung durch ausländische Erfolge mit *psychoenergetics* [Anmerkung: Die DIA versteht darunter als Hauptkategorien Remote Viewing und Psychokinese]. In der UdSSR und China wird diese Forschung gut finanziert und erhält hochrangige Unterstützung seitens der Regierung.

Neben den Geheimdiensten CIA und DIA (gemeinsam mit dem SRI) arbeitete auch das nachrichtendienstliche und Sicherheits-Hauptkommando der US Army (United States Army Intelligence and Security Command, INSCOM) mit einer etwas abweichenden Methode an der Entwicklung von Remote Viewing.[327] Doch auch die NSA war schon früh über diese Entwicklungen informiert und daran interessiert, wie ein *Memorandum for the Record* vom 1. September 1981 mit dem Betreff »GRILL FLAME Briefing for NSA Scientific Advisory Committee, 28 August 1981« zeigt. Das Hauptziel des frühen *Project Grill Flame* bestand darin, eine Trainingsmethode zu entwickeln, welche die Genauigkeit der Remote-Viewing-Daten erhöht und als erlernbare Fähigkeit genutzt werden kann.[328]

Bereits in diesem frühen Stadium war einer der erfahreneren Remote Viewer in der Lage, hintereinander fünf operative Ziele korrekt zu beschreiben.[329] In der Folgezeit konnte die Zuverlässigkeit der Remote-Viewing-Ergebnisse offenbar weiter gesteigert werden. Die Geheimdienstunterlagen erhalten zum Beispiel die Auswertung einer Trainingssession des Viewers V372 aus dem Jahr 1988. Diesem gelang es, circa achtzig Prozent der Elemente des Targets (Ziel der Session) korrekt zu beschreiben und einundsiebzig Prozent seiner Antworten entsprachen dem ausgewählten Target.[330]

Bei V372 handelt es sich offenbar um den legendären Remote Viewer Joseph McMoneagle.[331] Dafür spricht, dass das freigegebene Geheimdienstdokument zwei beeindruckend detaillierte und korrekte Zeichnungen von McMoneagle enthält, die in dem Buch des SRI-Forschers Russel Targ *The Reality of ESP* (»Die Realität von ESP«) abgedruckt sind (ESP = Extrasensory Perception, außersinnliche Wahrnehmung, auch als PSI bekannt).[332] Bei den Targets handelte es sich um das Lawrence Livermore Laboratory, eine nukleare Forschungseinrichtung, sowie einen Windpark.

Dass selbst komplizierte technische Anlagen mittels Remote Viewing beschrieben werden können, zeigt eine weitere komplexe und äußerst detaillierte Zeichnung eines offenbar auf Lasertechnik basierenden kugelförmigen Fusionsreaktors. Eine andere Zeichnung stellt sogar den im Innern dieser Kugel ablaufenden atomaren Fusionsprozess dar. Hierbei handelt es sich höchstwahrscheinlich um ein Target innerhalb des Lawrence Livermore Laboratory, wie der Wikipedia-Beitrag zum Thema »Trägheitsfusion« vermuten lässt. Dort heißt es:

> »Das NIF (National Ignition Facility) befindet sich am Lawrence Livermore National Laboratory im kalifornischen Livermore. Auf einer Fläche von 20.000 m^2 wurden 192 Hochleistungslaser installiert, deren Strahlen in einer kugelförmigen Reaktionskammer von 10 Metern Durchmesser zusammenlaufen.«[333]

Das unter dem FOIA freigegebene Dokument enthält darüber hinaus noch die Beschreibung eines viel erstaunlicheren Targets. Ein nicht näher benannter Remote Viewer schildert nämlich einen kleinen, aber äußerst leistungsstarken Supercomputer, der nicht auf elektronischen Schaltkreisen, sondern auf Licht basiert.[334] Dieser Miniatur-Photonencomputer kann offenbar mittels einer Rakete in den Weltraum befördert werden und dient der Verteidigung gegen feindliche Atomraketen.

Wie hilfreich mittels Remote Viewing gewonnene Erkenntnisse auch im operativen Umfeld sind, zeigt eine undatierte Präsentation der DIA zum *Project Star Gate* aus der zweiten Hälfte der 1990er Jahre.[335] In dem nur teilweise freigegebenen Dokument werden unter anderem die Erfolge bei der 1988 und 1989 durchgeführten Suche nach der US-Geisel Lieutenant Colonel Higgins skizziert. Demnach konnten mittels Remote Viewing offenbar das Dorf, in dem der entführte LC Higgins ursprünglich festgehalten wurde, das Gebäude sowie die Umgebung einschließlich von Fluchtrouten beschrieben werden. Diese Daten stimmten im Wesentlichen mit späteren nachrichtendienstlichen Erkenntnissen überein. Die Präsentation führt auch diverse Vorhersagen im Zusammenhang mit den Operationen Desert Shield und Desert Storm auf. So wurde der Beginn der Luftschläge der von den USA angeführten Koalition korrekt mit dem

Datum 16. Januar 1991 vorausgesagt. Ungünstige Wetterbedingungen und der Einfall des Irak nach Saudi-Arabien gehörten ebenfalls zu den bestätigten Vorhersagen.

Diese Beispiele zeigen, dass sich ein Remote Viewer nicht nur durch den Raum, sondern auch durch die Zeit bewegen kann.[336] Raum und Zeit bilden somit für die Fähigkeit der Fernwahrnehmung keine Schranken. Die Physiker sprechen diesbezüglich auch von Nichtlokalität.[337] Russel Targ beschreibt einen Versuch, bei dem der medial sehr begabte ehemalige Police Commissioner Pat Price den Aufenthaltsort von Dr. Puthoff und eines weiteren Kollegen beschreiben sollte, die sich vom SRI zu einem fünfzehn Meilen entfernten Jachthafen in der Bucht von San Francisco begaben. Solche Versuche zur Ortung von Zielpersonen wurden am SRI dutzendfach durchgeführt. Das Besondere an diesem Fall war, dass Price den Zielort bereits eine halbe Stunde vor (!) Ankunft der beiden korrekt beschrieb.[338] Und bei anderen Gelegenheiten beschrieben die Viewer die Targets sogar, bevor sie ausgewählt wurden.[339]

Doch nicht nur die freigegebenen Geheimdienstdokumente belegen die Existenz von Remote Viewing. Die in diesen Dokumenten enthaltenen Aussagen werden durch entsprechende Veröffentlichungen der beteiligten Wissenschaftler gestützt. Hierzu zählen insbesondere die beiden Physiker am SRI Dr. Harold Puthoff und Russell Targ. Diese veröffentlichten bereits 1974 in der renommierten Fachzeitschrift *Nature* einen Beitrag unter dem Titel »Information transmission under conditions of sensory shielding« (Informationsübertragung unter sensorischer Abschirmung).[340] Darin beschrieben sie die erfolgreichen Versuche am SRI mit dem Magier Uri Geller und Pat Price. Dabei gelang es Geller, der sich in einem elektrisch abgeschirmten Raum aufhielt, mehrfach verblüffend ähnliche bis übereinstimmende Skizzen von Bildern anzufertigen, die von räumlich entfernten Experimentatoren gezeichnet wurden. Auf diese auch in einem CIA-Memo beschriebenen Versuche werde ich später noch näher eingehen.

Puthoff und Targ veröffentlichten zudem mehrere Bücher, in denen sie Einblicke in ihre jahrelange Forschungstätigkeit auf diesem Gebiet sowie ihre Zusammenarbeit mit den Geheimdiensten und dem US-Militär gewähren. Dazu zählt zum Beispiel das Buch *The Reality of ESP* (»Die Realität von ESP«), in dem Russell Targ auch die Zusammenarbeit mit dem New Yorker Maler Ingo Swann beschreibt.[341] Swann war ein hoch begabtes Medium und trug wesentlich zum Verständnis der SRI-Forscher und zur Entwicklung eines standardisierten Remote-Viewing-Trainingsprotokolls bei. Nicht nur Ingo Swann, auch einige der ehemaligen militärischen Remote Viewer berichteten in Büchern über ihre persönlichen Erfahrungen und ihre Zeit beim *Project Star Gate* (beziehungsweise den Vorgängerprojekten). Zu diesen zählen unter anderem Joseph McMoneagle, David Morehouse und Lyn Buchanan. Einige dieser Remote Viewer der ersten Stunde haben nach der (offiziellen) Schließung des Projekts eigene Institute oder Firmen gegründet, in denen sie die Technik des Remote Viewing lehren oder Remote-Viewing-Leistungen anbieten.

Auch wenn bedeutende Fortschritte bei der systematischen Anwendung der Fernwahrnehmung erzielt werden konnten, haben die beteiligten Wissenschaftler allenfalls eine vage Vermutung von dem zugrunde liegenden physikalischen Mechanismus. Sie postulieren eine Art *universelle Informationsmatrix*, die vom Unterbewusstsein angezapft werden kann. Die eigentliche Herausforderung liegt hierbei offenbar nicht im Aufbau der Verbindung des Unterbewusstseins zu dem Informationsfeld, sondern darin, die erlangten Informationen unverfälscht vom Unterbewusstsein in das Bewusstsein zu befördern.

Die Einschätzung dieser Forscher, dass alle Menschen über paranormale Fähigkeiten, wenn auch in unterschiedlicher Ausprägung, verfügen, deckt sich mit meinen eigenen Beobachtungen. Die zahlreichen erfolgreichen Tests mit meinen Probanden sprechen dafür, dass besonders die Fähigkeit der Fernwahrnehmung recht weit verbreitet ist. Dabei zeigte sich, dass auf diese Fähigkeit im Zustand der Hypnose effektiver zugegriffen werden kann. Ein Grund hierfür dürfte sein, dass unser Bewusstsein in diesem Zustand in den Hintergrund tritt. Dies reduziert das Problem, das die Remote-Viewing-Forscher mit Analytical Overlay

(AOL) bezeichnet haben.[342] Unser Verstand tendiert nämlich dazu, unsere Wahrnehmungen mit Erinnerungen abzugleichen, zu analysieren und zu benennen. Dadurch kann die reine Informationsübertragung mittels des Unterbewusstseins verfälscht werden. In der Hypnose ist hingegen ein direkterer Kontakt mit dem Unterbewusstsein möglich. Demnach scheint der Alphawellen-Zustand des Gehirns während der tiefen Entspannung einen positiven Einfluss auf die übersinnliche Fähigkeit der Fernwahrnehmung zu haben.

Ich hatte bereits darauf hingewiesen, dass es den US-Geheimdiensten vor allem um die Entwicklung einer effektiven, erlernbaren Technik der Fernwahrnehmung ging. In diesem Sinne befindet sich unter den Tausenden Geheimdienstdokumenten auch eine Art Handbuch, das detailliert verschiedene Trainings- beziehungsweise Entwicklungsstufen beschreibt: *Coordinate Remote Viewing. Stages I–IV and Beyond. February 1985*. Beim Coordinate Remote Viewing werden dem Viewer lediglich eine Reihe von Zahlen (Koordinaten) genannt, die mit dem Target verknüpft sind und diesem vorher gewissermaßen mental zugewiesen wurden. Dies kann etwa dadurch geschehen, dass ein Foto oder eine Beschreibung des Targets in einen versiegelten Umschlag gelegt und auf diesem dann eine beliebige Zahlenfolge notiert wird. Das Ganze dient dazu, dem Viewer möglichst keinen Hinweis auf das ausgewählte Target zu geben, damit er allein auf unbewusster Ebene ungefilterte Daten über das Ziel empfängt. Bei vorheriger Kenntnis des Targets bestünde nämlich das Risiko, dass das Bewusstsein des Viewers Erinnerungen und Fantasie einfließen lässt, die zu einer völligen Verfälschung der außersinnlichen Wahrnehmungen führen können.

Beim Training beginnt der Viewer zunächst mit einer groben Beschreibung grundsätzlicher Eigenschaften des Zielobjekts (zum Beispiel künstlich oder natürlich, wesentliche »Gestalt« des Objekts wie Land, Wasser, Berg, künstliche Struktur). Auf zweiter Stufe werden dann einzelne Eigenschaften wie Farbe, Geruch, Temperatur und Oberflächenstruktur abgefragt. Der Viewer tastet sich somit langsam, begleitet von entsprechenden Skizzen, immer weiter mental an das Zielobjekt heran. All dies ist in Remote-Viewer-Kreisen schon lange öffentlich bekannt. Ausführliche Beschreibungen dieser Übungsmethode finden sich in Lehrbüchern wie *Remote Viewing, the Complete User's Manual for Coordinate Remote Viewing* von David Morehouse und *Remote Viewing, das Lehrbuch* von Manfred Jelinski. Ich kann nur jedem Leser empfehlen, alleine oder mit Freunden und Bekannten einmal mit dieser erstaunlichen Fähigkeit spielerisch zu experimentieren.

An dem vorgenannten Handbuch für die militärischen Remote Viewer sind auch die Überlegungen des Autors zu den höheren, (damals) noch nicht weiter ergründeten Entwicklungsstufen interessant, die auf seinen bisherigen Erfahrungen mit dem Remote-Viewing-Programm und Gesprächen mit Kollegen beruhen.[343] So hält es der Autor für möglich, dass nicht nur – wie bereits praktiziert – die Gefühlslage der Zielperson ermittelt, sondern auch eine direkte telepathische Verbindung hergestellt werden kann. Dabei geht es zum einen darum, telepathische Signale aus der Zielregion zu empfangen, aber auch solche dorthin zu übertragen. Auf nächster Stufe soll dann eine psychoenergetische Interaktion nicht nur mit Personen, sondern auch mit Gegenständen erfolgen (Psychokinese). Ein weiteres, noch futuristischer anmutendes Element sieht der Autor in der Möglichkeit der sogenannten Teleportation. Dabei werden Gegenstände aus dem Zielgebiet auf mentalem Wege herausgeholt oder dorthin befördert.

Zum Phänomen der sogenannten *Apporte*, also der plötzlichen Materialisation von Objekten, haben 2016 der Physiker und UFO-Forscher Illobrand von Ludwiger und der Biologe Dr. Michael Nahm einen Beitrag im *Journal of Scientific Exploration* veröffentlicht, in dem sie die persönlichen Erfahrungen von Ludwigers mit dem Medium Herbert Baumann beschreiben und auswerten.[344] Auch in seinem Buch *Ergebnisse aus 40 Jahren UFO-Forschung* behandelt von Ludwiger dieses Phänomen.[345] Doch damit nicht genug. Die Spekulationen des CIA-Handbuch-Verfassers gehen sogar noch weiter: Hiernach könnte schließlich die ultimative Stufe des Remote Viewing die Beeinflussung der *Zeit* des Zielgebiets und die Einbeziehung *zusätzlicher Dimensionen* umfassen.

Erstaunlicherweise sind dies Elemente, die im Zusammenhang mit ET-Kontakterlebnissen – wie wir gesehen haben – immer wieder anzutreffen sind. Leider wissen wir nicht, wie weit das US-Militär in den dreiunddreißig Jahren, seitdem diese Überlegungen zu Papier gebracht wurden, in seinen Remote-Viewing-Bemühungen vorangeschritten ist. Auch wenn *Project Star Gate* offiziell eingestellt wurde, ist eine geheime Fortsetzung der Remote-Viewing-Aktivitäten durch das Militär und Geheimdienste nicht auszuschließen.[346] Zumindest die Beeinflussung von Zielpersonen scheint, wie sich aus den Andeutungen von Ex-Military-Remote-Viewern ergibt, bereits damals praktiziert worden zu sein.

Die ehemals geheimen CIA- und DIA-Dokumente sind inzwischen frei zugänglich. Gleiches gilt für die Veröffentlichungen der beteiligten Wissenschaftler und Remote Viewer. Die Erkenntnis, dass Menschen über die Fähigkeit der Fernwahrnehmung verfügen, ist von ungeheurer Tragweite. Mit unseren bisherigen physikalischen und biologischen Kenntnissen ist diese Fähigkeit nicht zu erklären. Man könnte sich also fragen, warum diese Dinge nur einem kleinen Kreis Interessierter bekannt sind und niemals von den Medien in angemessener Weise aufgegriffen wurden. Schließlich sollte man meinen, dass die Öffentlichkeit ein Anrecht darauf hat, über all dies informiert zu werden.

An einem exemplarischen Beispiel möchte ich demonstrieren, wie auch deutsche Medien ihre Chance vertan haben, ihrer Informationspflicht in dieser Angelegenheit nachzukommen. So erschien in der *Frankfurter Allgemeine Zeitung* vom 21. Januar 2017 ein Artikel unter der Überschrift »Eindeutig Paranormal«, der die Online-Veröffentlichung Tausender Dokumente durch die CIA, insbesondere das *Project Star Gate* betreffend, zum Gegenstand hatte. Die Autorin geht dabei vor allem auf die mit Uri Geller in der Zeit vom 4. bis 11. August 1973 durchgeführten Tests ein. Im Hinblick auf die korrekte Wiedergabe einer Weinrebe und eines Feuerwerkskörpers, den Geller als einen

Zylinder, aus dem Lärm kommt, interpretiert, gesteht die Autorin ein, dass die Tests am ersten Tag »vielversprechend« begannen. Sie beschreibt dann die Fehlschläge an den beiden folgenden Tagen, während es am letzten Tag »besser« lief. Statt Kamel, Brücke und Möwe zeichnete Geller »ein Pferd, geschwungene Linien über geraden Linien mit Rechtecken darunter sowie einen Schwan«. Die Autorin scheint sich dabei vor allem an den Erklärungsversuchen der Wissenschaftler für die fehlgeschlagenen Versuche zu stören. Was als vielversprechender objektiver Artikel begann, endet mit den Worten:

> »Wenn man die CIA-Protokolle liest, steht außer Frage: Wir Menschen haben tatsächlich unglaubliche Fähigkeiten. Allein durch unsere mentalen Fähigkeiten können wir die harten Fakten unserer Welt zu einer erstaunlich formbaren Interpretationsmasse schmelzen. Wir müssen nur fest genug daran glauben.«

Das in scheinbar kluge Worte gekleidete Fazit der Autorin lautet also: Die CIA und die beteiligten Wissenschaftler nutzten ihre blühende Fantasie dazu, Geller paranormale Wahrnehmungsfähigkeiten zu bescheinigen, wo in Wirklichkeit nichts bewiesen war. Als ich dieses vernichtende – aber durchaus erwartete – Fazit las, fragte ich mich, ob ihre entgegenstehenden Glaubenssätze eine objektive Berichterstattung verhindert hatten oder ob die Autorin die Bedeutung der positiv verlaufenden Versuche schlicht nicht erfassen konnte. Schließlich gab es bei der Versuchsreihe mehr als nur einen überzeugenden Treffer. Schaut man sich beispielsweise die jeweiligen Zeichnungen des Experimentators und Gellers von »Kamel/Pferd« und »Möwe/Schwan« an, dann sind die Ähnlichkeiten nicht zu übersehen. Dass Geller zudem noch einen Papierdrachen und einen Pfeil korrekt wiedergab, bleibt im Übrigen unerwähnt.

Aber selbst wenn man all dies bei Seite lässt und sich einzig und allein den Versuch mit der Traubenrebe als Target anschaut, dann bedeutet das unter dem Strich: Ein Mann zeichnet eine Traubenrebe mit vierundzwanzig Trauben. Ein anderer, räumlich von diesem getrennter und zudem elektrisch abgeschirmter Mann wird gebeten, die Zeichnung des ersten Mannes zu reproduzieren. Er zeichnet *ebenfalls* eine Traubenrebe mit vierundzwanzig Trauben. Möchte sich die Autorin tatsächlich auf den Standpunkt stellen, dass diese Leistung unbedeutend ist und nicht als Nachweis für eine übersinnliche Wahrnehmung taugt? Wie bitte soll ein solcher Vorgang sonst erklärt werden, wenn – was die Autorin nicht unterstellt – ein absichtlicher Betrug auszuschließen ist?

Als bloßen Zufall wird man diesen Vorgang wohl kaum einordnen können. Wenn aber dessen ungeachtet dem Leser suggeriert wird, die Wissenschaftler würden hier harte Fakten nach Belieben zu ihren Gunsten interpretieren, dann fehlt der Autorin offenbar – aus welchen Gründen auch immer – die für eine gewissenhafte Berichterstattung nötige Objektivität. Im Übrigen lässt die Autorin auch unerwähnt, dass ein wissenschaftlicher Beitrag über eben diese Versuche mit Uri Geller in dem renommierten Peer-Review-Fachjournal *Nature* veröffentlich wurde (Vol. 251 vom 18. Oktober 1974); möglicherweise war ihr dies auch gar nicht bekannt.

Leider sind solche unsachlichen Berichterstattungen in den Medien keine Seltenheit. Erst recht nicht, wenn es um das noch viel heiklere Tabuthema UFOs geht.

Wir haben in diesem Kapitel verschiedene paranormale Fähigkeiten kennengelernt, die viele Menschen kaum für möglich halten würden. Dies zeigt, dass unser physikalisches Weltbild derzeit noch zu beschränkt ist, um solche Phänomene erklären zu können. Das (öffentlich) zu erforschen, sollte ein vorrangiges Anliegen von uns Menschen sein. Die Bedeutung dieser Phänomene scheint nämlich deutlich weiter zu reichen als zu der schlichten Möglichkeit, mittels Remote Viewing an nachrichtendienstlich relevante Informationen zu gelangen.

UFOs selbst beziehungsweise ihr Antriebssystem können möglicherweise mit der Physik erklärt werden, die diesen paranormalen Phänomenen zugrunde liegt. So geht etwa der erfahrene UFO-Forscher Grant

Cameron davon aus, dass die Lösung des UFO-Problems mit der Idee eines nichtlokalen Bewusstseins in Verbindung steht.[347] Hierfür nennt er drei Beispiele: (1) In dem bereits erwähnten Memo von Wilbert B. Smith, dem Leiter des kanadischen UFO-Untersuchungsprogramms *Project Magnet*, wird das UFO-Phänomen auch mit mentalen Phänomenen in Verbindung gebracht. (2) Ein früherer »defense official« und späterer Präsident der Penn State University teilte Cameron und anderen im Jahr 1991 mit, dass ESP (außersinnliche Wahrnehmung) ein Schlüssel zum Verständnis des UFO-Phänomens sei. (3) Ebenso wird Ben Rich, ehemals Leiter von Lockheed Skunk Works (der sagenumwobenen Forschungs- und Konstruktionsabteilung von Lockheed Martin, die im Auftrag des US-Militärs geheime Flugzeugprojekte entwickelt), die Aussage zugeschrieben, dass die Mechanismen, die ESP zugrunde liegen, auch den Antrieb der UFOs erklären. So berichtet der Ingenieur Jan Harzan, Executive Director der weltweit größten UFO-Forschungsorganisation MUFON, von einem Zusammentreffen mit Ben Rich im Rahmen einer Präsentation über seine Arbeit bei Lockheed Skunk Works.[348] Ben Rich beendete den Vortrag – zum Erstaunen der Zuhörer – nicht nur mit dem Bild einer Fliegenden Untertasse, sondern zugleich mit den Worten: »We now have the technology to take ET home.« (»Wir verfügen jetzt über die Technologie, ET nach Hause zurückzubringen.«) Als Harzan ihn nach dem Antrieb der interstellaren Flugobjekte fragte, stellte ihm Rich die Gegenfrage: »Wie funktioniert ESP?«, woraufhin Harzan antwortete: »Alle Punkte in Zeit und Raum sind miteinander verbunden.« Ben Rich kommentierte Harzans Antwort mit den Worten: »So funktioniert es!«

Dafür, dass die ungewöhnlichen Eigenschaften von UFOs mit der Idee eines nichtlokalen Bewusstseins außerhalb der Beschränkungen von Zeit und Raum in Verbindung stehen, sprechen auch die Aussagen von Joe. Demnach seien Zeit und Raum kein Problem; eine Reise durch den Weltraum erfolge, »wenn man sich nur selbst dorthin denkt«.[349] Erstaunlich ähnlich klingt die Beschreibung des Flugvorgangs, die Jujuolui Kuita von einem Grey erhielt: »Nein, du reist nicht; du gehst von Punkt A nach B; es gibt keinen Übergang«, und sie fügt hinzu: »Es ist eine Art ›blinzeln‹ von einem Ort zum anderen; alles geschieht mental.«[350] Dies wiederum passt zu der Antwort, die Dolores Cannon im Rahmen eines Channelings von einem Außerirdischen auf die Frage erhielt, wie dieser durch das Universum reise:

> »Ich reise mittels Gedanken.«[351]

Und ein anderes Wesen gab ihr die folgende Erläuterung zu den Methoden, wie große Entfernungen im Weltall physisch überbrückt werden können:

> »Es gibt auch einfach die mentale Anpassung, die es erlaubt, dass die Energie derjenigen, die das Schiff befehligen, es einfach das machen lassen, was ihm gesagt wird. Es ist wie bei einer Gedankenübertragung. Du musst dich einfach mental in eine Gegend versetzen, um dort zu sein. Während sich dein Bewusstsein und dein Verständnis deiner Realitäten erweitern, wirst du sehen, dass deine mentale Kraft einen direkten Einfluss auf die physischen Objekte um dich herum haben kann.«[352]

Aufgrund eigener Versuche mit Telekinese kann ich die Richtigkeit dieser letzten Aussage bestätigen. Es ist möglich, einen Gegenstand auf mentale Weise unter Ausschluss sonstiger physikalischer Wechselwirkungen in Bewegung zu versetzen.

5 Die Maya-ET-Connection

Wie wir in Kapitel 1 gesehen haben, ist die Beweislage für die Realität des UFO-Phänomens schlicht überwältigend. Es wurde ferner ausgeführt, dass die sogenannte extraterrestrische Hypothese der wahrscheinlichste Ansatz zur Erklärung der vielen tausend UFO-Sichtungen ist. In Kapitel 2 wurde sodann das Abduktions-Phänomen dargestellt, während in Kapitel 3 gezeigt wurde, dass die weltweit auftretenden Fälle der Entführungen durch fremde Wesen auch im deutschsprachigen Raum geschehen. Wie unzählige Berichte von Betroffenen belegen, scheint ein Motiv der ET-Entführungen die Durchführung eines genetischen Projekts zu sein. Bei diesem Programm geht es um die Schaffung einer Hybridspezies, die aus dem genetischen Material sowohl der Menschen als auch der Außerirdischen besteht. Wichtig ist in diesem Zusammenhang, dass die Entführungsberichte gewisse Entwicklungsstufen bei der Durchführung dieses Programms erkennen lassen. So scheint es eine Entwicklung von in den Anfängen kaum lebensfähigen, lethargischen Hybridwesen zu einer gewissermaßen optimierten Schöpfung zu geben, die zumindest äußerlich immer mehr menschliche Merkmale aufweist.[353] Professor David M. Jacobs führt zu diesem Entwicklungsprozess innerhalb des aktuellen Genetikprojekts der Greys aus:

> »Obwohl nicht bekannt ist, wie viele Stufen der Hybridisierung existieren, legen die Beweise nahe, dass die gesamte Entwicklung in der Erschaffung von Hybriden kulminieren soll, die wie Menschen aussehen und auch ihre Verhaltensmuster aufweisen, zusätzlich aber mit der Fähigkeit der Außerirdischen ausgestattet sind, andere Menschen zu manipulieren.«[354]

Professor Jacobs' Beobachtung wird durch zahlreiche Berichte Entführter gestützt, die menschlich aussehende Kinder an Bord von Raumschiffen sahen. So erinnert sich zum Beispiel Regina Köhler daran, wie sie in einen großen Raum mit menschlich aussehenden Kindern geführt wurde, die in Gruppen zusammen spielten.[355] Es ist zu vermuten, dass dieser Entwicklungsprozess die Folge sukzessiver Eingriffe in die Genetik dieser Hybridrasse ist. Wie wir gleich sehen werden, wurde von einem solchen Vorgang in der Geschichte der Menschheit schon einmal berichtet. Dazu müssen wir uns nun der alten geheimnisvollen Kultur der Maya zuwenden.

Der Lebensraum der Maya erstreckte sich vom südlichen Mexiko und der Halbinsel Yucatán über Belize und Guatemala bis zu den daran angrenzenden Gebieten im Westen und Norden von Honduras und El Salvador. Als Mutterkultur Mesoamerikas, die großen kulturellen Einfluss auf die Maya hatte, gelten die sogenannten Olmeken. Die Olmeken sind eine sehr rätselhafte Kultur, über die wir wenig wissen. Eines dieser Rätsel sind eine Hinterlassenschaft der Olmeken in Form von zum Teil über zwanzig Tonnen schweren Kolossalköpfen aus Basaltstein. Das Erstaunliche an den behelmten Köpfen sind – neben ihrer beeindruckenden Größe – die afrikanisch anmutenden Gesichtszüge. Diese unterscheiden sich vor allem hinsichtlich der Mund- und Nasenpartie deutlich von den typischen Merkmalen der indogenen Ureinwohner Mittelamerikas. Man fragt sich daher, wer die Künstler dieser Skulpturen inspiriert haben könnte. Schließlich stammen sie aus einer Zeit, in der es laut unseren Geschichtsbüchern noch keinen Kontakt zwischen den Bewohnern des afrikanischen und des südamerikanischen Kontinents gegeben hatte. Jeder dieser Kolossalköpfe ist zudem – trotz der gemeinsamen Merkmale – individuell gestaltet. Es soll sich daher nicht um abstrakte Darstellungen einer Gottheit handeln, sondern um Porträts von mächtigen, real existierenden Persönlichkeiten.[356] Auch die Ursprünge des Kalendersystems der Maya sollen bei den Olmeken zu finden sein.

Später wurden die Maya selbst zu Erschaffern beeindruckender Bauwerke. Einige monumentale Pyramiden der Maya stammen bereits aus den Jahrhunderten vor unserer Zeitrechnung.[357] Seitdem zunehmende Erfolge in der Entzifferung der Schrift- und Bildzeichen der Maya – Glyphen genannt – erzielt wurden, konnten bereits einige Erkenntnisse über diese Kultur gewonnen werden. Allerdings müssen sich die Forscher hierbei mit den wenigen erhaltenen Schriftstücken sowie mit den Inschriften auf den Bauwerken der Maya und den säulenartigen Stelen aus Stein begnügen. Die spanischen Eroberer und Missionare vernichteten nämlich für alle Zeiten all das restliche, in zahlreichen Schriften festgehaltene Wissen der Maya. Dennoch steht heute fest, dass die Maya überaus beeindruckende Kenntnisse der Mathematik, Astronomie und Architektur besaßen.

Ein offenkundiger Beleg hierfür ist die Pyramide des Kukulkan. Diese Pyramide ist einem als Gottheit verehrten Maya-Herrscher gewidmet, der in der Sprache der Azteken (Náhuatl) den Titel Quetzalcoatl – Gefiederte Schlange – trägt. Die mächtige Pyramide steht in der Stadt Chichén Itzá im Norden der Halbinsel Yucatán. Die erstaunliche Präzision dieses Bauwerks offenbart sich an den Tagen der Tagundnachtgleiche, die in der Astronomie Äquinoktien genannt werden und in etwa auf den 21. März sowie den 23. September fallen. Die gewaltige Pyramide des Schlangengottes Kukulkan ist nämlich so ausgerichtet, dass sich genau an diesen Tagen an ihrer Fassade ein beeindruckendes Schauspiel zeigt. Dann kriecht an der Außenseite einer der Treppen ein Schatten gleich einer Schlange von der obersten Plattform zum Boden herab. Hier vereint sich dann der Schlangenkörper mit der Skulptur eines großen Schlangenkopfes am Fuß der Pyramide.[358]

Doch die Pyramide des Kukulkan beherbergt noch ein weiteres Geheimnis. Die Erbauer haben uns mit der herabkriechenden gefiederten Schlange nicht nur eine visuelle, sondern darüber hinaus auch noch eine akustische Botschaft hinterlassen. Dieses Mysterium wurde von dem Akustikfachmann David Lubman untersucht, der mir freundlicherweise seine Arbeiten zur Verfügung gestellt hat. Befindet man sich vor einem der großen Treppenaufgänge der Pyramide und erzeugt man ein lautes Geräusch – etwa durch ein Klatschen mit den Händen –, dann ertönt ein sehr überraschendes Echo: Der von der Pyramide zurückgeworfene Laut erinnert an das Zwitschern des heiligen Quetzalvogels.[359]

Die Ähnlichkeit zwischen dem zirpenden Echo und dem tatsächlichen Gezwitscher eines Quetzal beruht dabei nicht auf Einbildung. Die graphische Darstellung der jeweiligen Frequenzentwicklung von Echo und Vogellaut – Sonogramm oder auch Schall-Spektrogramm genannt – weist eine absolut erstaunliche Übereinstimmung auf. David Lubman konnte diesen Effekt mit der Reflektion der Schallwellen von den Stufenoberflächen erklären und hat hierzu ein mathematisches Modell vorgelegt.[360] Die dafür erforderlichen Abmessungen der Stufen (26,4 cm Höhe und 26,2 cm Tiefe) stellen nach seiner Vermutung auch den Grund für das aus ergonomischer Sicht unpassende Höhen- und Längenverhältnis der einzelnen Treppenstufen dar. Während Archäologen die schmale Stufenbreite mit der geringen Körpergröße der damals lebenden Maya zu erklären versuchen, erscheint Lubmans physikalische Erklärung bei weitem überzeugender.

Neben diesen Kenntnissen und Fertigkeiten besaßen die Maya noch viel weitreichendere Einsichten. Dies gilt etwa für ihr Verständnis vom Wesen der Zeit. So besaßen die Maya kein lineares, sondern eher eine Art zyklisches Zeitverständnis. Hierzu schreiben die beiden renommierten Mayaforscher Linda Schele und David Freidel, dass die Maya das Brauchtum an den zyklisch wiederkehrenden Feiertagen nicht als Vergangenheitserinnerung, sondern als Reaktualisierung, »als Wiederholung von Ereignissen, die an diesem bestimmten Tag einmal stattgefunden hatten und nach wie vor stattfanden und immer stattfinden würden« betrachteten.[361] Der bedeutende Maya-Forscher Eric Thompson konnte sich darauf keinen Reim machen und schrieb:

> »Es gibt noch andere Aspekte in der Zeitphilosophie der Maya, so das seltsame Unvermögen, in den prophetischen Gesängen zwischen Vergangenheit und Zukunft zu unterscheiden. Was vorausgegangen war

und was in der Zukunft lag, wurde auf eine Weise vermischt, die unserem westlichen Geist verblüffend fremd erscheint.« [362]

Vermutlich war Thompson nicht näher mit Albert Einsteins Spezieller Relativitätstheorie von 1905 vertraut, die unser Verständnis von Zeit und Raum für immer revolutioniert hat. Schließlich hat uns Einstein gelehrt, dass nicht nur die Gleichzeitigkeit von Ereignissen vom Standpunkt des Betrachters abhängt, sondern auch die Zeit selbst keinen absoluten Charakter hat. Daraus folgt – ganz im Sinne der Maya –, dass Worte wie »gleichzeitig«, »früher« oder »später« nicht den absoluten Sinn haben, den wir ihnen aufgrund unserer alltäglichen Erfahrung zuschreiben. Der Physiker und Bestseller-Autor Brian Greene beschreibt das so:

»Obwohl der Begriff des Jetzt eine zentrale Rolle in unserem Weltbild spielt, untergräbt die Relativitätstheorie unsere Intuition abermals und ruft die Gleichheit im Universum aus, mit dem Erfolg, dass jeder Augenblick so real wie jeder andere ist.« [363]

Damit verschwimmt auch nach unserer modernen physikalischen Zeitauffassung die klassische Unterscheidung zwischen Vergangenheit, Gegenwart und Zukunft.

Albert Einstein selbst drückte dies wie folgt aus:

»Vergangenheit, Gegenwart und Zukunft sind nur Illusionen, wenn auch hartnäckige.« [364]

Dieses Zeitkonzept passt im Übrigen sehr gut zu der Aussage einer Betroffenen, die während einer Hypnosesitzung offenbar mit einem nicht-physischen hochentwickelten Bewusstseinskollektiv in Verbindung stand. Auf meine Frage nach dem wahren Wesen der Zeit antwortete sie beziehungsweise das geistige Wesen:

»Alles passiert gleichzeitig!«

Das Wesen sagte mir zudem, dass ich gleichzeitig in meiner Vergangenheit und meiner Zukunft sein könnte. All dies passt schließlich auch wunderbar zu dem, was die Außerirdischen Betty Luca über das Wesen der Zeit mitteilten.[365] Demnach sei unser Begriff von Zeit (ebenso wie der Ort) lokalisiert. Zeit, so wie wir sie verstünden, existiere nicht. Vielmehr sei der menschliche Zeitbegriff illusorisch. Für die Fremden hingegen sei die Zukunft und die Vergangenheit das gleiche wie heute: ALLES IST JETZT!

Die alten Maya waren uns demnach mit ihrem Wissen über die Zeit mindestens eineinhalb Jahrtausende voraus. Es stellt sich deshalb die Frage, ob die Maya nicht noch mehr wertvolle Erkenntnisse für uns bereit halten. Hier bietet sich ein Blick auf ihre Schöpfungsgeschichte an. Die wichtigste Quelle zum Verständnis der bei den Maya überlieferten Schöpfungsgeschichte ist das legendäre *Popol Vuh*, das »Buch des Rates«. Zur Entstehung und Herkunft des *Popol Vuh* schreiben die Mayaforscher Linda Schele und Mary Ellen Miller:

> »Keines der Hieroglyphenbücher der Maya mit den langen, mythischen Erzählungen blieb erhalten; eines jedoch wurde von einem jungen Angehörigen des Quiché-Adels in Guatemala Mitte des 16. Jahrhunderts in die europäische Schrift transkribiert. Dieses eine, hochbedeutende Dokument der Maya-Mythologie, das *Popol Vuh*, beschreibt die Erschaffung der Welt […].«[366]

Aus dem *Popol Vuh* ergibt sich, dass die Götter beabsichtigten, ein Menschengeschöpf zu schaffen.[367] Die Götter versuchten dieses Ziel zunächst dadurch zu erreichen, dass sie Tiere erschufen. Doch anstelle einer erkennbaren Sprache gaben die Tiere bloß kreischende, brüllende und krächzende Laute von sich, statt ihre Götternamen auszusprechen. Enttäuscht bestraften sie die Tiere, indem ihr Fleisch von nun an als Nahrung dienen sollte. In einem zweiten Versuch formten die Götter sodann das Fleisch des Menschenwesens aus Erde und Ton. Doch das Fleisch war ohne Zusammenhalt, weich und schlaff. Das Geschöpf konnte sein Haupt nicht bewegen und war zwar stimmbegabt, aber ohne Einsicht. Bereits etwas ungeduldig, stellten die Götter fest: »Je mehr man an ihm arbeitet, desto unfähiger ist er, zu gehen und sich zu vermehren. Möchte doch lieber hier ein vernunftbegabtes Wesen entstanden sein.« Nachdem die Götter ihr untaugliches Werk abermals vernichtet hatten, wagten sie einen dritten Versuch. Diesmal fertigten sie Menschenpuppen aus Holz. Diese schwerfälligen Menschen konnten sich zwar vermehren, besaßen jedoch weder Seele noch Verstand und sprachen nicht von ihren Schöpfern. Abermals enttäuscht, vernichteten die Götter auch diese Schöpfung durch eine große Überschwemmung. Doch die Götter gaben nicht auf und schufen schließlich die ersten vier Menschen, indem sie ihr Fleisch aus *Mais* bildeten. Die heutigen Maya betrachten sich als Nachfahren dieser Menschen aus Mais. Daher besitzt auch heute noch der Mais in der Kultur der Maya einen hohen Stellenwert.

Wenn wir einmal ganz nüchtern betrachten, was hier zur Schöpfungsgeschichte des Menschen im *Popol Vuh* beschrieben wird, dann stellt sich dies wie folgt dar: Die Götter hatten den Plan, das Menschengeschöpf zu schaffen. Wie sich aus der Überlieferung ergibt, gelang dies den Göttern nicht auf Anhieb. Vielmehr benötigten sie insgesamt vier Versuche, um den heutigen Mensch zu schaffen. Und jedes Mal ging es darum, bestimmte körperliche oder mentale Fähigkeiten dieser Geschöpfe zu verändern beziehungsweise nach den Vorstellungen der Götter zu optimieren. Nach unserem heutigen Verständnis der Biologie sind solche Veränderungen der Eigenschaften eines Lebewesens nur durch Veränderungen von dessen Genstruktur möglich. So wie wir eine Maissorte immer wieder genetisch verändern, um sie widerstandsfähiger gegen bestimmte Schädlinge oder Herbizide zu machen, scheinen auch die Götter bei ihrer Arbeit am Menschenwesen vorgegangen zu sein. Aus moderner Sicht lassen sich die im *Popol Vuh* beschriebenen Versuche der Götter nur als sukzessive Eingriffe in die menschliche DNA verstehen.

Zunächst einmal ist es bemerkenswert, dass die Maya ihre Götter nicht als allmächtig darstellen. Vielmehr beschreiben sie – recht detailliert im Vergleich zur biblischen Schöpfungsgeschichte – einen recht mühsamen Prozess. Dieser verlangte den Göttern durchaus einiges an Geduld ab, um schließlich das perfekte Menschenwesen zu erschaffen. Ein allmächtiger Gott sieht anders aus. Er hätte das Menschengeschöpf einfach so auf die Erde gesetzt, ohne erst mehrfach seine Eigenschaften optimieren zu müssen. Unterm Strich beschreibt das *Popol Vuh* also fremde mächtige Wesen, Götter genannt, die im Rahmen eines langfristigen genetischen Projekts den heutigen Menschen erschufen.

Jetzt könnte man diese uralten Überlieferungen als Fantasieprodukt eines primitiven Urvolkes abtun. Doch wäre dies eine sehr willkürliche Betrachtungsweise. Schließlich respektieren wir die alten Maya für ihre erstaunlichen mathematischen, astronomischen und architektonischen Fähigkeiten. Mit welchem Recht können wir uns dann anmaßen, ihr überliefertes Schöpfungswissen als belanglos beiseite zu schieben? Hinzu tritt noch ein weiterer Punkt, der geradezu dramatisch ist: *Wir erleben nämlich gerade nichts anderes als das, was die Maya hier beschreiben, und zwar bei der Untersuchung Tausender weltweit auftretender Abduktionsfälle.*

Wir kommen also bei der vergleichenden Betrachtung dieser Sachverhalte zu einer überraschenden Erkenntnis: Es besteht eine auffällige Parallele zwischen dem Abduktions-Phänomen und der Geschichte der Maya.

Was wir heute im Rahmen der Abduktionsfälle beobachten, hat es demnach in unserer Vergangenheit bereits gegeben. Das Genprojekt der Fremden wurde vor Jahrtausenden schon einmal durchgeführt. Dabei scheint der Ablauf, wie im *Popol Vuh* dargestellt, der folgende zu sein: Es wird zunächst eine menschliche Rasse geschaffen. In der Folgezeit wird dann beobachtet, wie sich diese Spezies bewährt. Gibt es Defizite, so werden bestimmte körperliche oder mentale Eigenschaften durch gezielte genetische Eingriffe verändert.

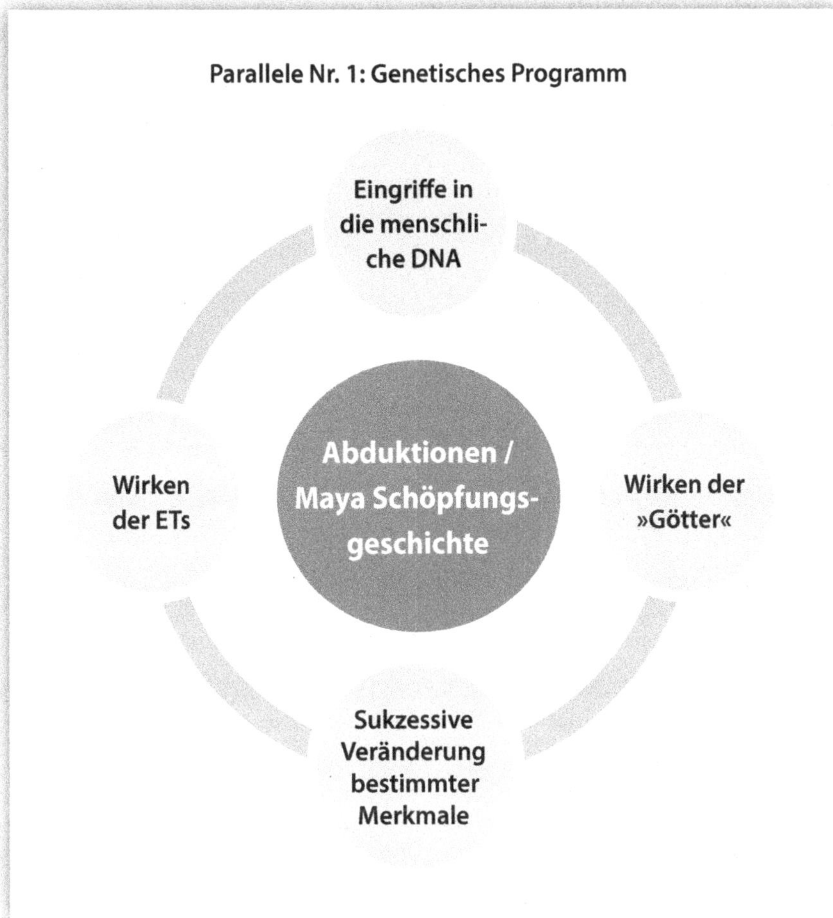

Nach der Schöpfungsgeschichte der Maya war dies bereits mehrfach der Fall. In dem Buch *Eingriff* der Abduktionsforscherin Dr. Karla Turner stieß ich auf einen Bericht, der dieses Szenario exakt bestätigt. Dr. Turner, die selbst mehrfach ET-Kontakte hatte, beschreibt dort, wie ihr von den Fremden eine biblische Szene mit Isaak, Esau und Jakob vorgespielt und im Einzelnen erläutert wurde. Im Ergebnis diente diese Lehrstunde dazu, ihr zu vermitteln, dass es eine ursprüngliche Menschenart auf dem Planeten Erde gab und die Außerirdischen dann durch genetische Manipulationen eine neue Art schufen, welche die alte ersetzte.[368]

Mit Blick auf das aktuelle Abduktions-Phänomen führt Dr. Turner weiter aus:

> »Gegenwärtig nehmen die Außerirdischen an unserer Art wieder genetische Manipulationen vor und versuchen abermals eine Variante zu produzieren, die ihren Zwecken besser dienen und uns ersetzen wird.« [369]

Auch der Betroffenen Angy sagten die Außerirdischen, sie hätten den Menschen erschaffen, und gegenüber Lisa äußerten sie, sie hätten unsere Art verändert.[370] Die in der Abduktionsliteratur enthaltenen Hinweise der Außerirdischen sind damit ein weiterer Beleg für die Verlässlichkeit der Maya-Schöpfungsgeschichte.

Doch damit nicht genug. Es gibt noch einen weiteren Zusammenhang zwischen aktuellen Erkenntnissen und der Schöpfungsgeschichte der Maya. Diese Verbindung untermauert ebenfalls die Authentizität der alten Überlieferungen und spricht dafür, dass wir einige Beschreibungen des *Popol Vuh* durchaus wörtlich nehmen können.

Im vorangegangenen Kapitel berichtete ich ausführlich über die Bemühungen und Erfolge der US-Geheimdienste und des Militärs in Sachen Remote Viewing. Demnach betrachten diese Kreise Remote Viewing als ein reales Phänomen, das weder durch Entfernung noch durch Abschirmung geschwächt wird. Zudem soll die Fähigkeit des Remote Viewing durch geeignete Trainingsverfahren verbessert werden können. Ich hatte bereits anhand von Beispielen erläutert, dass sich ein Remote Viewer nicht nur im Raum, sondern auch in der Zeit vor und zurück bewegen kann. In diesem Sinne schreibt etwa Joseph McMonaegle:

> »Ich bin sicher, dass Zeit und Raum in ihrer Gesamtheit Illusionen sind […].«[371]

und David Morehouse führt aus:

»In diesem Kontext gibt es kein Element von Zeit und Entfernung, da alles in der quantenmechanischen Sprache einer allgegenwärtigen Wellenform existiert.« [372]

Wie wir nun gesehen haben, stimmt dieses Zeitverständnis sehr gut mit dem der alten Maya überein. Noch erstaunlicher ist jedoch eine faszinierende Verbindung zwischen unserem heutigen Wissen über die Fähigkeit der Fernwahrnehmung und den jahrtausendealten Überlieferungen der Maya. Wie soeben beschrieben, schufen die Götter gemäß dem *Popol Vuh* den heutigen Menschen in mehreren Schritten. Erst im vierten Anlauf entstanden schließlich die ersten vier Menschen, indem die Götter ihr Fleisch aus Mais bildeten. Von der Mayaforschung kaum beachtet sind die herausragenden Fähigkeiten dieser Geschöpfe und die Reaktion der Götter auf diese Fertigkeiten der ersten Menschen. Hierzu heißt es im *Popol Vuh:*

»Alles sahen sie, alles wussten sie, ein Jegliches unter dem Himmel, sobald sie blickten; sofort drang ihr Blick dahin und dorthin, ins Innerste des Himmels, ins Innerste der Erde. Die verborgensten Dinge sahen sie insgesamt, ohne sich vorher irgend zu rühren.«[373]

Die Götter beunruhigte dies, und bevor die Menschen auf die Idee kommen würden, sich mit den Göttern zu vergleichen, fassten sie einen Plan:

»Nur das Nahe eröffne sich ihren Blicken, nur wenig sollen sie von der Oberfläche der Erde sehen.«[374]

Die Götter arbeiteten also erneut an ihrem Geschöpf. Hierzu heißt es im *Popol Vuh:*

»Da blies ihnen das Herz des Himmels auf die Augen, die sich trübten, wie wenn man die Fläche eines Spiegels anhaucht. Ihre Augen trübten sich, sie sahen nur das Nahe, nur mehr das war ihnen klar. So wurde ihre

Weisheit nebst dem übernatürlichen Verstande der vier Menschen zerstört, ihr Ursprung und Anfang.«[375]

Die beschriebenen Fähigkeiten der ersten Menschen scheinen an die technischen Möglichkeiten unserer modernen Zivilisation zu erinnern. So sind wir heutzutage dank unserer Weltraumteleskope in der Lage, ebenfalls in das »Innerste des Himmels« zu sehen. Es ist jedoch gar nicht nötig, auf solche technischen Errungenschaften zurückzugreifen, um den Beschreibungen des *Popol Vuh* einen Sinn zu verleihen. Seit den 1970er Jahren wissen wir, dass der Mensch über die Fähigkeit der Fernwahrnehmung (Remote Viewing) verfügt.

Ein Remote Viewer kann die Welt sehen, ohne den Beschränkungen von Raum und Zeit unterworfen zu sein. Er kann folglich genauso einen Ort im tiefsten Inneren des Universums beschreiben wie einen Ort im Inneren der Erde. Nichts ist seinen Blicken verborgen. Und er sieht all dies von seinem Arbeitsplatz aus, ohne sich physisch in die Welt hinausbewegen zu müssen. Nehmen wir also die Maya-Darstellung der Fähigkeiten der ersten Menschen wörtlich – ohne jede Interpretation und Auslegung –, so sehen wir eine Beschreibung vor uns, die im Wesentlichen mit der Remote Viewing-Definition der DIA im Report vom 19. Oktober 1983 übereinstimmt (*»ability of an individual to access and describe remote geographic areas or to access and describe concealed data via undefined transmission mechanisms«*):

Maya	DIA
»Alles sahen sie, alles wussten sie, ein Jegliches unter dem Himmel, sobald sie blickten; sofort drang ihr Blick dahin und dorthin, ins Innerste des Himmels, ins Innerste der Erde. Die verborgensten Dinge sahen sie insgesamt, ohne sich vorher irgend zu rühren.«	»Die Fähigkeit eines Menschen, über unbestimmte Übertragungsmechanismen zu fernen Orten Zugang zu haben und sie beschreiben oder auf verborgene Informationen zugreifen und diese beschreiben zu können.«

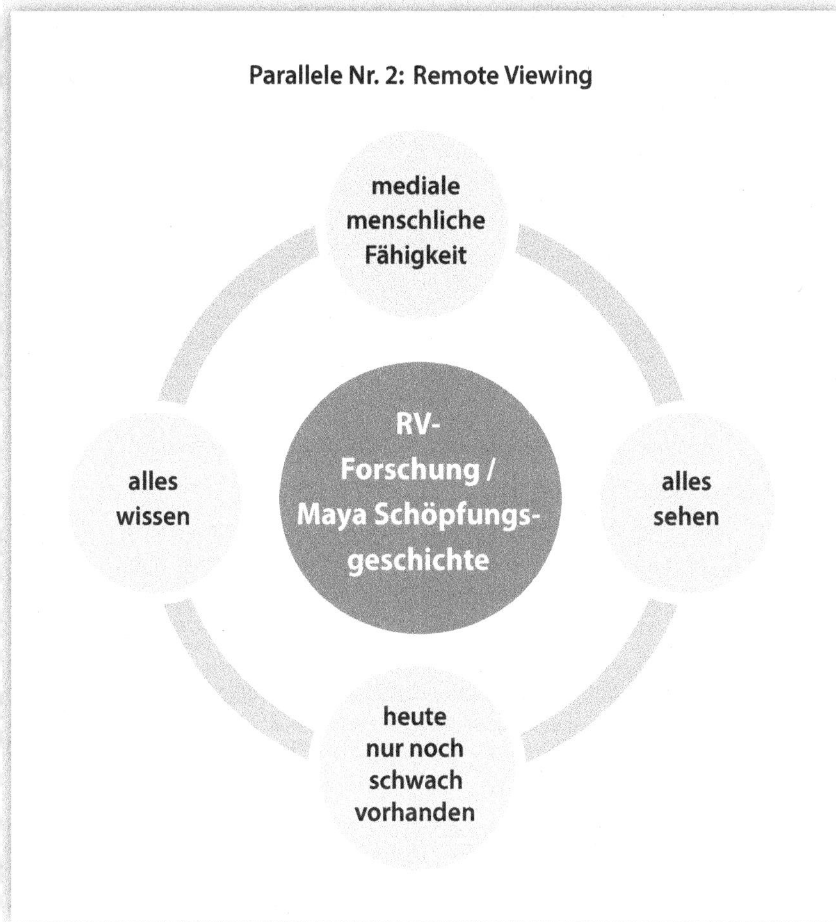

Damit wird auch verständlich, was laut der Schöpfungsgeschichte im Anschluss an die Erschaffung der ersten vier Menschen aus Mais passierte. Die Götter stellten fest, dass die Menschen über mächtige Fähigkeiten, einen »übernatürlichen Verstand«, verfügten. Dies beunruhigte sie, und daher nahmen sie den Menschen die Fähigkeit der Fernwahrnehmung; allein die Möglichkeit der visuellen Wahrnehmung mit Hilfe ihrer Augen beließen sie ihnen. So sahen die Menschen von nun an »nur das Nahe«.

Eine wörtliche Auslegung des *Popol Vuh* führt also zu dem Schluss, dass die ersten Menschen über die Fähigkeit der Fernwahrnehmung zunächst uneingeschränkt verfügten, diese jedoch nachträglich beseitigt beziehungsweise »getrübt« wurde. Demnach wäre die Fernwahrnehmung zu einem früheren Zeitpunkt der Menschheitsgeschichte eine typische menschliche Eigenschaft gewesen.

Und damit kommen wir zur zweiten Parallele:

Dies würde zugleich die Vermutung der Remote-Viewing-Forscher bestätigen, dass es sich beim Remote Viewing um eine Fähigkeit handelt, die grundsätzlich in jedem Menschen vorhanden ist.[376] Dafür spricht auch, dass ich selbst mit einem relativ kleinen Kreis von Probanden in fast allen Fällen eindeutige Ergebnisse erzielen konnte.

Wir hatten eingangs gesehen, wie sich der renommierte Mayaforscher Eric Thompson irrte, was die Zeitauffassung der Maya anbelangt. Dieser Irrtum beruhte darauf, dass Thompson schlecht informiert und nicht mit dem Einstein'schen physikalischen Zeitbegriff vertraut war. Genauso wenig kann ein Mayaforscher ohne Kenntnis von Remote Viewing die Textstelle im *Popol Vuh* verstehen, die sich mit den herausragenden Fähigkeiten der ersten Menschen befasst. Er wird dann glauben, dass es sich dabei um eine prosaische Beschreibung fantastischer Superkräfte handelt. Stattdessen bestätigt jedoch die Remote-Viewing-Forschung, dass die Maya-Schöpfungsgeschichte in diesem Punkt durchaus wörtlich verstanden werden kann. Ebenso wird ein Mayaforscher nichts davon wissen, dass sich aus Tausenden Abduktionsfällen Hinweise auf ein genetisches Zuchtprogramm fremder mächtiger Wesen ergeben. Wenn man dies jedoch weiß, ist auch hier die Parallele zur Schöpfungsgeschichte der Maya offensichtlich.

Wir können also das folgende Fazit ziehen: Es gibt aufschlussreiche und bedeutsame Wechselbeziehungen zwischen (1) unseren aktuellen Erkenntnissen in Bezug auf Remote Viewing sowie dem Abduktions-Phänomen und (2) den Jahrtausende alten Überlieferungen der

Maya. Die erst vor kurzem wissenschaftlich erforschte Fähigkeit der Fernwahrnehmung wird bereits in der Maya-Schöpfungsgeschichte genau beschrieben. Dies stützt die Vermutung der Wissenschaftler, dass es sich dabei um eine natürliche menschliche Eigenschaft handelt. Doch was noch viel wichtiger ist: Durch die Wiederentdeckung dieser Fähigkeit gewinnen die alten Überlieferungen einen unerwarteten Realitäts- und Wahrheitsgehalt.

All dies gilt in gleicher Weise für das genetische Zuchtprogramm der Fremden beziehungsweise Götter. Es handelt sich um ein Projekt, das damals wie heute durchgeführt wird. Sowohl die Mayaforschung als auch die UFO-Forschung wird diese Zusammenhänge würdigen müssen. Mit all den Folgen, die sich daraus für die Geschichte der Menschheit ergeben.

6 FREE

Hintergrund, Ziele und Forschungstätigkeit

Im Juli 2015 wurde unter ungewöhnlichen Umständen die gemeinnützige Forschungsorganisation Foundation for Research into Extraterrestrial Encounters (FREE) gegründet. Nach dem Tod des Apollo-Astronauten und sechsten Mannes auf dem Mond Dr. Edgar Mitchell, der sich unbeirrt für die Anerkennung der Existenz von UFOs eingesetzt hat und als ein Pionier der Bewusstseinsforschung gilt, wurde FREE in Anerkennung der herausragenden Verdienste dieses Mannes in Dr. Edgar Mitchell Foundation for Research into Extraterrestrial Encounters umbenannt, zu Deutsch: Dr.-Edgar-Mitchell-Stiftung zur Erforschung extraterrestrischer Begegnungen. Mitbegründer von FREE waren neben Dr. Mitchell der emeritierte Astrophysiker am Harvard–Smithsonian Center for Astrophysics Dr. Rudy Schild, die langjährige australische Abduktionsforscherin Mary Rodwell und der Anwalt Reinero »Rey« Hernandez, der selbst ET-Kontakterfahrungen hat. Dem Board von FREE gehören neben den vorgenannten Personen folgende Mitglieder an (Stand Juni 2017):

- **Kathleen Marden**: langjährige Abduktionsforscherin (International Director of Abduction Research der MUFON) und Nichte von Betty Hill.
- **Dr. Robert Davis**: emeritierter Professor für Neurowissenschaften an der State University of New York.
- **Rosemary Ellen Guiley**: langjährige Forscherin und erfolgreiche

Autorin im Bereich paranormaler Phänomene einschließlich interdimensionaler und UFO-bezogener ET-Kontakterlebnisse.

- **Dr. Leo Sprinkle**: emeritierter Professor der University of Wyoming und ein Pionier der Abduktionsforschung seit Mitte der 1960er Jahre.
- **Dr. Jon Klimo**: Professor an der American School of Professional Psychology der Argosy University, North Virginia, und Autor zahlreicher Veröffentlichungen auf dem Gebiet der Parapsychologie und Bewusstseinsforschung.
- **Giorgio Piacenza**: langjähriger peruanischer UFO-Forscher und ziviler Berater der OIFAA, der Abteilung der peruanischen Luftwaffe zur Untersuchung anomaler Luftraumphänomene (nunmehr DIFAA).
- **Dennis Briefer**: Ingenieur, Physiker und Unternehmer, Board-Mitglied des John Mack Institute.
- **Dr. Claude Swanson**: Physiker (Ausbildung am MIT und an der Princeton University) und Board-Mitglied des Monroe Institute.

Als interdisziplinärer und internationaler Zusammenschluss von Wissenschaftlern, Forschern und Betroffenen (*experiencer*) führt FREE derzeit eine multinationale Studie durch. Diese anonyme Studie zielt darauf ab, länderübergreifend statistische Daten zur Erforschung der weltweit berichteten UFO-bezogenen Kontakterlebnisse mit nichtmenschlicher Intelligenz einschließlich verwandter paranormaler Phänomene zu erheben. Dabei gehen die Forscher von FREE von der Hypothese aus, dass ET-Kontakterlebnisse und weitere (paranormale) Phänomene wie Nahtoderlebnisse, außerkörperliche Erfahrungen und Remote Viewing durch eine einheitliche physikalische Theorie erklärt werden können.

Einen solchen Erklärungsansatz könnte die von den FREE-Gründern Dr. Mitchell und Dr. Schild aufgestellte Quantum Hologram Theory of Consciousness (Quanten-Hologramm-Theorie des Bewusstseins) liefern. Diese sieht die vorgenannten sowie weitere Erscheinungen nicht als gesondert, sondern als Teile eines zusammenhängenden Phänomens vor dem Hintergrund eines multidimensionalen Quantenhologramms an.

Bei der Holografie wird ein Objekt mit kohärentem Licht bestrahlt, das an der Objektoberfläche gestreut und reflektiert wird und sich mit dem einfallenden Laserlicht überlagert. Das dabei entstehende Interferenzmuster der Lichtwellen wird auf einer Fotoplatte aufgefangen. Wird die Fotoplatte anschließend mit entsprechendem Licht bestrahlt, entsteht durch die Beugung des Lichts am aufgenommenen Interferenzmuster eine dreidimensionale Rekonstruktion des ursprünglichen Objekts. Hierzu schreibt der bekannte Ex-Military Remote Viewer David Morehouse:

> »Wenn man ein Hologram mit Licht beleuchtet, nimmt die als Interferenzmuster gespeicherte Information das einfallende Licht auf und reproduziert die ursprüngliche optische Wellenfront, die von dem Objekt reflektiert wurde. Ihre Augen und Ihr Gehirn nehmen das Objekt nun so wahr, als befände es sich erneut vor Ihnen. Es ist entscheidend zu wissen, dass jeder Teil des Hologramms, selbst dessen kleinstes Stück, all die nötige Kodierung enthält, um das gesamte Bild zu reproduzieren.« [377]

David Morehouse beschreibt daraufhin das Konzept eines holografischen Matrix-Feldes, bei dem – an jedem Ort – sämtliche Informationen in Wellenform vorhanden sind.[378] Auch andere Wissenschaftler wie der Nobelpreisträger und Physiker Dennis Gabor, der Physiker und Mathematiker David Bohm und der Neurowissenschaftler Karl Pribam entwickelten entsprechende holografische Modelle, die auch die menschliche Wahrnehmung zu erklären versuchen. Sie stellten dabei die Hypothese auf, dass das menschliche Gehirn ähnlich einem Hologramm und in Übereinstimmung mit quantenmathematischen Prinzipien funktioniert. In einem wissenschaftlichen Beitrag von fünf FREE-Board-Mitgliedern (siehe nachfolgend) heißt es hierzu:

»Das bedeutet, dass das Gehirn in Wirklichkeit gewöhnliche Bilder in Interferenzmuster verarbeiten könnte, die dann wie bei einem Laser-Hologramm in virtuelle Bilder übertragen werden. Darüber hinaus haben diese Quantenwellen die Fähigkeit, riesige Informationsmengen zu speichern (Schrödingers ›Bewusstseinsfeld‹), die vom Gehirn angezapft werden, um unsere dreidimensionale Realität zu erschaffen.« [379]

Die Grundidee eines holografischen Modells erfreut sich somit bei einer ganzen Reihe namhafter Wissenschaftler großer Beliebtheit. Dennoch bleibt abzuwarten, ob es den Physikern gelingt, hieraus einen stringenten mathematischen Formalismus zu entwickeln, der tatsächlich die beobachteten Phänomene umfassend erklären kann. Aber auch die Theorie des deutschen Physikers Burkhard Heim könnte den entscheidenden Durchbruch zu einem neuen physikalischen Weltverständnis bringen.[380]

Die von FREE durchgeführte multinationale Studie liegt derzeit in den Sprachen Englisch, Spanisch, Deutsch, Französisch, Slowakisch und Chinesisch vor und dient dazu, solides Datenmaterial als Grundlage für eine entsprechende physikalische Theorie zu sammeln. Die über 600 Fragen decken eine große Bandbreite von Phänomenen im Zusammenhang mit UFO-bezogenen ET-Kontakterlebnissen ab. Dabei werden nur bewusst erinnerte Informationen von Betroffenen abgefragt, keine Erinnerungen aus Hypnoseregressionen, luziden Träumen, Channeling oder sonstigen veränderten Bewusstseinszuständen. Die Studie ist in folgende Themenbereiche gegliedert:

a. Familiengeschichte des Kontakts,
b. Kontakterfahrungen,
c. Wesen von nichtmenschlicher Intelligenz,
d. von nichtmenschlicher Intelligenz empfangene Informationen,
e. physische Erfahrungen als Folge des Kontakts mit nichtmenschlicher Intelligenz und
f. psychologische Aspekte der Kontakterfahrung.

Neben Beobachtungen von UFOs und deren Insassen greifen die Fragen zahlreiche Vorgänge und Aspekte auf, die im Kontext von ET-Kontakterfahrungen immer wieder anzutreffen sind. Dazu zählen:

- Typische Indizien für Abduktionserlebnisse wie zum Beispiel Körpermerkmale, Zeitverluste, Aufwachen in einer ungewöhnlichen Schlafposition.
- Paranormale Phänomene wie Telepathie, Präkognition, unidentifizierbare Geräusche, elektromagnetische Anomalien etc.
- Betroffensein von anderen Familienmitgliedern.
- Auswirkung der Erfahrung auf die Lebenseinstellung, das Umweltbewusstsein, Zusammenleben etc.
- Auffälligkeiten in der Kindheit.
- Außerkörperliche und Nahtoderfahrungen.

Am Ende dieses Kapitels wird ein Ausschnitt der Fragen wiedergegeben, um die große Bandbreite der physischen, psychischen, religiösen, spirituellen und sonstigen Aspekte des ET-Kontaktphänomens zu veranschaulichen. Die englischsprachige Studie gliedert sich in insgesamt vier Phasen, bestehend aus zwei quantitativen und zwei qualitativen Instrumenten: Die Phasen 1 und 2 beinhalten über sechshundert Multiple-Choice-Fragen, Phase 3 erfordert schriftliche Antworten auf über siebzig offen formulierte Fragen und in Phase 4 werden strukturierte Interviews mit ausgewählten Teilnehmern durchgeführt. Für die deutsche Fassung der Studie, die ich als Mitglied des Research Committee von FREE mit betreue, wurden die Phasen 1 und 2 auf circa fünfhundert Fragen konsolidiert. An der englischsprachigen Studie haben an den Phasen 1 und 2 bereits rund dreitausend Personen teilgenommen (wobei nicht jeder Teilnehmer immer alle Fragen beantwortet hat), bei der deutschen Studie gibt es bislang rund dreihundert Teilnehmer.

Die Teilnahme an der deutschen Fassung der FREE-Studie ist online unter https://www.surveymonkey.com/r/HYVM268 möglich.

Da es sich um eine anonyme Studie handelt, ist naturgemäß auch mit falschen Dateneingängen zu rechnen. Die Verlässlichkeit der erhobenen Daten muss letztlich aus der großen Anzahl der Teilnehmer und den länderübergreifenden statistischen Vergleichen herrühren. Nachfolgend werden einige der vorläufigen Ergebnisse der englischsprachigen Studie aufgeführt (Stand Februar 2017):

- 85 % der Teilnehmer gaben an, infolge ihrer Kontakterlebnisse eine positive wesentliche Verhaltensänderung erfahren zu haben.
- Nur 9,7 % stuften die nichtmenschliche Intelligenz als böswillig ein.
- 79 % stimmten zu, dass wir uns bereits in oder am Rand eines Neuen Zeitalters befinden und die nichtmenschliche Intelligenz dabei eine Rolle spielt.
- 74 % glauben, dass bereits evolutionäre Kräfte am Werk sind, welche die Menschheit als Ganzes in eine ich-bewusstere, spirituell empfindsamere Spezies verwandeln.
- 55 % sahen Energiewesen.
- 52 % sahen menschlich aussehende Wesen.
- 50 % sahen kleine Greys.
- 26 % sahen Hybride und
- 25 % sahen Reptiloide.
- 95 % hatten eine paranormale Erfahrung.
- 49 % gaben an, dass auch Familienmitglieder Kontakt mit nichtmenschlicher Intelligenz haben.
- 55 % (= 1.636) haben eine telepathische Mitteilung von nichtmenschlicher Intelligenz erhalten.
- Von diesen haben wiederum 62 % (= 1.010) einen Download (telepathische Informationsübertragung) betreffend fortgeschrittene Wissenschaft, Physik oder Technologie erhalten.
- 46 % haben einen Zeitverlust erlebt.
- 81 % (= 1.950) hatten außerkörperliche Erfahrungen.

Bei der deutschen Studie gaben 153 Teilnehmer an, ein intelligent gesteuertes Fahrzeug am Himmel oder am Boden gesehen zu haben, das (scheinbar) nicht von Menschen gemacht war. In 89 Fällen gab es dabei andere Zeugen. 94 Personen sahen das Raumfahrzeug am Boden, davon 54 in einer Entfernung von weniger als dreihundert Metern; 20 Teilnehmer sahen das UFO sogar weniger als dreißig Meter entfernt. 82 Teilnehmer hatten einen ET-Kontakt in unserer physischen 3D-Realität; 42 gaben an, von einem ET körperlich berührt worden zu sein.

Menschlich aussehende Wesen wurden dabei am häufigsten beobachtet (30), gefolgt von kleinen Greys (29), großen Greys (18), Reptiloiden (11), Insektoiden oder gottesanbeterähnlichen Wesen (7) sowie Hybriden (6). Auf der Sympathieskala schnitten dabei die menschlich aussehenden Außerirdischen eindeutig am besten ab (von 54 % als positiv beurteilt), während die Greys und Reptiloiden meist als ebenso positiv wie negativ eingestuft wurden. 24 Teilnehmer gaben an, eine bewusste Erinnerung daran zu haben, an Bord eines Raumschiffs gewesen zu sein. 17 Teilnehmer antworteten, dass sie auf dem Weg in das Raumfahrzeug dematerialisiert wurden und sich durch physische Objekte bewegten. Kleine Greys wurden an Bord 19 Mal und große Greys 11 Mal beobachtet und damit insgesamt am weitaus häufigsten im Vergleich zu anderen Spezies.

22 Teilnehmer hatten Zeitverluste zwischen fünfzehn Minuten und vierundzwanzig Stunden (meist ein bis drei Stunden). Von 52 Teilnehmern, die angaben, sich in einer matrixartigen Realität befunden zu haben, schien für 42 (81 %) diese multidimensionale Erfahrung ebenso real zu sein wie eine Unterhaltung mit einem Familienmitglied. 78 Teilnehmer hatten bereits eine außerkörperliche Erfahrung. 72 Teilnehmer gaben an, schon einmal eine Voraussage über die Zukunft gemacht zu haben, die dann eingetreten sei. 50 Personen teilten mit, schon einmal kleine farbige beziehungsweise leuchtende Kugeln (Orbs) gesehen zu haben (meist weiß).

Selbstverständlich muss man all diese Ergebnisse zunächst mit Zurückhaltung betrachten. Da es sich um eine anonyme Studie handelt, ist über die Seriösität, Absichten und den psychischen Zustand der einzelnen Teilnehmer nichts bekannt, so dass grundsätzlich mit Verzerrungen durch ungeeignete oder falsche Daten zu rechnen ist. Solche möglichen Datenfehler können nur durch hohe Teilnehmerzahlen minimiert und durch eine genaue statistische Auswertung – auch im länderübergreifenden Vergleich – identifiziert werden. FREE erwartet daher, dass im weiteren Fortgang der Studie, auch durch Einbeziehung weiterer Länder und Sprachen, die statistische Signifikanz der Studienergebnisse weiter gesteigert werden kann.

FREE wird erste Erkenntnisse aus der Studie und auf der Hologramm-Theorie basierende Hypothesen in dem anerkannten *Journal of Consciousness* veröffentlichen. In dem Beitrag führen die Autoren Hernandez, Dr. Davis, Dr. Klimo, Dr. Schild und Dr. Swanson aus, dass die FREE-Studie für einen Zusammenhang zwischen UFO-bezogenen Kontakterfahrungen mit nichtmenschlicher Intelligenz und bestimmten physischen, psychologischen und paranormalen Folgen einschließlich veränderter Bewusstseinszustände spricht. Sie weisen darauf hin, dass auch andere Forscher die Verbindung von nichtmenschlicher Intelligenz zu außerkörperlichen Erfahrungen (*Out-of-Body Experiences*, OBEs) und Nahtoderfahrungen (*Near Death Experiences*, NDEs) aufgezeigt haben. Wie vorstehend skizziert, beruht das Hologramm-Modell des Universums auf quantenmechanischen Überlegungen. Die FREE-Autoren zeigen auf, dass die Eigenschaften von UFOs, OBEs, NDEs, Remote Viewing, Channeling und anderen paranormalen Phänomenen den aus der Quantenmechanik bekannten Grundprinzipien entsprechen. Dazu gehören unter anderem Nichtlokalität, Verschränkung und eine instantane – also augenblickliche – Informationsübertragung in einer Dimension ohne Zeit und Raum.

Hierzu muss man wissen, dass die Quantenmechanik den kleinsten Bausteinen unserer Welt, den Elementarteilchen, Welleneigenschaften zuspricht. Ein Elektron wird demnach nicht als materielles Punktteilchen betrachtet, sondern entspricht einer über den ganzen Kosmos verteilten Welle. Die das Elektron beschreibende Wellenfunktion wird dabei als Wahrscheinlichkeitswelle interpretiert, die ortsabhängig die Wahrscheinlichkeit dafür angibt, dass das Elektron an einem bestimmten Ort anzutreffen ist. Bis zu einer Messung bleibt der Ort des Elektrons also unbestimmt beziehungsweise unscharf, wie die Quantenphysiker sagen.

Dieser Wellencharakter der Teilchen hängt eng mit den Begriffen Nichtlokalität und Verschränkung zusammen. So kann man im Experiment sogenannte verschränkte Photonen erzeugen. Vor einer Messung ist eine bestimmte Eigenschaft beider Photonen, der Spin (vereinfacht: sein Eigendrehimpuls), unbestimmt. Wird nun der Spin des einen Photons gemessen, wird dadurch auch der Spin des anderen Photons festgelegt. Der Messvorgang führt somit im gleichen Moment (instantan) zu einer Zustandsänderung des zweiten Photons, unabhängig von dessen räumlicher Entfernung zum ersten.

Zu dieser Verschränkung von Quantenzuständen schreibt der Physiker und Bestseller-Autor Brian Greene:

> »Wenn zwei Photonen verschränkt sind, ›zwingt‹ die erfolgreiche Messung eines der Photonenspins bezüglich seiner Drehachse das andere ferne Photon, den gleichen Spin bezüglich dieser Achse aufzuweisen. Der Messvorgang an einem Photon ›veranlasst‹ das andere, möglicherweise ferne Photon, den Wahrscheinlichkeitsnebel zu verlassen und einen eindeutigen Spinwert anzunehmen – einen Wert, der dem Spin seines fernen Gefährten genau entspricht. Das ist kaum fassbar.«[381]

Dies ist aus dem Blickwinkel von Einsteins Relativitätstheorie in der Tat kaum fassbar, da diese die Lichtgeschwindigkeit als Grenzgeschwindigkeit postuliert. Die quantenmechanische Verschränkung deutet hingegen auf eine nichtlokale, das heißt auch über Entfernungen hinweg instantan erfolgende Wechselwirkung zwischen zwei Teilchen hin. Es ist vor allem diese Eigenschaft der Nichtlokalität, die sich bei diversen paranormalen Phänomenen wie der Fernwahrnehmung (Remote Viewing) oder Telepathie zeigt.

Wie bereits ausgeführt, nahmen fünfundachtzig Prozent der Studien-Teilnehmer an sich eine bedeutsame positive Verhaltensänderung infolge ihrer ET-Kontakterlebnisse wahr. Die Autoren des FREE-Beitrags zeigen die Übereinstimmung dieses Ergebnisses mit den Erkenntnissen der australischen Forscherin und FREE-Mitbegründerin Mary Rodwell auf. Diese schrieb bereits 2010, dass ein ET-Kontakt eine (positive) Veränderung des menschlichen Bewusstseins bewirkt, die nicht nur zu persönlichem Wachstum führt, sondern die Möglichkeit der Wahrnehmung und Kenntnis anderer Realitäten eröffnet.

Es wurde bereits erörtert, dass in der Tat weitere Realitätsebenen zu existieren scheinen, deren Wahrnehmung entscheidend von unserem Bewusstseinszustand, also dem Zustand unserer Gehirnwellenaktivität, abhängt. Bei den in meiner Praxis durchgeführten Versuchen hat sich jedenfalls gezeigt, dass die Fähigkeit des Remote Viewing im Alpha-Zustand leichter Trance deutlich erhöht war. In diesem Sinne stellen auch die Autoren des FREE-Artikels fest, dass die UFO-bezogenen Kontakterfahrungen mit nichtmenschlicher Intelligenz vor allem Fragen zu den Bereichen Bewusstsein und Realität aufwerfen. Es ist somit an der Zeit, dass sich die klügsten Köpfe unter unseren Wissenschaftlern diesen Fragen stellen. Und es ist bereits jetzt absehbar, dass sich die Antworten auf diese Fragen nicht innerhalb unseres vertrauten Weltbildes bewegen werden.

Auszug aus der FREE-Forschungsstudie

Nachfolgend wird ein Teil der rund fünfhundert Fragen der deutschen konsolidierten Fassung der FREE-Forschungsstudie widergegeben. Diese Fragen wurden von Wissenschaftlern und Forschern zusammengestellt, die bereits über mehrere Jahrzehnte Erfahrung auf dem Gebiet der Abduktionsforschung verfügen und gemeinsam viele hundert Fälle von Personen mit ET-Kontakterlebnissen untersucht haben. Die Fragen sollen die große Bandbreite der Phänomene im Zusammenhang mit UFO-bezogenen ET-Kontakten ebenso aufzeigen wie die zahlreichen psychischen, spirituellen, religiösen und weltanschaulichen Aspekte, die sich für die Betroffenen aus dem Kontakt mit einer nichtmenschlichen Intelligenz ergeben. In der FREE-Studie sind die Fragen noch in weitere Unterabschnitte unterteilt, die in dem folgenden Auszug weggelassen wurden:

Familiengeschichte des Kontakts

- Hatte noch jemand aus Ihrer Familie Kontakt mit einem nichtmenschlichen intelligenten Wesen?
- Hatte noch jemand aus Ihrer Familie paranormale Erfahrungen?
- Haben Sie ein hochintelligentes, begabtes Kind, von dem Sie glauben, dass es auf die Einflussnahme durch ETs (nichtmenschliche intelligente Wesen) zurückzuführen ist?
- Hat Ihr Ehe-/Lebenspartner eine Ihrer ET-Kontakt-Erfahrungen miterlebt?
- Hat Ihr Ehe-/Lebenspartner ET-Kontakt-Erfahrungen ohne Ihre Anwesenheit gemacht?
- Hat eines Ihrer Kinder eine Ihrer ET Kontakt-Erfahrungen miterlebt?
- Hat eines Ihrer Kinder ET-Kontakt-Erfahrungen ohne Ihre Anwesenheit gemacht?
- Haben Sie ein intelligent gesteuertes Fahrzeug am Himmel oder am Boden gesehen, das nicht von Menschen gemacht war?
- Wenn das Fahrzeug am Boden gesehen wurde, wie nah war es dann?
- Haben andere Zeugen ebenfalls das Fahrzeug/UFO gesehen?
- Haben Mitglieder Ihrer Familie ein UFO gesehen?

Kontakterfahrungen

- Hatten Sie eine Begegnung mit einem ET, bei der der ET nicht physisch anwesend war?

- Wie oft hatten Sie diese Art von Begegnung, bei der der ET physisch NICHT anwesend war?
- Glauben Sie, dass Sie irgendeine Art von Interaktion (via Sprache, Channelling, Telepathie etc.) mit einem nicht sichtbaren, nichtmenschlichen intelligenten Wesen hatten?
- Beinhaltete Ihre Erfahrung eine Form von telepathischer oder gedanklicher Übertragung oder ein unmittelbares Wissen, das Ihnen von dem ET vermittelt wurde?
- Wurde Ihnen die Information über sogenanntes Channeling vermittelt?
- Hatten Sie jemals eine Form von Kontakt mit einem ET, bei dem Sie den ET hier auf der Erde in einer 3D-Realität wahrgenommen haben?
- Wie oft hatten Sie diese Art von Kontakt, bei der ein ET physisch anwesend war?
- Waren Sie bei Ihrem ET-Kontakterlebnis alleine?
- Wenn Sie mit jemandem zusammen waren, geben Sie bitte an, wie viele Zeugen während dieses Erlebnisses bei Ihnen waren.
- Wurden Sie jemals mitgenommen und danach an einen anderen Ort zurückgebracht?
- Können Sie die Art von ET beschreiben, die Sie beobachtet haben?
- Haben Sie einen Film oder eine Fotoaufnahme, die mit dem ET-Kontakterlebnis, bei dem ein ET physisch gesehen wurde, zusammenhängt?
- Haben Sie – neben der Beobachtung dieses nichtmenschlichen intelligenten Wesens – in irgendeiner Form mit diesem/diesen Wesen interagiert?
- Wie würden Sie Ihre Erfahrung(en) beschreiben? (überwiegend positiv / überwiegend negativ / ebenso positiv wie negativ / neutral / ich bin nicht sicher)
- Hat/haben dieses/diese Wesen mit einer anderen Art von Wesen zusammengearbeitet? Wenn ja, welche Art war dies?
- Gab es in Verbindung mit dem ET-Kontakterlebnis eine Art von

Fahrzeug/Raumschiff?

- Haben Sie eine BEWUSSTE Erinnerung daran, an Bord eines UFOs gewesen zu sein?
- Wie wurden Sie zu dem Fahrzeug gebracht?
- Hatten Sie irgendeine Form von Kontakt mit einem ET an Bord des Fahrzeugs?
- Erinnern Sie sich daran, jemals ein UFO gesteuert zu haben?
- Erinnern Sie sich daran, gesehen zu haben, wie eine ET ein UFO steuerte?
- Wissen Sie, was das UFO antreibt und welche Art von Energie benutzt wird?
- Kennen Sie die ungefähren Abmessungen des UFOs?
- Welche Form hatten die UFOs, die Sie gesehen haben?
- Wurden Sie an Bord des UFOs von einem ET auf einen Rundgang mitgenommen?
- Waren Sie jemals als Kind an Bord eines UFOs?
- Wenn Sie an Bord eines UFOs gebracht wurden, wissen Sie, warum dies geschah?
- Erinnern Sie sich daran, dass Sie anderen Menschen an Bord des UFOs geholfen haben (zum Beispiel, indem Sie diese beruhigten)?
- Wurde es Ihnen gestattet, an Bord des UFOs ohne Begleitung eines ET umherzugehen?
- Falls Sie fehlende Zeit festgestellt haben, wissen Sie, wie viel Zeit Ihnen fehlte?
- Glauben Sie, dass Sie jemals auf einem anderen Planeten waren?
- Beschreiben Sie die Umgebung, in die Sie gebracht wurden.
- Glauben Sie, dass Sie in einer Art Militäranlage auf der Erde waren?
- […]

Wesen der ETs

- Glauben Sie, dass Sie ein nichtmenschliches intelligentes Wesen (ET) beobachtet haben?

- Können Sie beschreiben, welche Gruppe von ETs Sie beobachtet haben?
- Haben Sie – neben der Beobachtung dieses nichtmenschlichen intelligenten Wesens – in irgendeiner Form mit diesem/diesen Wesen interagiert?
- Hat/haben dieses/diese Wesen mit einer anderen Art von Wesen zusammengearbeitet? Wenn ja, welche Art war dies?
- Erinnern Sie sich daran, dass Sie ETs halfen oder diese in irgendeiner Funktion unterstützen?
- Hatten Sie jemals das starke Gefühl, eine Mission oder wichtige Aufgabe erledigen zu müssen, ohne zu wissen, woher dieser Zwang kam?
- Wissen Sie bereits im Voraus, wenn ein ET Sie besuchen kommt?
- Haben die ETs Sie jemals gelähmt?
- Falls Sie an einen anderen Ort gebracht wurden, wissen Sie dann, warum die ETs Sie mitnahmen?
- Wenn Sie Ihre ET-Kontakterlebnisse stoppen könnten, würden Sie dies tun?
- Fühlen Sie, dass eine Art großer Plan durchgeführt wird und alle Erfahrenden ein Teil davon sind?
- Glauben Sie, dass ETs eine medizinische Heilung an Ihnen oder einem anderen Mitglied Ihrer Familie durchgeführt haben?
- Glauben Sie, dass Sie Teil eines außerirdischen Zuchtprogramms sind (dass also von Ihnen genetisches Material zur Schaffung eines anderen Wesens entnommen wurde)?
- Wenn Sie glauben, Teil eines außerirdischen Zuchtprogramms zu sein, welche Art von ET ist Ihrer Ansicht nach in dieses Programm verwickelt?
- Wenn Sie glauben, Teil eines außerirdischen Zuchtprogramms zu sein, kennen Sie den Zweck dieses Zuchtprogramms?
- Wenn Sie glauben, Teil eines außerirdischen Zuchtprogramms zu sein, denken Sie, dass Sie ein außerirdisches Hybridkind beziehungsweise Hybridkinder haben?

- Wenn Sie glauben, Teil eines außerirdischen Zuchtprogramms zu sein, wurde Ihnen dann jemals ein außerirdisches Kind gezeigt und gesagt, es wäre Ihres?
- Haben Sie jemals einen ET in einer Uniform gesehen? Wenn ja, welche Art von ET war dies?
- Haben Sie jemals einen ET in einer Mönchskutte gesehen, und wenn ja, welche Farbe hatte die Kutte?
- Haben Sie ETs durch die Luft schweben sehen?
- Haben Sie ETs auf dem Boden laufen sehen?
- Wurden Sie jemals in einen Zustand der Lähmung versetzt, und zwar entweder bevor oder nachdem Sie einen ET gesehen haben?
- Sind Sie jemals aufgewacht und haben einen ET in Ihrem Schlafzimmer gesehen?
- Hat ein ET Sie jemals körperlich berührt?
- Hat ein ET Ihnen jemals Schmerzen zugefügt?
- Glauben Sie, dass ETs im Allgemeinen böse beziehungsweise böswillig sind?
- Glauben Sie, dass ETs im Allgemeinen gut beziehungsweise gutwillig sind?
- Haben Sie von Seiten eines dieser ETs jemals Liebe oder ein Gefühl von Liebe erfahren?
- Haben Sie von Seiten eines dieser ETs jemals ein Gefühl von Bösartigkeit erfahren?
- Wurden Sie bei dem Kontakt mit ETs darum gebeten, für diese etwas in der Zukunft zu tun oder hierzu zuzustimmen?
- […]

Empfangene Informationen

- Gab es zwischen Ihnen und einem ET eine Form der Kommunikation?
- Erfolgte die Kommunikation in Ihrer Muttersprache?
- Erfolgte diese Kommunikation auch in Schriftform? Zum Beispiel

durch automatisches Schreiben oder dadurch, dass Sie eine Form von Dokument erhielten.

- Enthielt die Kommunikation mit den ETs Informationen über Ihre Rolle oder die Rolle Ihrer Familie bei dem ET-Kontakt?
- Wenn Ihre gesamte Familie für den ET-Kontakt ausgewählt wurde, haben Ihnen die ETs dann gesagt, weshalb Ihre Familie ausgewählt wurde?
- Haben Ihnen die ETs jemals gesagt, warum Sie für den Kontakt ausgewählt wurden?
- Haben die ETs Ihnen eine an Sie gerichtete, spirituelle Mitteilung zukommen lassen?
- Haben die ETs Ihnen Informationen über ein genetisches Programm der ETs zukommen lassen?
- Haben die ETs Ihnen gegenüber ihre Sorge über das Verhalten der Menschheit ausgedrückt?
- Haben die ETs Ihnen gesagt, warum Sie heimlich und im Verborgenen arbeiten?
- Haben die ETs Ihnen Informationen über Implantate gegeben?
- Haben die ETs Ihnen Informationen über höhere Physik gegeben?
- Haben die ETs Ihnen irgendeine Information über ein wissenschaftliches Thema gegeben, das nichts mit Physik zu tun hat?
- Haben die ETs Ihnen gesagt, woher sie kommen?
- […]

7 Ausblick

Was können wir als Fazit aus all diesen Erkenntnissen über ET-Kontakte im Allgemeinen und den Tausenden Entführungsfällen im Speziellen ziehen? Was steht uns in dieser Hinsicht als Menschheit bevor? Was bedeutet es zum Beispiel, dass die Fremden den Menschen immer wieder diverse Weltuntergangsszenarien wie Erdbeben, Flutwellen und Atomkriege vorführen und solche Bilder ständig in den Träumen Entführter auftauchen?[382]

Naheliegend erscheint ein Zusammenhang zwischen der angekündigten Katastrophe und dem genetischen Zuchtprogramm der Außerirdischen. Dafür spricht auch die Aussage von Joe, der einen außerirdischen Anteil besitzt. Demnach bestehe der Zweck dieses Programms darin, den Fortbestand des menschlichen Erbguts zu sichern und es überdies mit anderen Spezies im Raumschiff und überall im Kosmos zu kreuzen.[383] Die von den Außerirdischen initiierten Fortpflanzungsakte seien notwendig, damit die »Menschen als Rasse nicht aussterben und damit auch ihr Same und ihr Wissen erhalten bleiben. [...] Die Menschen sind in Not. [...] Ein Sturm braut sich zusammen.«[384] Es drohe eine elektromagnetische Katastrophe als Folge der von den Menschen entwickelten negativen Technologien.

Dies könnte bedeuten, dass der Menschheit hier auf Erden der Untergang bevorsteht, während die Hybridnachkommen an Bord der Raumschiffe weiterleben und zu gegebener Zeit die Erde wiederbevölkern sollen. Peter führt aus, dass angesichts der erwarteten Zerstörung der Erde die Hybridkinder wie Mohnsamen seien, die überall auf der Erde verstreut würden.[385] Auch der Forscherin Dolores Cannon wurde im Rahmen eines ET-Channelings mitgeteilt, dass im Fall einer Zerstörung der Erde die Wiederbevölkerung durch die neu geschaffene menschliche Rasse erfolgen würde.[386] Offenbar soll also durch das Programm der Greys das menschliche Erbgut für den Fall einer globalen Katastrophe bewahrt werden. Ob diese Erhaltungsmaßnahme aus rein eigennützigen Motiven heraus erfolgt, ist damit aber noch nicht geklärt.

Zudem scheint es neben den Greys noch weitere außerirdische Rassen zu geben, die auf der Erde aktiv sind. Daher ist die Frage naheliegend, ob im Falle einer globalen Katastrophe außerirdische Zivilisationen zum Schutz der Menschen eingreifen würden. Schließlich spielen in den intensiv-lebendigen Träumen Betroffener nicht nur Endzeitszenarien eine Rolle, sondern immer wieder auch die Ankunft unzähliger UFOs.[387] Ebenso fragt man sich, was vor diesem Hintergrund davon zu halten ist, dass so viele Betroffene das intensive Gefühl einer bevorstehenden, jedoch nicht greifbaren Mission haben und sich zum Teil sogar an Ausbildungs- und Unterrichtsszenen erinnern können.[388] Professor Jacobs spricht von »Spielszenen« und Tests, die mit den Abduzierten durchgeführt wurden und bei denen sie komplexe Geräte bedienen oder Aufgaben erfüllen mussten.[389] So berichtet etwa Christine Quiblier davon, nachts zu einer Art Schulung gebracht worden zu sein, wo ihr spezifisches Wissen vermittelt wurde.[390] Der Unterricht reicht sogar so weit, dass der Betroffenen Lisa gezeigt wurde, wie man ein Raumschiff fliegt;[391] ein junger Mann beschrieb mir ebenfalls eine Erinnerung, wonach er von den Außerirdischen im Steuern eines Raumschiffs unterwiesen wurde. Das Gefühl so vieler Betroffener einer bevorstehenden ungewissen Aufgabe beschreibt Amy sehr treffend mit den Worten:

> »Ich habe meine Aufgabe immer gespürt, aber ich kannte sie nie.«[392]

Manchmal wird seitens der Fremden angedeutet, dass solche Aufgaben oder Pflichten in Zusammenhang mit der angekündigten Katastrophe stehen und sich die Menschen erst zum richtigen Zeitpunkt an all die erlernten Kenntnisse erinnern würden. Demnach scheinen all die Schulungen und Wissensübermittlungen der Vorbereitung von Abduzierten auf ein zukünftiges Ereignis zu dienen. Der Forscher Mike Clelland vermutet, dass die Außerirdischen den bewussten Kontakt vermeiden und stattdessen bestimmte Informationen direkt im Unterbewusstsein der Abduzierten platzieren.[393]

Auch die Aussage von Leah Haley passt dazu:

> »In vielen von uns ist Information gespeichert. […] Wir können ohne dieses Informationsreservoir nicht überleben. Wir brauchen alles, aber wir brauchen es jetzt noch nicht. Wir werden es bald brauchen.«[394]

Ein weiteres Rätsel ist, in welcher Form nicht nur Abduzierte, sondern auch die auf diesem Gebiet tätigen Forscher Teil eines großen Planes sind. So verspürte beispielsweise Amy eine Art Zwang, mit der Abduktionsforscherin Dr. Karla Turner und nicht mit einem anderen Forscher in Verbindung zu treten.[395] Neben Amy empfing auch Jane Botschaften, die besagten, dass sie speziell mit Turner zusammenarbeiten sollte.[396] Und Polly erhielt auf ihre Frage nach Turners Buchprojekt die Antwort, dass deren Bücher Teil eines wesentlich größeren Werkes seien.[397] Als ich diese Textpassagen in Dr. Turners Buch las, kam mir dies sehr vertraut vor. Gerade ab dem Beginn des Jahres 2017 äußerten sich mehrere Betroffene mir gegenüber in gleicher Weise. Sie nahmen Kontakt zu mir auf, weil sie einen deutlichen Drang verspürten, erstmals von ihren Erfahrungen zu berichten.

Auch stellte ich immer wieder Synchronizitäten fest. Der Psychologe Carl Gustav Jung bezeichnet als Synchronizität die von einem Individuum erfahrene, sinnvolle Übereinstimmung zwischen einem Ereignis der Innenwelt und einem solchen der Außenwelt.[398] Hierbei handelt es sich um zeitlich korrelierende Ereignisse, die nicht über eine Kausalbeziehung verknüpft sind, jedoch als miteinander verbunden, aufeinander bezogen wahrgenommen und gedeutet werden.[399] Solche Ereignisse sind für mich nur dann bedeutsam, wenn sie eindeutig nicht mit bloßem Zufall oder selektiver Wahrnehmung erklärt werden können: Etwas passiert, was eigentlich gar nicht passieren dürfte.

Der Forscher und Autor Mike Clelland hat nicht nur das Erscheinen von Eulen, sondern auch von Synchronizitäten im Leben von Abduzierten untersucht. Dabei fand er heraus, dass Abduzierte (und auch er selbst) in ihrem Leben auffallend häufig Synchronizitäten feststellen.[400] Im Zusammenhang mit dem ET-Kontakt-Phänomen lassen sich diese Synchronizitäten meines Erachtens nur als unterschwellige Hinweise verstehen. Diese Ereignisse scheinen häufig einen eingeschlagenen Weg zu bestätigen oder den Impuls für eine Neuausrichtung geben zu wollen. Mehrere im Bereich der UFO-Forschung Tätige sowie Betroffene (gegebenenfalls sind beide Gruppen ohnehin identisch) berichteten mir von solchen merkwürdigen Erlebnissen. Auch der Abduktionsforscher Raymond Fowler machte diese Erfahrungen und verfasste sogar ein eigenes Buch über die zahlreichen Synchronizitäten in seinem Leben. Damit drängt sich die Frage auf: *Sind all diese Menschen möglicherweise unbewusst agierende Mitspieler eines Rettungsplans der Fremden, dessen Komplexität unsere Vorstellungskraft bei weitem übersteigt?*

Wir haben bereits mehrere Beispiele dafür kennengelernt, dass im Zusammenhang mit dem UFO-Phänomen der erste Eindruck oft täuscht. Möglicherweise ist daher auch das uns von den Greys vermittelte Bild unvollständig oder sogar falsch. Können wir uns wirklich darauf verlassen, dass die im Geheimen unterhalb der Schwelle unseres Bewusstseins ablaufende Operation der Fremden letztlich unserer Rettung dient? Einzelne Informationen lassen daran zumindest gewisse Zweifel aufkommen.

So beschreibt Dr. Karla Turner eine von ihr empfangene Botschaft, bei der es um die gegenwärtige genetische Manipulation der menschlichen Rasse geht und den Versuch der Außerirdischen, uns durch eine geeignetere Variante zu ersetzen. Dabei würden die Außerirdischen vor allem mit Täuschung durch Ausnutzung und Verstärkung globaler Ereignisse (einschließlich meteorologischer Phänomene wie Überschwemmungen, Orkane und Erdbeben) arbeiten. Hierdurch sollen wir glauben, dass sich der Planet in unmittelbarer Gefahr befindet. Weiter führt Dr. Turner aus:

> »Deshalb drängen sie so vielen Entführten die Vorstellungen von kommenden Zerstörungen auf und sagen ihnen, sie werden dann Aufgaben zu erfüllen haben. Sie wollen, dass wir als Rasse uns so sehr vor dieser bevorstehenden Zerstörung fürchten, dass wir, wenn sie sich offen zeigen und uns anbieten, uns auf die eine oder andere Weise zu retten, diese Hilfe gerne annehmen, selbst wenn das bedeutet, dass wir damit sozusagen unser Geburtsrecht als die überlegene Art auf diesem Planeten aufgeben.«[401]

Angesichts solcher Aussagen stellt sich die Frage, wer hier von wem getäuscht wird. Bereiten gutwillige Außerirdische eine Evakuierung für den Tag X vor und versuchen negative ETs diese Pläne zu durchkreuzen, indem sie Angst vor einer außerirdischen Invasion und Machtübernahme erzeugen?

Oder ist alles genau umgekehrt? Sollen uns die ständigen Ankündigungen einer globalen Vernichtung tatsächlich, wie Dr. Turner behauptet, dazu bringen, uns bereitwillig einer extraterrestrischen Besatzungsmacht auszuliefern?

Diese entscheidenden Fragen sind vor allem aus zwei Gründen schwer zu beantworten. Zum einen sind an diesem kosmischen Verwirrspiel mehrere, teils anonyme »Player« mit unbekannten Motiven beteiligt. Und zum anderen werden immer wieder gezielte Desinformationen gestreut und Täuschungen betrieben.

Die Motive der Fremden zu durchschauen ist unter anderem deshalb so schwierig, weil hier offenbare diverse – positive sowie negative – Spezies am Werk sind, die unterschiedliche Agenden verfolgen.[402] In diesem Sinne geht Beth davon aus, dass verschiedene Kräfte Teil des Gesamtphänomens sind, während sie – genauso wie Leah Haley – den Eindruck hat, dass »ein Kampf zwischen Gut und Böse« tobt; in ähnlicher Weise hat Jane das Gefühl, dass sich sowohl negative als auch positive Wesen oder Gruppen mit ihr befasst haben könnten.[403] Und Betty Luca wurde von einem Grey gewarnt, dass es andere Außerirdische gäbe, die der Menschheit nicht wohlgesinnt seien.[404]

Jedenfalls sprechen die Berichte dafür, dass die Sympathieskala bei den unterschiedlichen fremden Wesen tatsächlich sehr weit reicht. Am obersten Ende der positiven Seite dürften menschlich aussehende, gutmütige engelsgleiche Wesen stehen, denen manche Betroffene begegnet sind. Diese haben lange, sehr helle oder blonde Haare, blaue Augen und tragen lange weiße Roben. Betty Luca begegnete diesen »Ältesten«, Leah Haley traf einen solchen »Lehrer« und sogar eine Frau aus Deutschland berichtete mir, wie sie mit solchen wohlwollenden Wesen zusammenkam, die auf Betty Lucas Zeichnungen zu sehen sind.[405] Allerdings ist nicht völlig klar, ob Leah Haleys »Lehrer« mit Betty Lucas »Ältesten« identisch ist, da Betty diese als bleich beschrieb, während sich Leah Haley an eine gebräunte Haut des »Lehrers« erinnert.

Bei anderen Gestalten im Dunstkreis des ET-Kontaktphänomens fällt die Zuordnung noch viel weniger leicht. Dies gilt etwa für die mit einem langen Mantel und breitkrempigen Hut bekleideten Wesen, die immer wieder in den Schlafzimmern von Betroffenen auftauchen. Franziska Metz hatte um 1984 herum ein solches Erlebnis in Würzburg.[406] Der mit einem altmodischen Mantel, Sonnenbrille und Hut bekleidete Mann erschien nachts plötzlich in ihrem verschlossenen Zimmer und setzte sich auf ihr Bett. Was danach geschah, weiß sie nicht mehr. Ich selbst erhielt ähnliche Berichte von zwei Zeuginnen; zahlreiche weitere finden sich in den Fällen weiterer Abduktionsforscher. Handelt es sich dabei um »verkleidete« Außerirdische (zum Beispiel Greys) oder um eine von diesen erzeugte Suggestion, oder sind es ganz einfach menschlich aussehende ETs mit einem altertümlichen Modegeschmack? Diese Gestalten sind jedenfalls ähnlich bizarr wie die in dunklen Anzügen gekleideten und Sonnenbrillen tragenden *Men in Black*, die UFO-Zeugen aufsuchen, befragen und mitunter einschüchtern.

Eine weitere Kategorie rätselhafter *Bedroom Visitors* sind Wesen, die lange, mit Kapuzen versehene Kutten oder Umhänge tragen.[407] Zum Teil scheint es sich dabei um Greys zu handeln, da diese bereits mit einer solchen Bekleidung gesichtet wurden.[408] Auch die Reptiloiden tragen mitunter Kutten. Doch noch andere, nicht näher identifizierte Wesen könnten sich im Schatten der Kapuzen verbergen.

So sah etwa Jens Heller bei den in Umhänge gekleideten Gestalten große schwarze Augen, aber unter den Kapuzen nicht die für Greys typischen überproportional großen Köpfe.[409] Möglicherweise war – sofern ihn seine Erinnerung nicht täuschte – die Kopfform unter der Kapuze nur unzureichend erkennbar. Es könnte sich aber genauso um eine hybride wie eine bislang unbekannte Spezies gehandelt haben. Gleiches gilt für die Beobachtung von Winfried Amberger. Im Rahmen eines Untersuchungsszenarios an Bord eines Raumschiffs sah er neben einem großen Grey kleine, Kutten tragende Gestalten mit totenkopfähnlichen Köpfen.[410]

Bislang wissen wir einfach zu wenig über all diese Spezies, um deren Rolle im Gesamtszenario beurteilen zu können. Fest steht nur, dass die verschiedenartigen Wesen den Menschen gegenüber unterschiedlich eingestellt sind (von positiv über neutral bis negativ, siehe FREE-Studie) und wohl auch individuelle Agenden verfolgen (von fremdnützigen bis hin zu eigennützigen). In diesem Sinne kam Leah Haley zu der Überzeugung, »dass sowohl Gut als auch Böse auf jeder Ebene vertreten sind: unter den Außerirdischen, unter den Menschen, in unserer Regierung und im Militär«.[411] Dieser Konflikt zwischen opponierenden außerirdischen ebenso wie menschlichen Gruppen könnte zum Teil auch ein Grund für die den Abduzierten auferlegten Erinnerungsblockaden sein. Zumindest wurde Leah Haley als Begründung für die Löschung ihrer Erinnerungen gesagt, dass sie zu eng von den Gegnern der Greys überwacht werde; ihre Erinnerungen wären ihrer Mission abträglich.[412]

Dass die fremden Wesen auf diese Weise heimlich und oft sogar mit Täuschung vorgehen, macht die ganze Angelegenheit nicht gerade einfacher. Auch Dr. Karla Turner ist wegen der immer wieder beobachteten Täuschungen und Manipulationen besorgt. Sie schreibt, dass der Umgang mit den Täuschungsfähigkeiten der Außerirdischen das entscheidende Problem sein könnte, dem sich die Entführungsforschung heute gegenübersieht.[413] Schließlich könnten die Außerirdischen bei den Entführten jede Wahrnehmung und daher auch jede Illusion schaffen, ob mit intellektuellen, übersinnlichen oder technischen Mitteln.[414] Eine solche Inszenierung alternativer physikalischer Realitäten wird in der UFO-Forschung »Oz-Effekt« genannt, in Anlehnung an die Gestalt aus dem Kinderbuch *Der Zauberer von Oz*. Ähnlich kritisch wie Dr. Turner schreibt Professor Mack hierzu:

> »Dieser Oz-Effekt hat einen erschreckenden Aspekt. Er konfrontiert uns nämlich damit, wie willkürlich die physikalische Realität ist, in der wir uns befinden. Alles, was nötig ist, um sie schlagartig zu ändern, ist eine Entscheidung auf Seiten einer anderen Intelligenz, die eine größere Macht als wir hat, dies zu bewirken. Wie das Entführungsphänomen uns wiederholt zu sagen scheint, haben wir wenig Kontrolle über die Wirklichkeit, die uns umgibt.«[415]

Als wäre die Situation aufgrund der verschiedenen ET-Spezies nicht schon unübersichtlich genug, kommt auch noch der Faktor Mensch ins Spiel. Es ist nämlich völlig unklar, in welcher Beziehung das US-Militär zum UFO- und Abduktions-Phänomen steht. Zahlreich sind jedenfalls die Berichte von Zeugen aus den USA, die im Anschluss an UFO-Aktivitäten (oft schwarze) ungekennzeichnete Hubschrauber beobachteten, die das betroffene Gelände überflogen.[416]

So beschreibt etwa Debbie Jordan, wie im Anschluss an eine am 30. Juni 1983 auf ihrem Grundstück erfolgte UFO-Landung ihr Haus fast täglich mehrfach von schwarzen Hubschraubern in geringer Höhe überflogen wurde und diese ihrer Familie sogar bei Fahrten mit dem Auto folgten.[417] Auch kommt es nach ET-Begegnungen zu Verhören der Betroffenen durch Militärangehörige.[418]

Bei meinen eigenen Untersuchungen gab es ebenfalls einen Fall, bei dem eine mögliche Verbindung zwischen Entführungserlebnissen und in Deutschland stationiertem US-Militär besteht. In sechs von acht der von Dr. Turner untersuchten Fälle ihres Buches *Eingriff* wurde sogar eine Zusammenarbeit zwischen militärischem Personal und Außerirdischen beobachtet.[419] In ihrem Buch *Meine Entführungen durch Außerirdische und das US-Militär* schildert Leah Haley gleich mehrere solcher Erlebnisse. Dabei wurde sie unter Drogen gesetzt und erhielt den posthypnotischen Befehl, sich an nichts zu erinnern, da sie sonst bestraft würde.[420] Unter Einsatz von Stromstößen versuchte man von ihr auch zu erfahren, was die grauen Außerirdischen mit ihr im Raumschiff gemacht hatten.[421] Bei verschiedenen Gelegenheiten konnte sie zudem Außerirdische zusammen mit Militärangehörigen beobachten. Dies zeigt, dass hier offenbar verschiedene Arten von Außerirdischen aktiv sind, die unterschiedliche Agenden verfolgen und zum Teil mit bestimmten Menschen oder Gruppierungen zusammenarbeiten.[422]

Dieses Szenario stimmt in seinen Grundelementen mit den bruchstückhaften Erinnerungen von Debbie Jordan überein.[423] Debbie erinnert sich daran, in einer klinikartigen Umgebung von sechs Männern mit orangen Overalls und Kappen sowie zwei älteren Männern in weißen Kitteln umgeben gewesen zu sein. Sie wurde auf einen Tisch gelegt, und es wurden ihr diverse Körperproben entnommen und Spritzen verabreicht. Dann entfernte einer der »Ärzte« offenbar ein Implantat aus ihrem Körper, indem er ein langes metallisches Instrument benutzte. Während er das Objekt aus ihrem Ohr zog und ihr zeigte, erklärte er ihr, dass sie sich ohnehin an nichts erinnern werde.

Auch Charmaine D'Rozario-Saytch behauptet, unter Drogen gesetzt und auf eine Militärbasis auf englischem Boden gebracht worden zu sein.[424] Und es gibt noch viele weitere Berichte, die eine erschreckend enge Verbindung des US-Militärs zum UFO-Phänomen nahelegen. So wurde mir von meinen deutschen Forscherkollegen auch ein Fall berichtet, bei dem ein Privatpilot nach einer UFO-Sichtung auf deutschem Boden von US-Militärangehörigen verhört und massiv eingeschüchtert wurde. Ihm und seiner Familie wurden dabei Konsequenzen angedroht, falls er mit anderen Menschen über sein Erlebnis sprechen würde.

Möglicherweise weiß das US-Militär demnach wesentlich mehr über die seit Jahrzehnten stattfindenden ET-Kontakte und deren Hintergründe. Im Ergebnis kann uns dies jedoch ziemlich egal sein. Es ist nämlich nicht damit zu rechnen, dass das Militär dieses Wissen jemals mit uns teilen wird. Somit bleibt uns vorerst nichts weiter übrig, als die sich aus Tausenden Abduktionsfällen ergebenden Erkenntnisse weiter systematisch auszuwerten, abzuwägen und vielleicht einen Blick auf das dahinterstehende Gesamtszenario zu erhaschen.

Mir war es wichtig, in diesem Schlusskapitel einmal die gesamte mögliche Bandbreite des Szenarios aufzuzeigen, ohne mich bereits auf eine Option festzulegen. Außerdem darf ich bereits an dieser Stelle darauf hinweisen, dass es einen weiteren äußerst wichtigen Faktor gibt, der in die Gesamtbewertung noch einzubeziehen ist. Doch ist die Zeit dafür noch nicht reif.

Stattdessen danke ich zunächst einmal Ihnen, liebe Leser, für die Offenheit bei der Lektüre dieses Buches. Ich wünsche Ihnen viel Erfolg und die nötige Geduld bei der Integration der atemberaubenden, fantastischen neuen Erkenntnisse in ihr persönliches Weltbild.

Zu guter Letzt biete ich hiermit allen Skeptikern, Politikern, Wissenschaftlern und Medienvertretern an, nun in eine längst überfällige, öffentliche Diskussion einzutreten. Schließlich sind die in diesem Buch behandelten Themen für die weitere Entwicklung der Menschheit entscheidend. Es ist Zeit, darüber zu sprechen.

Nachwort: Offenlegung

Nachdem im Dezember 2017 führende US-Zeitungen über ein UFO-Forschungsprogramm des Pentagon berichteten und Interviews mit dem ehemaligen Leiter des Programms Luis Elizondo sowie den an den Sichtungen beteiligten Kampfjetpiloten über CNN und weitere US-Fernsehsender ausgestrahlt wurden, schrieb ich hastig einen kurzen Nachtrag für das bereits fertiggestellte Manuskript.

In diesem »Ausblick« äußerte ich auch meine Einschätzung, dass die Veröffentlichungen vom Dezember nur der Auftakt einer umfassenden Offenlegungskampagne der US-Regierung beziehungsweise der im Hintergrund die Fäden ziehenden Akteure sei (»US-Schattenregierung«). Diese Einschätzung hat sich inzwischen bewahrheitet.

Am 9. März 2018 veröffentlichte die *Washington Post* einen weiteren Artikel zum Thema unter der Überschrift »The military keeps encountering UFOs. Why doesn't the Pentagon care?« (»Das Militär begegnet weiter UFOs. Warum sorgt sich das Pentagon nicht?«) Der Beitrag stammt von Christopher Mellon, der unter anderem Deputy Assistant Secretary of Defense for Intelligence (hochrangiger ziviler Beamter einer dem US-Verteidigungsministerium untergeordneten Behörde) unter der Clinton- und Bush-Administration war. Derzeit arbeitet er als Berater der bereits erwähnten *To The Stars Academy of Arts and Science*. Zusammen mit diesem Beitrag wurde über die *To The Stars Academy* ein drittes UFO-Video aus dem Jahr 2015 veröffentlicht, das die Begegnung einer U.S. Navy F/A-18 Super Hornet mit einem UFO vor der Ostküste der USA zeigt.

Eine Analyse dieser Veröffentlichungen lässt den geschickt eingefädelten Plan erkennen, der hinter dieser Kampagne steckt. Zunächst einmal ist klar, dass ehemalige Geheimdienstmitarbeiter und Militärpiloten niemals frei in den Medien über ihre Erfahrungen berichten würden, wenn dies nicht von höchster Stelle abgesegnet wäre. Dass die Veröffentlichungen zum UFO-Programm des Pentagon im Einvernehmen mit dem Verteidigungsministerium erfolgten, zeigt insbesondere auch die vorherige Freigabe der drei Videos von UFO-Begegnungen. Doch wozu geschieht dies alles? Spätestens der *Washington Post*-Beitrag vom 9. März hat den Tenor der Kampagne deutlich gemacht: Wir haben eindeutige Beweise für die Existenz von UFOs, aber die US-Regierung und das Militär kümmern sich nicht darum. Diese Taktik wird dafür sorgen, dass sich mit der Zeit die Rufe nach einer offiziellen Untersuchung der UFO-Vorgänge mehren werden, und zwar von Seiten der Medien, der Wissenschaftler und der breiten Öffentlichkeit. Es wird dann eine offizielle Untersuchung unter den Augen der Öffentlichkeit geben, die zu dem Schluss kommen wird: Das UFO-Phänomen ist real und die extraterrestrische Hypothese der wahrscheinlichste Erklärungsansatz dafür (also genau die Ergebnisse, zu denen der *CO-META Report* schon vor knapp zwanzig Jahren kam). Die US-Schattenregierung hat dann ihr Ziel erreicht:

1. Die Anerkennung des UFO-Phänomens ist behutsam in das Bewusstsein der Öffentlichkeit gelangt.
2. Zeitplan und Umfang der Offenlegung (»Disclosure«) bleiben in der Hand der US-Schattenregierung und werden nicht UFO-Forschungsgruppen, einzelnen Wissenschaftlern oder anderen Nationen überlassen.
3. Die US-Regierung muss nicht zugeben und sich dafür rechtfertigen, dass sie die Öffentlichkeit bereits seit Jahrzehnten über das UFO-Thema in Unwissenheit gelassen und belogen hat. Schließlich ging die gesamte Kampagne ja von der Prämisse aus, dass sich Militär und Regierung aus Gleichgültigkeit bislang nicht um das UFO-Phänomen geschert haben und somit auch nichts darüber wussten.

4. Aus dem gleichen Grunde wird sich die US-Schattenregierung auch nicht gezwungen sehen, ihr bisheriges tatsächlich bestehendes Wissen über UFOs und Außerirdische offen zu legen. Gerüchteweise umfasst dies nicht nur technische Errungenschaften, die auf sichergestellter Alien-Technologie beruhen, sondern auch Kontakte zu den fremden Wesen bis hin zu geheimen US-Weltraumprogrammen.

Wenn auch nur ein Funken Wahrheit hinter diesen Berichten steckt, dann ist dies das eigentliche prekäre Geheimnis, das auf diese Weise weiter bewahrt wird. Warten wir also ab, was kommt.

Und lassen wir die US-Schattenregierung dieses Spiel nicht allein nach ihren Regeln spielen …

Literaturverzeichnis

Aveni, Anthony — *The End of Time. The Maya Mystery of 2012,* University Press of Colorado 2009

Cannon, Dolores — *Custodians. Beyond Abduction,* Ozark Mountain Publishing 2015

Clarke, Ardy Sixkiller — *Encounters with Star People. Untold Stories of American Indians,* Anomalist Books 2012

Clarke, Ardy Sixkiller — *Sky People. Untold Stories of Alien Encounters in Mesoamerica,* New Page Books 2015

Clelland, Mike — *The Messengers. Owls, Synchronicity and the UFO Abductee,* Richard Dolan Press 2015

de Landa, Diego — *Bericht aus Yucatán,* Reclam 2007

Domenici, Davide — *Die Maya. Geschichte und Reichtum einer alten Hochkultur,* White Star 2006

Fiebag, Johannes — *Besucher aus dem Nichts. UFO-Entführte berichten,* Knaur 1998

Fiebag, Johannes — *Kontakt. UFO-Entführungen in Deutschland, Österreich und der Schweiz. Augenzeugen berichten,* Langen Müller 1994

Fowler, Raymond E. — *Die Allagash Entführungen. Unwiderlegbare Beweise für das Eingreifen von Außerirdischen,* G. Reichel Verlag 1995

Fowler, Raymond E. — *Die Wächter. Wie Außerirdische die Erde retten wollen – ein unglaublicher Report,* Bastei-Lübbe, Bergisch Gladbach 1991

Fowler, Raymond E. — *Die Wächter II. Ufos und Nahtoderfahrungen,* G. Reichel Verlag 1996

Freyler, Jens / Kiehl, Gabriela — *Popol Vuh. Die heilige Schrift der Maya,* traveldiary.de Reiseliteratur-Verlag 2004

Friedman, Stanton T. / Kiehl, Gabriela — *Captured! The Betty and Barney Hill UFO Experience,* Career Press 2007

Fuller, John G.	*The Interrupted Journey. Two Lost Hours Aboard a Flying Saucer,* Souvenir Press 1980
Greene, Brian	*Der Stoff, aus dem der Kosmos ist. Raum, Zeit und die Beschreibung der Wirklichkeit,* Siedler 2004
Haley, Leah A.	*Meine Entführungen durch Außerirdische und das US-Militär,* Kopp 1996
Hopkins, Budd	*Eindringlinge. Die unheimlichen Begegnungen in den Copley Woods,* Kellner 1991
Hopkins, Budd	*Entführt ins All. Die Ufo-Kidnapper an der Brooklyn Bridge,* Ullstein 1997
Hopkins, Budd	*Fehlende Zeit. Von UFOs entführt,* Heyne 1996
Jacobs, David M.	*Alien-Hybriden! Sie sind mitten unter uns: Der Plan der Außerirdischen, die Menschheit zu unterwerfen,* Amra 2017
Jacobs, David M.	*Bedrohung. Die geheime Invasion der Aliens,* Kopp 1997
Jelinski, Manfred	*Remote Viewing. Das Lehrbuch. Technik der Fernwahrnehmung Teil 1/Stufe 1-3,* Ahead and Amazing Verlag 2013
Jordan, Debbie / Mitchell, Kathy	*Entführung! Die Geschichte der Eindringlinge geht weiter,* Kopp 1996
Kean, Leslie	*UFOs. Generäle, Piloten und Regierungsvertreter brechen ihr Schweigen,* Kopp 2012
Leir, Roger	*The Aliens and the Scalpel,* Revised Second Edition, The Book Tree 2005
Ludwiger, Illobrand von	*Ergebnisse aus 40 Jahren UFO-Forschung,* Kopp 2015
Mack, John E.	*Entführt von Außerirdischen,* bettendorf 1995
Mack, John E.	*Passport to the Cosmos. Human Transformation and Alien Encounters,* White Crow Books 2008
McMoneagle, Joseph	*Mind Trek. Autobiographie eines PSI-Agenten,* Omega 2007
McMoneagle, Joseph	*Remote Viewing Secrets, The Handbook for Developing and Extending Your Psychic Abilities,* Hampton Roads Publishing Company 2000
Mendonça, Miguel / Lamb Barbara	*Meet the Hybrids. The Lives and Missions of ET Ambassadors on Earth,* Amazon CreateSpace 2015

Monroe, Robert A. — *Der zweite Körper. Astral- und Seelenreisen in ferne Sphären der geistigen Welt,* Heyne 2008

Morehouse, David — *Remote Viewing. The Complete User's Manual for Coordinate Remote Viewing,* Sounds True 2011

Pritchard, Andrea et al. — *Alien Discussions. Von Außerirdischen entführt. Forschungsberichte und Diskussionsbeiträge zur Konferenz am Massachusetts Institute of Technology (MIT) über das Abduktionsphänomen,* Zweitausendeins 1996

Polte, Marcel — *Die wunderbaren Rätsel des Maya-Kalenders,* BoD 2012

Rodwell, Mary — *The New Human. Awakening to our Cosmic Heritage,* New Mind Publishers 2016

Royal, Lyssa / Priest, Keith — *Besucher von Innen,* G. Reichel Verlag 1993

Royal, Lyssa / Priest, Keith — *Vorbereitung auf den Kontakt. Eine Bewusstseinsmetamorphose,* Zweitausendeins 1994

Ruppelt, Edward J. — *The Report on Unidentified Flying Objects. The Original 1956 Edition,* Cosimo Classics 2011

Schele, Linda / Freidel, David — *Die unbekannte Welt der Maya. Das Geheimnis ihrer Kultur entschlüsselt,* Orbis Verlag 1999

Soustelle, Jacques — *Die Olmeken. Ursprünge der mexikanischen Hochkulturen,* Atlantis 1980

Strassman, Rick — *DMT. Das Molekül des Bewusstseins. Zur Biologie von Nahtod-Erfahrungen und mystischen Erlebnissen,* AT Verlag 2014

Strieber, Whitley — *Die Besucher,* Heyne 1992

Strieber, Whitley — *Transformation,* Heyne 1992

Targ, Russell — *The Reality of ESP. A Physicist's Proof of Psychic Abilities,* Quest Books 2012

Thompson, Eric — *Die Maya. Die Griechen Amerikas,* Heyne 1976

Turner, Karla — *Eingriff. Verstrickt in den Plan der Außerirdischen,* Kopp 1996

Vallée, Jacques — *Dimensionen. Begegnungen mit Außerirdischen von unserem eigenen Planeten,* Zweitausendeins 1994

Anmerkungen

1 Jordan/Mitchell, *Entführung!*, S. 268.

Kapitel 1: Das UFO-Phänomen

2 Mack, *Entführt von Außerirdischen*, S. 563.
3 Die Verwendung des Begriffs »Leser« schließt immer auch die weibliche Form mit ein. Gleiches gilt, wenn ich von dem »Betroffenen«, »Abduzierten« oder »Zeugen« spreche.
4 Kean, UFOs, S. 36, 38; https://www.youtube.com/watch?v=tdEALPvl_4Q (abgerufen am 13.07.2017).
5 Abrufbar unter http://www.nicap.org/bios/NICAP-Bios/Smith_WB.htm (abgerufen am 21.03.2017).
6 Fowler, *Die Wächter*, S. 261; Davis, *The UFO Phenomenon*, S. 144 f.
7 https://www.cia.gov/library/readingroom/collection/ufos-fact-or-fiction (abgerufen am 22.03.2017).
8 http://www.disclosureproject.org/; https://www.youtube.com/watch?v=ud49Gh9yYLs; https://www.youtube.com/watch?v=kpHAxxRKksQ (abgerufen am 22.03.2017).
9 Fowler, *Die Wächter*, S. 437, 451 ff.
10 Fowler, *Die Wächter*, S. 452.
11 Siehe unter anderem https://www.youtube.com/watch?v=tcRtkA1Rmvw (abgerufen am 21.03.2007); ein vollständiges Protokoll der Pressekonferenz findet man unter http://www.nicap.org/waves/pressconf_1952.htm (abgerufen am 21.03.2017).
12 Fowler, *Die Wächter*, S. 452.
13 Siehe unter http://www.wissenschaft.de/erde-weltall/astronomie/-/journal_content/56/12054/14040402/Zehnmal-mehr-Galaxien-im-Kosmos/ (abgerufen am 15.01.2017).
14 Siehe unter https://de.wikipedia.org/wiki/Planet#Exoplaneten (abgerufen am 15.01.2017).
15 https://www.nzz.ch/wissenschaft/astronomie/exoplaneten-der-rote-zwerg-und-die-sieben-erden-ld.147043?mktcid=nled&mktcval=107_2017-2-23 (abgerufen am 25.02.2017).
16 Die Dokumentation steht kurz vor der Fertigstellung. Der beeindruckende Trailer ist abrufbar unter http://www.arielphenomenon.com/trailer (abgerufen am 26.07.2017).
17 Ruppelt, *The Report on Unidentified Flying Objects*, S. 184.

18 Hopkins, in: *Eindringlinge*, S. 39; Jordan/Mitchell, *Entführung!*, S. 42.
19 Hopkins, *Eindringlinge*, S. 28.
20 Hopkins, *Eindringlinge*, S. 60; Jordan/Mitchell, *Entführung!*, S. 42.
21 Siehe unter http://www.grenzwissenschaft-aktuell.de/chefastronom-des-vatikans-ueber-ausserirdisches-leben20150818/ (abgerufen am 16.01.2017).

Kapitel 2: Das Abduktions-Phänomen

22 Mack, *Entführt von Außerirdischen*, S. 128.
23 Mendonça/Lamb, *Meet the Hybrids*, Vorwort.
24 Siehe zur unbewussten Zustimmung der Betroffenen, Cannon, *Custodians*, S. 543 f. Häufig wird auch von einer Art »Seelenvertrag« (*soul contract*) gesprochen, den der Betroffene vor seiner Inkarnation als Mensch zwecks Teilnahme am Projekt der Fremden eingegangen sei.
25 Fiebag, *Kontakt*, S. 272 f.
26 Turner, *Eingriff*, S. 55 f.
27 Vg. Turner, *Eingriff*, S. 184, 257; Mack, *Entführt von Außerirdischen*, S. 177; Cannon, *Custodians*, S. 186, 309.
28 Fiebag, *Besucher aus dem Nichts*, S. 25, 117.
29 Cannon, *Custodians*, S. 309.
30 Royal/Priest, *Besucher von Innen*, S. 84 f.
31 Fiebag, *Besucher aus dem Nichts*, S. 95.
32 Fiebag, *Besucher aus dem Nichts*, S. 9.
33 Dr. Henning Alberts, »Ein erzkonservativer Standpunkt zu einem modernen Phänomen«, in: Fiebag, *Besucher aus dem Nichts*, S. 232.
34 Turner, *Eingriff*, S. 220.
35 Mack, *Entführt von Außerirdischen*, S. 547.
36 Insoweit muss man allerdings darauf hinweisen, dass lediglich Barney den Typus des grauen Aliens exakt beschreibt, während Bettys Beschreibungen in wesentlichen Punkten hiervon abweicht, beispielsweise hinsichtlich der Beschreibung von Nase und Haaren, vgl. hierzu auch Vallée, *Dimensionen*, S. 138 f.
37 Friedman/Marden, *Captured!*, S. 32; Fuller, *The Interrupted Journey*, S. 14 ff.
38 Friedman/Marden, *Captured!*, S. 37.
39 Fuller, *The Interrupted Journey*, S. 294.
40 Fuller, *The Interrupted Journey*, S. 322; Valleé, *Dimensionen*, S. 135.
41 Hopkins, *Eindringlinge*, S. 21.
42 Clelland, *The Messengers*, S. 291.
43 Fiebag, *Kontakt*, S. 111.
44 Siehe unter http://www.dissoc.de/issd11.html (abgerufen am 21.01.2017).
45 So erging es zum Beispiel Steve Kilburn, vgl. Hopkins, *Fehlende Zeit*, S. 96 f.; siehe auch Fowler, *Die Allagash Entführungen*, S. 53, sowie Cannon, *Custodians*, S. 150 f.
46 Fowler, *Die Wächter*, S. 182.
47 Fowler, *Die Allagash Entführungen*, S. 254, 259.
48 Turner, *Eingriff*, S. 186.

49 Fowler, *Die Wächter*, S. 32, siehe auch S. 38.
50 Hopkins, *Eindringlinge*, S. 62 f.
51 Hopkins, *Eindringlinge*, S. 35; Hopkins, *Fehlende Zeit*, S. 247 f.
52 Mack, *Entführt von Außerirdischen*, S. 195.
53 Jacobs, *Bedrohung*, S. 39 f.
54 Siehe hierzu http://www.spektrum.de/magazin/falsche-erinnerungen/823559, http://www.spiegel.de/wissenschaft/mensch/falsche-erinnerungen-wie-unser-gedaechtnis-uns-truegt-a-1106007.html, http://www.zeit.de/zeit-wissen/2005/05/Autobiographisches_Gedaechtnis.xml (jeweils abgerufen am 22.01.2017).
55 Hopkins, *Entführt ins All*, S. 403 ff.
56 Budd Hopkins, »UFO-Entführungen – Eine Realität«, in: Fiebag, *Besucher aus dem Nichts*, S. 188.
57 Royal/Priest, *Vorbereitung auf den Kontakt*, S. 183 f.
58 Royal/Priest, *Vorbereitung auf den Kontakt*, S. 184.
59 Royal/Priest, *Vorbereitung auf den Kontakt*, S. 178 f.
60 Fiebag, *Besucher aus dem Nichts*, S. 77.
61 Mack, *Passport to the Cosmos*, S. 66.
62 Gerd W. Höchsmann, »Psychologische Betrachtung des Entführungsphänomens«, in: Fiebag, *Besucher aus dem Nichts*, S. 149 ff.
63 Dass diese Art von Realität nicht unbedingt mit unserer Alltagsvorstellung von Realität übereinstimmen muss, hatten wir bereits erörtert.
64 Mack, *Entführt von Außerirdischen*, S. 64.
65 Fiebag, *Kontakt*, S. 191 ff.
66 Dr. Henning Alberts, »Ein erzkonservativer Standpunkt zu einem modernen Phänomen«, in: Fiebag, *Besucher aus dem Nichts*, S. 225.
67 Budd Hopkins, »UFO-Entführungen – Eine Realität«, in: Fiebag, *Besucher aus dem Nichts*, S. 186; Hopkins, *Eindringlinge*, S. 279; Jordan/Mitchell, *Entführung!*, S. 154.
68 Haley, *Meine Entführungen durch Außerirdische und das US-Militär*, S. 45.
69 Vgl. Fowler, *Die Wächter II*, S. 248 f.; Fowler, *Die Allagash Entführungen*, S. 299 ff.
70 Bullard, zitiert nach Fowler, in: *Die Wächter II*, S. 262 f. sowie in: *Die Allagash Entführungen*, S. 310 f.
71 Siehe hierzu https://de.wikipedia.org/wiki/Schlafparalyse (abgerufen am 25.01.2017).
72 Siehe unter https://de.wikipedia.org/wiki/Schlafparalyse (abgerufen am 25.01.2017).
73 Dr. Thomas Deutschbein, »Veränderte Bewusstseinszustände im Zusammenhang mit UFO-Entführungserfahrungen«, in: Fiebag, *Besucher aus dem Nichts*, S. 235 f.
74 Monroe, *Der zweite Körper*, S. 53.
75 Fiebag, *Kontakt*, S. 89.
76 Turner, *Eingriff*, S. 29; ähnlich die Beschreibung von Betty Luca in Fowler, *Die Wächter*, S. 181.
77 Siehe unter https://de.wikipedia.org/wiki/Atomkern (abgerufen am 25.01.2017).
78 Wobei nach der quantenmechanischen Vorstellung dieser Raum von sogenannten Elektronenwolken ausgefüllt wird, welche die Aufenthaltswahrscheinlichkeit des Elektrons repräsentieren. Siehe auch Morehouse, *Remote Viewing*, S. 85 f.
79 Friedman/Marden, *Captured!*, S. 120.

80 Jacobs, *Bedrohung*, S. 84; Mack, *Entführt von Außerirdischen*, S. 215.

81 Fuller, *The Interrupted Journey*, S. 187; Friedman/Marden, *Captured!*, S. 120, 124; Fowler, *Die Allagash Entführungen*, S. 63, 222; Mack, *Entführt von Außerirdischen*, S. 225.

82 Siehe etwa Hopkins, *Fehlende Zeit*, S. 205.

83 Hopkins, *Fehlende Zeit*, S. 113 f.

84 Hopkins, *Fehlende Zeit*, S. 123 f.

85 Siehe etwa Fowler, *Die Allagash Entführungen*, S. 91, 172.

86 Fowler, *Die Allagash Entführungen*, S. 132, 315; Friedman/Marden, *Captured!*, S. 123 f.; Turner, *Eingriff*, S. 27 f.; Mack, *Entführt von Außerirdischen*, S. 216.

87 Friedman/Marden, *Captured!*, S. 123. Barney Hill berichtet zum Beispiel davon, wie ihm eine kleine Röhre rektal eingeführt wurde, siehe Friedman/Marden, *Captured!*, S. 120; auch Jack Weiner berichtet von einer solchen Prozedur in: Fowler, *Die Allagash Entführungen*, S. 97.

88 Fowler, *Die Wächter*, S. 36; Turner, *Eingriff*, S. 28, 104; Mack, *Entführt von Außerirdischen*, S. 216.

89 Hopkins, *Eindringlinge*, S. 70.

90 Mack, *Entführt von Außerirdischen*, S. 216.

91 Fowler, *Die Wächter*, S. 36; Hopkins, *Eindringlinge*, S. 87.

92 Fowler, *Die Allagash Entführungen*, S. 222.

93 Friedman/Marden, *Captured!*, S. 126.

94 Turner, *Eingriff*, S. 74 f.; Fiebag, *Besucher aus dem Nichts*, S. 26; Hopkins, *Eindringlinge*, S. 236 f.; Jacobs, *Bedrohung*, S. 15; Haley, *Meine Entführungen durch Außerirdische und das US-Militär*, S. 81, 147.

95 Fowler, *Die Wächter*, S. 326 f.; Hopkins, *Eindringlinge*, S. 189 f., 198 f.; Fowler, *Die Allagash Entführungen*, S. 94, 143; Mack, *Entführt von Außerirdischen*, S. 87, 137, 141, 374, 412.

96 Jacobs, *Bedrohung*, S. 12; Friedman/Marden, *Captured!*, S. 121 f.

97 Turner, *Eingriff*, S. 221.

98 Turner, *Eingriff*, S. 76.

99 Mack, *Passport to the Cosmos*, S. 281.

100 Mack, *Entführt von Außerirdischen*, S. 114 f.

101 Mack, *Passport to the Cosmos*, S. 282; Turner, *Eingriff*, S. 75.

102 Jacobs, *Bedrohung*, S. 15, 68.

103 Jacobs, *Bedrohung*, S. 74 f.

104 Jacobs, *Bedrohung*, S. 42.

105 Mack, *Passport to the Cosmos*, S. 97, 282.

106 Vgl. Turner, *Eingriff*, S. 79; Jacobs, *Bedrohung*, S. 69 ff.

107 Hopkins, *Eindringlinge*, S. 187 f.

108 Jacobs, *Bedrohung*, S. 70 f.

109 Turner, *Eingriff*, S. 78.

110 Mack, *Entführt von Außerirdischen*, S. 152.

111 Mack, *Entführt von Außerirdischen*, S. 419.

112 Mack, *Entführt von Außerirdischen*, S. 228.

113 Mack, *Entführt von Außerirdischen*, S. 241 f.

114 Friedman/Marden, *Captured!*, S. 129 f.
115 Siehe etwa den Fall von Jack und Jim Weiner, in: Fowler, *Die Allagash Entführungen*, S. 352, 354.
116 Nähere Informationen zum EMG-Projekt der IGAAP finden sich unter https://www.igaap-de.org/forschungsprojekte/emg-projekt/.
117 Hopkins, *Eindringlinge*, S. 87.
118 Fowler, *Die Wächter*, S. 36.
119 Turner, *Eingriff*, S. 259.
120 Mack, *Entführt von Außerirdischen*, S. 252.
121 Vgl. unter anderem Turner, *Eingriff*, S. 221; Hopkins, *Eindringlinge*, S. 69 f.
122 Jacobs, *Bedrohung*, S. 66.
123 Haley, *Meine Entführungen durch Außerirdische und das US-Militär*, S. 43.
124 Jacobs, *Bedrohung*, S. 66.
125 So zum Beispiel im Fall von Joe, vgl. Mack, *Entführt von Außerirdischen*, S. 252. Siehe auch Cannon, *Custodians*, S. 198.
126 Fuller, *The Interrupted Journey*, S. 177.
127 Cannon, *Custodians*, S. 199.
128 Jacobs, *Bedrohung*, S. 66.
129 Haley, *Meine Entführungen durch Außerirdische und das US-Militär*, S. 145.
130 Leir, *The Aliens and the Scalpel*, 160 f., 182.
131 Leir, *The Aliens and the Scalpel*, S. 160.
132 Vgl. den Vortrag von Dr. Leir, abrufbar auf YouTube unter https://www.youtube.com/watch?v=CgiPe6-5X3s (abgerufen am 05.07.2017).
133 Vgl. den Vortrag von Dr. Leir, abrufbar auf YouTube unter https://www.youtube.com/watch?v=CgiPe6-5X3s (abgerufen am 05.07.2017).
134 Siehe hierzu Jacobs, *Bedrohung*, S. 11 f.
135 Vgl. z.B. Fowler, *Die Allagash Entführungen*, S. 42, 90.
136 Vgl. z.B. Fowler, *Die Allagash Entführungen*, S. 56 f., Mack, *Entführt von Außerirdischen*, S. 213.
137 Es wäre müßig, an dieser Stelle sämtliche übereinstimmenden Beschreibungen aufzulisten. Beispielhaft seien hier die Beschreibungen der Greys von Betty Luca genannt, in: Fowler, *Die Wächter*, S. 247, von Jim und Jack Weiner in: Fowler, *Die Allagash Entführungen*, S. 62, 88, von Kathie Davis und Steven Kilburn in: Hopkins, *Eindringlinge*, S. 34, 77, und von Bernd Jentsch in: Fiebag, *Kontakt*, S. 122.
138 Mack, *Entführt von Außerirdischen*, S. 213.
139 Haley, *Meine Entführungen durch Außerirdische und das US-Militär*, S. 45.
140 Jacobs, *Bedrohung*, S. 77; Mack, *Entführt von Außerirdischen*, S. 217.
141 Hopkins, *Fehlende Zeit*, S. 100; Mack, *Entführt von Außerirdischen*, S. 185.
142 Fiebag, *Kontakt*, S. 103 f.
143 Mack, *Entführt von Außerirdischen*, S. 188.
144 Mack, *Entführt von Außerirdischen*, S. 225.
145 Jacobs, *Bedrohung*, S. 90 ff.
146 Jacobs, *Bedrohung*, S. 85; Cannon, *Custodians*, S. 181.
147 Vgl. etwa Fowler, *Die Allagash Entführungen*, S. 65, 98.
148 Hopkins, *Eindringlinge*, S. 105.

149 Fowler, *Die Wächter*, S. 247; Fowler, *Die Allagash Entführungen*, S. 57.
150 Fiebag, *Besucher aus dem Nichts*, S. 83.
151 Hopkins, *Eindringlinge*, S. 250.
152 Hopkins, *Eindringlinge*, S. 214.
153 Fuller, *The Interrupted Journey*, S. 175; Friedman/Marden, *Captured!*, S. 130 f.
154 Fuller, *The Interrupted Journey*, S. 175; Friedman/Marden, *Captured!*, S. 131.
155 Eine Abbildung der von Betty gezeichneten Karte findet sich in Fuller, *The Interrupted Journey*, S. 144.
156 Vgl. hierzu Friedman/Marden, *Captured!*, S. 235 ff.; Fuller, *The Interrupted Journey*, S. 325 f.
157 Siehe unter http://www.openminds.tv/et-interactions-214/5339 (abgerufen am 28.01.2017); siehe auch Royal/Priest, *Besucher von Innen*, S. 9.
158 https://www.youtube.com/watch?v=ymdX39u38Zc (abgerufen am 28.01.2017).
159 Siehe Royal/Priest, *Besucher von Innen*, S. 23 ff.
160 Fowler, *Die Wächter*, S. 59; Jacobs, *Bedrohung*, S. 89, 125; Haley, *Meine Entführungen durch Außerirdische und das US-Militär*, S. 140 f.; Fiebag, *Kontakt*, S. 219; Mack, *Entführt von Außerirdischen*, S. 185, 218 f.
161 Mack, *Entführt von Außerirdischen*, S. 168, 179, 186.
162 Fowler, *Die Wächter*, S. 93.
163 Hopkins, *Eindringlinge*, S. 226 f., 241 f.
164 Fiebag, *Besucher aus dem Nichts*, S. 91 f.
165 Jacobs, *Bedrohung*, S. 14.
166 Fiebag, *Besucher aus dem Nichts*, S. 8.
167 Mack, *Entführt von Außerirdischen*, S. 186.
168 Mack, *Entführt von Außerirdischen*, S. 164.
169 Siehe auch die Einschätzung von Jerry, die glaubt, dass eine neue Rasse geschaffen werden soll; Mack, *Entführt von Außerirdischen*, S. 179
170 Jacobs, *Bedrohung*, S. 226.
171 Hopkins, *Eindringlinge*, S. 49; Jacobs, *Bedrohung*, S. 108; Fiebag, *Kontakt*, S. 88.
172 Turner, *Eingriff*, S. 224.
173 Mack, *Entführt von Außerirdischen*, S. 151.
174 Mack, *Entführt von Außerirdischen*, S. 264.
175 Mack, *Entführt von Außerirdischen*, S. 419.
176 Jordan/Mitchell, *Entführung!*, S. 247.
177 Fiebag, *Besucher aus dem Nichts*, S. 84.
178 Mack, *Entführt von Außerirdischen*, S. 420.
179 Haley, *Meine Entführungen durch Außerirdische und das US-Militär*, S. 81.
180 Fowler, *Die Wächter*, S. 61, 450 f.
181 http://www.spiegel.de/spiegel/print/d-8889912.html (abgerufen am 30.06.2017).
182 M. Rolland et al. »Decline in semen concentration and morphology in a sample of 26,609 men close to general population between 1989 and 2005«, in: *France. Hum. Reprod.* 28, 462–470 (2013).
183 http://www.taz.de/!5077749/; http://www.spiegel.de/wissenschaft/medizin/fruchtbarkeit-spermien-zahl-sinkt-laut-franzoesischer-studie-a-871091.html (jeweils abgerufen am 30.06.2017).

184 http://www.fr.de/wissen/gesundheit/medizin/studie-aus-spanien-spermien-anzahl-sinkt-pro-jahr-um-zwei-prozent-a-768005 (abgerufen am 30.062017).

185 https://www.blick.ch/news/schweiz/alarmierend-die-qualitaet-der-spermien-wird-immer-mieser-jeder-sechste-schweizer-ist-praktisch-unfruchtbar-id3483772.html (abgerufen am 30.06.2017).

186 Siehe unter https://www.blick.ch/news/schweiz/alarmierend-die-qualitaet-der-spermien-wird-immer-mieser-jeder-sechste-schweizer-ist-praktisch-unfruchtbar-id3483772.html.

187 Helena E. Virtanen et al. »Semen Quality in the 21st century«, in: *Nature Reviews Urology* 14, 120–130 (2017), abrufbar unter http://www.nature.com/nrurol/journal/v14/n2/full/nrurol.2016.261.html (abgerufen am 02.07.2017).

188 Chuan Huang et al. »Decline in semen quality among 30,636 young Chinese men from 2001 to 2015«, in: *Fertil Steril* 107, 83-88 (2017).

189 Levine et. al »Temporal trends in sperm count: a systematic review and meta-regression analysis«, in: *Human Reproduction Update*, S. 1-14, 2017, abrufbar unter https://academic.oup.com/humupd/article/doi/10.1093/humupd/dmx022/4035689/Temporal-trends-in-sperm-count-a-systematic-review (abgerufen am 26.07.2017). – Siehe auch den Artikel in der *Süddeutschen Zeitung* unter http://www.sueddeutsche.de/wissen/fruchtbarkeit-maenner-produzieren-weniger-spermien-1.3602413 (abgerufen am 26.07.2017).

190 Levine et. al »Temporal trends in sperm count: a systematic review and meta-regression analysis«, in: *Human Reproduction Update*, S. 9, 2017.

191 M. F. Costello et al. »No decline in semen quality among potenzial sperm donors in Sydney, Australia, between 1983 and 2001«, in: *J. Assist. Reprod. Genet.* 19, 284–290 (2002).

192 Siehe unter https://www.blick.ch/news/schweiz/alarmierend-die-qualitaet-der-spermien-wird-immer-mieser-jeder-sechste-schweizer-ist-praktisch-unfruchtbar-id3483772.html.

193 Helena E. Virtanen et al. »Semen Quality in the 21st century«, in: *Nature Reviews Urology* 14, 120–130 (2017), abrufbar unter http://www.nature.com/nrurol/journal/v14/n2/full/nrurol.2016.261.html (abgerufen am 02.07.2017).

194 In dem vorgenannten Beitrag des *Schweizer Blick* unter https://www.blick.ch/news/schweiz/alarmierend-die-qualitaet-der-spermien-wird-immer-mieser-jeder-sechste-schweizer-ist-praktisch-unfruchtbar-id3483772.html (abgerufen am 02.07.2017).

195 Siehe in dem vorstehend genannten Beitrag des *Spiegels* unter http://www.spiegel.de/spiegel/print/d-8889912.html.

196 Jacobs, *Bedrohung*, S. 86, 233.

197 Jordan/Mitchell, *Entführung!*, S. 23, 82; siehe auch Cannon, *Custodians*, S. 131, 153, 166.

198 Fowler, *Die Wächter*, S. 36.

199 Vgl. Hopkins, *Entführt ins All.*

200 Mack, *Entführt von Außerirdischen*, S. 150 f.

201 Mack, *Entführt von Außerirdischen*, S. 223.

202 Mack, *Entführt von Außerirdischen*, S. 223.

203 Mack, *Entführt von Außerirdischen*, S. 239.
204 Mack, *Entführt von Außerirdischen*, S. 239.
205 Royal/Priest, *Vorbereitung auf den Kontakt*, S. 178 f.
206 Mack, *Entführt von Außerirdischen*, S.449.
207 Mack, *Entführt von Außerirdischen*, S. 449.
208 Cannon, *Custodians*, S. 331.
209 Siehe etwa Cannon, *Custodians*, S.439.
210 Das Buch *Passport to the Cosmos* von John Mack behandelt vor allem diesen transformatorischen Aspekt der ET-Kontakterfahrungen.
211 Jordan/Mitchell, *Entführung!*, S. 247 f.
212 Jordan/Mitchell, *Entführung!*, S. 249.
213 Fiebag, *Besucher aus dem Nichts*, S. 33 f.
214 Fiebag, *Besucher aus dem Nichts*, S. 75.
215 Mack, *Entführt von Außerirdischen*, S. 414.
216 Mack, *Entführt von Außerirdischen*, S. 232.
217 Mack, *Entführt von Außerirdischen*, S. 533.

Kapitel 3: Abduktionen in Deutschland

218 Fowler, *Die Allagash Entführungen*, S. 264.
219 Fowler, *Die Wächter*, S. 365 f.
220 Hopkins, *Eindringlinge*, S. 26.
221 Fowler, *Die Allagash Entführungen*, S. 284 f.
222 Turner, *Eingriff*, S. 223.
223 Turner, *Eingriff*, S. 55; 75.
224 Fiebag, *Besucher aus dem Nichts*, S. 27; Turner, *Eingriff*, S. 94, 127, 134; Haley, *Meine Entführungen durch Außerirdische und das US-Militär*, S. 41.
225 Fiebag, *Kontakt*, S. 147 f.
226 Cannon, *Custodians*, S. 473, siehe auch S. 518 f.
227 Haley, *Meine Entführungen durch Außerirdische und das US-Militär*, S. 44.
228 Hopkins, *Eindringlinge*, S. 25, 194 f.; Fowler, *Die Allagash Entführungen*, S. 284.
229 Turner, *Eingriff*, S. 223.
230 Haley, *Meine Entführungen durch Außerirdische und das US-Militär*, S. 39.
231 Turner, *Eingriff*, S. 39, 135.
232 Fiebag, *Kontakt*, S. 221 ff.
233 Ruppelt, *The Report on Unidentified Flying Objects*, S. 181.
234 Turner, *Eingriff*, S. 233.
235 Hopkins, *Eindringlinge*, S. 78.
236 Fiebag, *Kontakt*, S. 121.
237 Jordan/Mitchell, *Entführung!*, S. 30.
238 Jordan/Mitchell, *Entführung!*, S. 30.
239 Hopkins, *Eindringlinge*, S. 59; siehe auch Anmerkungen von Hopkins in Fußnote 7.
240 Jordan/Mitchell, *Entführung!*, S. 43.
241 Jordan/Mitchell, *Entführung!*, S. 42.

242 Hopkins, *Eindringlinge*, S. 171.
243 Hopkins, *Eindringlinge*, S. 81.
244 Fiebag, *Kontakt*, S. 264.
245 Mack, *Entführt von Außerirdischen*, S. 112, 161.
246 Fiebag, *Besucher aus dem Nichts*, S. 133.
247 Fowler, *Die Allagash Entführungen*, S. 322 f.
248 Turner, *Eingriff*, S. 224.
249 Turner, *Eingriff*, S. 72 f., 133.
250 Clelland, *The Messengers*, S. 57.
251 Jordan/Mitchell, *Entführung!*, S. 85 ff., 97 ff.
252 Jordan/Mitchell, *Entführung!*, S. 88.
253 Fiebag, *Kontakt*, S. 269 ff.
254 Siehe den Artikel auf *Spiegel Online* hierzu unter http://www.spiegel.de/einestages/spuk-von-rosenheim-a-951312.html (abgerufen am 02.02.2017).
255 Royal/Priest, *Vorbereitung auf den Kontakt*, S. 138.
256 Royal/Priest, *Vorbereitung auf den Kontakt*, S. 138 f.
257 Royal/Priest, *Vorbereitung auf den Kontakt*, S. 139.
258 Turner, *Eingriff*, S. 220, siehe auch S. 159.
259 Turner, *Eingriff*, 70, 103.
260 Fiebag, *Besucher aus dem Nichts*, S. 124; Jordan/Mitchell, *Entführung!*, S. 29; Mack, *Entführt von Außerirdischen*, S. 161.
261 Cannon, *Custodians*, S. 342.
262 Cannon, *Custodians*, S. 39, 43.
263 Cannon, *Custodians*, S. 44 ff.
264 Cannon, *Custodians*, S. 337, 340.
265 Clelland, *The Messengers*, S. 66.
266 Clelland, *The Messengers*, S. 66.
267 Fiebag, *Besucher aus dem Nichts*, S. 26.
268 Hopkins, *Eindringlinge*, S. 142 f.
269 Budd Hopkins, »UFO-Entführungen – Eine Realität«, in: Fiebag, *Besucher aus dem Nichts*, S. 185 f.
270 Mack, *Entführt von Außerirdischen*, S. 161.
271 Turner, *Eingriff*, 223.
272 Turner, *Eingriff*, S. 95, 134.
273 Fiebag, *Besucher aus dem Nichts*, S. 64.
274 Fowler, *Die Wächter*, S. 92; Hopkins, *Eindringlinge*, S. 254.
275 Fiebag, *Kontakt*, S. 204.
276 Hopkins, *Eindringlinge*, S. 84; Jordan/Mitchell, *Entführung!*, S. 294 ff.
277 Jordan/Mitchell, *Entführung!*, S. 298.
278 Mack, *Entführt von Außerirdischen*, S. 226 f.
279 Fiebag, *Kontakt*, S. 188 ff.
280 Jacobs, *Bedrohung*, S. 108.
281 Jordan/Mitchell, *Entführung!*, S. 298.
282 Angabe laut Wikipedia unter https://de.wikipedia.org/wiki/Fehlgeburt (abgerufen am 03.02.2017), ohne Quellenangabe.

283 Siehe unter http://www.praenatalzentrum.de/cms/index.php?option=com_content&task=view&id=47&Itemid=39 (abgerufen am 03.02.2017).

284 http://www.baby-und-familie.de/Schwangerschaft/Fehlgeburt-Viele-Abgaenge-bleiben-unbemerkt-301495.html (abgerufen am 03.02.2007); beratende Expertin für diesen Artikel: Prof. Dr. med. Bettina Toth, Leitende Oberärztin in der Abteilung für Gynäkologische Endokrinologie und Fertilitätsstörungen am Universitätsklinikum Heidelberg, Leiterin der Kinderwunschambulanz.

285 http://www.baby-und-familie.de/Schwangerschaft/Fehlgeburt-Viele-Abgaenge-bleiben-unbemerkt-301495.html

286 Turner, *Eingriff*, S. 224.

287 Turner, *Eingriff*, S. 180.

288 Hopkins, *Eindringlinge*, S. 29; siehe auch Jordan/Mitchell, *Entführung!*, S. 62 f..

289 Jordan/Mitchell, *Entführung!*, S. 81 f.

290 Fiebag, *Besucher aus dem Nichts*, S. 26.

291 Fowler, *Die Wächter*, S. 47.

292 Hopkins, *Eindringlinge*, S. 30.

293 Mack, *Entführt von Außerirdischen*, S. 221 f., 224 f.

294 Fowler, *Die Wächter*, S. 191, 242.

295 Turner, *Eingriff*, S. 224, siehe auch S. 93.

296 Hopkins, *Eindringlinge*, S. 77.

297 Turner, *Eingriff*, S. 242.

298 Jacobs, *Bedrohung*, S. 127.

299 Mack, *Entführt von Außerirdischen*, S. 205.

300 Jacobs, *Bedrohung*, S. 131.

301 Jacobs, *Bedrohung*, S. 129 f.

302 Cannon, *Custodians*, S. 40.

303 Hopkins, *Fehlende Zeit*, S. 180,

304 Hopkins, *Fehlende Zeit*, S. 220 f., 223.

305 Fiebag, *Kontakt*, S. 124 f.

306 Fowler, *Die Allagash Entführungen*, S. 195.

307 Turner, *Eingriff*, S. 127; Fiebag, *Besucher aus dem Nichts*, S. 121; Mack, *Entführt von Außerirdischen*, S. 162 f., 398.

308 Cannon, *Custodians*, S. 54 f.

309 Clelland, *The Messengers*, S. 34.

310 Clelland, *The Messengers*, S. 35 f.

311 Clelland, *The Messengers*, S. 88.

312 Fowler, *Die Wächter II*, S. 322; siehe auch Fowler, *Die Allagash Entführungen*, S. 206.

313 Fowler, *Die Wächter*, S. 72.

314 Fowler, *Die Wächter*, S. 40.

315 Turner, *Eingriff*, S. 72.

316 Fowler, *Die Allagash Entführungen*, S. 205

317 Jordan/Mitchell, *Entführung!*, S. 91.

318 Fowler, *Die Wächter*, S.76.

319 Vgl. etwa Fowler, *Die Wächter*, S. 35; Hopkins, *Eindringlinge*, S. 131, Hopkins, *Fehlende Zeit*, S. 154 f.

320 Fiebag, *Besucher aus dem Nichts*, S. 127.

Kapitel 4: Der paranormale Faktor

321 Jacobs, *Bedrohung*, S. 223.
322 Gerd W. Höchsmann, »Psychologische Betrachtung des Entführungsphänomens«, in: Fiebag, *Besucher aus dem Nichts*, S. 160.
323 Fiebag, *Kontakt*, S. 268 f.
324 Targ, *The Reality of ESP*, S. 128.
325 Turner, *Eingriff*, S. 225, siehe auch S. 124.
326 *Grill Flame Project Report* der Defense Intelligence Agency vom 19. Oktober 1983, S. 1.
327 »Psychoenergetics Research. Defense Intelligence Agency. Directorate for Scientific and Technical Intelligence« vom 7. August 1984, S. 27.
328 *Grill Flame Project Report* der Defense Intelligence Agency vom 19. Oktober 1983, S. 10.
329 *Grill Flame Project Report* der Defense Intelligence Agency vom 19. Oktober 1983, S. 11.
330 S. 10 des Dokuments »CIA-RDP96-00789R003200160001-9«.
331 McMoneagle, *Mind Trek*, S. 29.
332 Targ, *The Reality of ESP*, S. 119 f.
333 https://de.wikipedia.org/wiki/Trägheitsfusion (abgerufen am 23.02.2017).
334 Seite B-23 f. des Dokuments »CIA-RDP96-00789R003200160001-9«.
335 Dokument »CIA-RDP96-00789R002600360002-3«.
336 Buchanan, *The Seventh Sense*, S. 159; Targ, *The Reality of ESP*, S. 79.
337 Targ, *The Reality of ESP*, S. 7.
338 Targ, *The Reality of ESP*, S. 63.
339 Targ, *The Reality of ESP*, S. 75.
340 *Nature*, Ausgabe 251 vom 18. Oktober 1974, S. 602 – 607.
341 Targ, *The Reality of ESP*, S. 19 ff.
342 Siehe Targ, in: *The Reality of ESP*, S. 2, 29 f.
343 *Coordinate Remote Viewing. Stages I – IV and Beyond. February 1985*, S. 35 f.
344 Von Ludwiger/Nahm, »Apport Phenomena of Medium Herbert Baumann (1911 – 1998): Report on Personal Experiences«, in: *Journal of Scientific Exploration*, Vol. 30, No. 4, S. 555-577, 2016.
345 Von Ludwiger, *Ergebnisse aus 40 Jahren UFO-Forschung*, S. 314 ff.
346 Targ, *The Reality of ESP*, S. 109.
347 Mendonça/Lamb, *Meet the Hybrids*, Vorwort.
348 Siehe unter https://www.youtube.com/watch?v=u9ZZekWMiUQ (abgerufen am 30.05.2017).
349 Mack, *Entführt von Außerirdischen*, S. 256.
350 Mendonça/Lamb, *Meet the Hybrids*, S. 122.
351 Cannon, *Custodians*, S. 446.
352 Cannon, *Custodians*, S. 271 f.

Kapitel 5: Die Maya-ET-Connection

353 Jacobs, *Bedrohung*, S. 123 ff.
354 Jacobs, *Bedrohung*, S. 125.
355 Fiebag, *Kontakt*, S. 220.
356 Soustelle, S. 60; Domenici, *Die Maya*, S. 31.
357 Hierzu zählt etwa die Anlage von El Mirador (300 v. Chr. bis 150 n. Chr.), die von der 72 Meter hohen Tapir-Pyramide beherrscht wird, vgl. Michael Zick, »Überraschung im Dschungel«, in: *bild der wissenschaft online*, Ausgabe: 10/2009, S. 64 ff., abrufbar unter http://www.wissenschaft.de
358 Aveni, *The End of Time*, S. 20.
359 Entsprechende Videos, in denen Touristenführer diesen Effekt in Chichen Itzá demonstrieren, lassen sich über www.youtube.de (Suchworte: Chichen Itzá, echo, quetzal) abrufen.
360 Siehe hierzu folgende Arbeiten von David Lubman: »An archaeological study of chirped echo from Mayan pyramid of Kukulkan at Chichen Itza«, abrufbar unter http://www.ocasa.org/MayanPyramid.htm, sowie »Archaeological acoustic study of chirped echo from the Mayan pyramid at Chichen Itza, in the Yucatan Region of Mexico … Is this the world's oldest known sound recording?«, abrufbar unter http://www.acoustics.org/press/136th/lubman.htm, und »Convolution-scattering model for staircase echoes at the temple of Kukulkan«, abrufbar unter http://www.veneklasenresearchfoundation.org/research/Lubman_scattering%20model.pdf.
361 Schele/Freidel, *Die unbekannte Welt der Maya*, S. 75.
362 Thompson, *Die Maya*, S. 23 f.
363 Greene, *Der Stoff, aus dem der Kosmos ist*, S. 158.
364 Zitiert nach Greene, *Der Stoff, aus dem der Kosmos ist*, S. 166.
365 Fowler, *Die Wächter*, S. 259, 291.
366 Linda Schele/Mary Ellen Miller, »Die moderne Erfindung der alten Maya«, in: de Landa, *Bericht aus Yucatán*, S. 263.
367 Vgl. zur nachfolgenden Darstellung der Schöpfungsgeschichte Freyler/Kiehl, *Popol Vuh*.
368 Turner, *Eingriff*, S. 210.
369 Turner, *Eingriff*, S. 211.
370 Turner, *Eingriff*, S. 243.
371 McMonaegle, *Remote Viewing Secrets*, S. 59.
372 Morehouse, *Remote Viewing*, S. 62.
373 Freyler/Kiehl, a.a.O., S. 80.
374 Freyler/Kiehl, a.a.O., S. 81.
375 Freyler/Kiehl, a.a.O., S. 80.
376 Vgl. McMonaegle, *Mind Trek*, S. 233 f.; Morehouse, *Remote Viewing*, S. 20.

Kapitel 6: FREE

377 Morehouse, *Remote Viewing*, S. 78.

378 Morehouse, *Remote Viewing*, S. 79 ff.
379 *Journal of Conciousness*, Vol. 19, No. 62.
380 Siehe hierzu das Buch *Das neue Weltbild des Physikers Burkhard Heim* von Illobrand von Ludwiger.
381 Greene, *Der Stoff, aus dem der Kosmos ist,* S. 141.

Kapitel 7: Ausblick

382 Jacobs, *Bedrohung*, S. 213; Mack, *Entführt von Außerirdischen*, S. 88, 190, 434; Cannon, *Custodians*, S. 110.
383 Mack, *Entführt von Außerirdischen*, S. 258.
384 Mack, *Entführt von Außerirdischen*, S. 257.
385 Mack, *Entführt von Außerirdischen,* S. 431.
386 Cannon, *Custodians*, S. 325.
387 In sieben von acht der von Karla Turner untersuchten Fälle gab es solche Träume von vielen ankommenden UFOs, vgl. Turner, *Eingriff*, S. 224 (siehe auch S. 74, 234).
388 Clelland, *The Messengers*, S. 325; Jacobs, *Bedrohung*, S. 220 ff. Ebenfalls in sieben von acht der von Dr. Karla Turner untersuchten Fälle haben die betroffenen Frauen das Gefühl, eine Aufgabe erfüllen zu müssen, vgl. Turner, *Eingriff*, S. 225 (siehe auch S. 67, 74, 98, 115, 121), zu Unterrichtseinheiten vgl. S. 76, 181, 242.
389 Jacobs, *Bedrohung*, S. 15.
390 Fiebag, *Besucher aus dem Nichts*, S.27.
391 Turner, *Eingriff*, S. 77.
392 Turner, *Eingriff*, S. 181.
393 Clelland, *The Messengers*, S.292.
394 Haley, *Meine Entführungen durch Außerirdische und das US-Militär*, S. 148.
395 Turner, *Eingriff*, S. 179.
396 Turner, *Eingriff*, S. 236, 241.
397 Turner, *Eingriff*, S. 241.
398 Vgl. hierzu Dr. Remo F. Roth, »Das UFO trägst Du in Deinem Bauch«, in: Fiebag, *Besucher aus dem Nichts*, S. 189 ff.
399 Siehe unter https://de.wikipedia.org/wiki/Synchronizität/ (abgerufen am 17.03.2017)
400 Clelland, *The Messengers*, S. 97.
401 Turner, *Eingriff*, S. 211.
402 Vgl. etwa die Erlebnisse von Polly und Sam, in: Turner, *Eingriff*, S. 67.
403 Turner, *Eingriff*, S. 121, 146.
404 Fowler, *Die Wächter*, S. 48.
405 Haley, *Meine Entführungen durch Außerirdische und das US-Militär*, S. 149; Fowler, *Die Wächter II*, mit Zeichnungen auf den Seiten 101, 107, 112, 129,132, 133, 134138, 140, 146, 157, 166.
406 Fiebag, *Kontakt*, S. 64 f.
407 Siehe etwa den Fall des Ehepaars Hartwig, in: Fiebag, *Kontakt*, S. 77 f.
408 So im Fall von Michael Kellermann und dessen Onkel Torsten Jeßberger, in: Fiebag, *Kontakt*, S. 255 ff., die übereinstimmende Erinnerungen an diesen Vorfall hatten.

Auch Michael Kellermanns Tante erinnert sich an den Besuch eines typischen Greys in ihrem Schlafzimmer, der etwa zwei Jahre später stattfand.

409 Fiebag, *Kontakt*, S. 102.

410 Fiebag, *Kontakt*, S. 285 ff.

411 Haley, *Meine Entführungen durch Außerirdische und das US-Militär*, S. 158.

412 Haley, *Meine Entführungen durch Außerirdische und das US-Militär*, S. 158

413 Turner, *Eingriff*, S. 17.

414 Turner, *Eingriff*, S. 16.

415 Mack, *Entführt von Außerirdischen*, S. 394.

416 Fowler, *Die Wächter*, S. 13 (Vorwort von Whitley Strieber); Turner, *Eingriff*, S. 73, 112, 134.

417 Jordan/Mitchell, *Entführung!*, S. 105 f., 189.

418 Turner, *Eingriff*, S. 81.

419 Turner, *Eingriff*, S. 231.

420 Haley, *Meine Entführungen durch Außerirdische und das US-Militär*, S. 144.

421 Haley, *Meine Entführungen durch Außerirdische und das US-Militär*, S. 144.

422 Auch Leah Haley stellte fest, dass es zwei unterschiedliche Arten seien, vgl. Haley, *Meine Entführungen durch Außerirdische und das US-Militär*, S. 145.

423 Jordan/Mitchell, *Entführung!*, S. 112 f.

424 Mendonça/Lamb, *Meet the Hybrids*, S. 85.

Dr. Marcel Polte

ist seit rund fünfzehn Jahren in internationalen Wirtschaftskanzleien tätig. Neben seinem Anwaltsberuf arbeitet er erfolgreich als Heilpraktiker für Psychotherapie in eigener Praxis. Die Erfahrungen mit dem menschlichen Unterbewusstsein aus seiner hypnotherapeutischen Arbeit nutzt er auch bei seiner Forschung auf dem Gebiet der Kontakte mit nichtmenschlicher Intelligenz. Förderlich bei der Erforschung des UFO- und Entführungs-Phänomens sind auch seine naturwissenschaftlichen Kenntnisse, speziell in theoretischer, experimenteller und Astrophysik, die er an einer deutschen Universität erworben hat. Bereits 2012 konnte er mit dem Buch *Die wunderbaren Rätsel des Maya-Kalenders* dank seiner mathematischen Kenntnisse einen wissenschaftlichen Beitrag zum Verständnis dieses Kalenders liefern.

Als Mitglied des Research Committee der von dem Apollo-Astronauten Dr. Edgar Mitchell mitbegründeten Forschungsorganisation Foundation for Research into Extraterrestrial Encounters (FREE) arbeitet er weltweit mit Wissenschaftlern und Forschern zusammen.

Kontakt: **hypnoment@gmx.de**

Helfen Sie mit,
das Paradigma
zu ändern.

Steven M. Greer
OFFIZIELL GELEUGNET!
Das größte Geheimnis der Regierungen wird enthüllt: Wir sind nicht allein!
400 Seiten, gebunden, oranges Leseband
€ [D] 26,99 / € [A] 27,80 • ISBN 978-3-95447-363-2

UFOs sind real. Wir stehen in Kontakt mit Aliens. Freie Energie und Antischwerkraft-Technologie sind im Einsatz. Dr. Greer stellt Dokumente vor, die US-Präsidenten, CIA-Direktoren und Kongressabgeordneten vorgelegt wurden: Multinationale Konzerne machen dank Alien-Technologie Billionengeschäfte und demontieren die Welt. Mit Aussagen von Zeugen der Sicherheitsstufe »Cosmic Secret«, achtunddreißig Stufen höher als »Top Secret«.

Der New York Times Bestseller, der als Vorlage zur Netflix-Sensation »Unacknowledged« diente.

Gregg Braden
MENSCH: GEMACHT
Von der zufälligen Evolution zur bewussten Transformation
352 Seiten, gebunden, oranges Leseband
€ [D] 24,99 / € [A] 25,70 • ISBN 978-3-95447-337-3

Neueste Forschungen zeigen, dass der Mensch, so wie er heute existiert, vor Hunderttausenden von Jahren plötzlich entstand – aufgrund einer Verschmelzung von Genen, die bewusst herbeigeführt worden sein muss. Und von Anfang an zeichnen wir uns durch enorme Fähigkeiten aus, die uns auf Abruf zur Verfügung stehen. Bradens neues Buch überwindet die Grenzen zwischen Wissenschaft und Spiritualität und stellt sich der zeitlosen Frage: *Wer sind wir?*

DER SPIEGEL-Bestseller

Jan Erik Sigdell
DIE MANIPULATIONEN DER ANUNNAKI
Satanismus, andere Dimensionen und der Ursprung des Bösen
256 Seiten, gebunden, oranges Leseband
€ [D] 22,99 / € [A] 23,70 € • ISBN 978-3-95447-397-7

Impfzwang, 5G, Künstliche Intelligenz, Personenkennung. Die Anunnaki, eine im Untergrund lebende Reptiloidenspezies, bilden die geheime Spitze dieser Agenda. Sie werfen gerade alles in die Waagschale, was seit langer Zeit zur Auslöschung des größten Teils der Menschheit vorbereitet wurde. Ihre Instrumente sind Vertuschung und Desinformation. Wie hängt das mit Satanismus, Pädophilie und Menschenhandel zusammen?

»Hinter den Kulissen spielt sich etwas ab, was dem Dritten Weltkrieg zu entsprechen scheint.« – Jan Erik Sigdell

Alle Bücher auch als eBooks. Leseproben auf www.AmraVerlag.de